秦国东进之路·英国海军刀剑·尼罗河口海战

战争事典

WAR STORY / MOOK 040

指文烽火工作室 著

U0103734

台海出版社

图书在版编目（CIP）数据

战争事典 . 040, 秦国东进之路 · 英国海军刀剑 · 尼罗河口海战 / 指文烽火工作室著 . -- 北京：台海出版社，2018.3
ISBN 978-7-5168-1753-7

Ⅰ . ①战… Ⅱ . ①指… Ⅲ . ①战争史 – 史料 – 世界 Ⅳ . ① E19

中国版本图书馆 CIP 数据核字 (2018) 第 013534 号

战争事典 . 040，秦国东进之路 · 英国海军刀剑 · 尼罗河口海战

著　　者：指文烽火工作室

责任编辑：俞滟荣　　　　　　　　　策划制作：指文文化
视觉设计：舒正序　　　　　　　　　责任印制：蔡　旭

出版发行：台海出版社
地　　址：北京市东城区景山东街 20 号　　　邮政编码：100009
电　　话：010 – 64041652（发行，邮购）
传　　真：010 – 84045799（总编室）
网　　址：www.taimeng.org.cn/thcbs/default.htm
E – mail：thcbs@126.com

经　　销：全国各地新华书店
印　　刷：重庆共创印务有限公司
本书如有破损、缺页、装订错误，请与本社联系调换

开　　本：787mm×1092mm　　　　　1/16
字　　数：208 千　　　　　　　　　印　张：14
版　　次：2020 年 1 月第 2 版　　　　印　次：2020 年 1 月第 1 次印刷
书　　号：ISBN 978-7-5168-1753-7

定　　价：79.80 元

目 录
CONTENTS

前言 / 1

八年征战平河东
伊阙大捷后的秦国东进之路 / 2

1798 年尼罗河口战役
纳尔逊时代的英国海军和风帆海战 / 74

英国海军刀剑
从实战兵器到身份象征 / 144

普鲁士海军军官佩剑史
1657—1870（下）/ 193

前 言
—————— PREFACE ——————

秦昭王十四年，白起发动涉河之战，是为秦平河东之起点；秦昭王二十一年，司马错迫使魏国进献安邑，移民实边，设置新郡，是为秦平河东之终点。白起、魏冉、司马错等富有战略头脑的军事家，让秦国在八年平河东之战中扩地千余里，增加了无数人口与财富。《八年征战平河东——伊阙大捷后的秦国东进之路》将带您回顾这段战国大争之世的残酷历史。

1798 年尼罗河口一战，英国皇家海军的少壮派指挥官纳尔逊初次指挥舰队决战就取得惊人战果。其麾下 12 艘战列舰一夜之间几乎全歼旗鼓相当的法国埃及远征舰队，进而导致拿破仑麾下的埃及远征军被困死在中东。纳尔逊和英国海军为何会赢得这场战役？他们是怎么赢的呢？请看《1798 年尼罗河口战役——纳尔逊时代的英国海军和风帆海战》一文。

《英国海军刀剑——从实战兵器到身份象征》一文将为您介绍大约 17 世纪中叶到 20 世纪水手们在海上及岸上战场或决斗中使用刀剑的场景，以及刀剑在如今的英国皇家海军中扮演的角色。同时也会回答"海军佩剑的最后一次实战运用到底发生在何时"这一有趣的问题。

德国海军的历史，追根溯源系在普鲁士海军身上。从大选帝侯腓特烈·威廉 1657年正式下令列装武装商船，到德意志第二帝国成立，完成历史性的统一，这期间德国海军经历了怎样的发展？其军官的随身武器及制服又发生了多少变化？《普鲁士海军军官佩剑史 1657—1870》将为您解答这一切。

指文烽火工作室
2018 年 2 月

八年征战平河东

伊阙大捷后的秦国东进之路

作者 / 始安公士或

楔子

公元前 293 年的某个深夜，咸阳王宫灯火通明。秦昭王和相邦魏冉一面向各官署发布新的命令，一面焦急地等待前线的消息。

去年，魏冉举荐年轻的左庶长①白起代替外戚老臣向寿为将，率军攻打韩国的重镇新城（今河南伊川县西南）。白起不负众望，破敌取城，晋升为左更②。依据从前的交手经验，韩魏会被吓破胆，争相派使者来咸阳俯首称臣。谁知，新即位的两国之君竟敢大举兴兵合纵击秦，企图夺回新城。白起麾下兵马不足敌方一半，与人数众多的韩魏联军在伊阙③要塞严阵对峙。

秦昭王祈祷着白起能在关中援兵赶到前咬牙顶住，相邦魏冉则心急火燎地把各郡县的甲士、兵器、粮草调往伊阙战场。就在此时，内侍忽称前线信使请见。军中信使带回了令人意外的战报——秦军大破魏韩之师，虏其主将公孙喜！

殿堂上一片欢腾，昭王君臣顿时松了口气，一扫此前的惴惴不安。举荐白起的魏冉尤为欣喜，他也没料到这位青年新锐居然有以寡歼众的本事——自己虽没看走眼，却还是大大低估了白起的才能。

接下来几天，东方相继传来后续战报，上面说将士们英勇地攻克了 5 座城池。但是，最新的战报中有一处令众人疑惑——斩首不计其数，尚在清点。

自从秦昭王即位以来，最大的战果不过是斩首 5 万④。此回歼敌战果迟迟没有统计完毕，满朝文武暗自揣测：莫非此战已追上了先君秦惠文王时修鱼之战斩首82000⑤的记录？

就在此刻，函谷关以东数百里之外的伊阙战场，还散发着浓浓的血腥味儿与

---

① 左庶长是秦二十级军功爵的第十级爵位。据王学理先生考证，左庶长相当于左裨将或卿的级别。
② 左更是秦二十级军功爵的第十二级爵位。据王学理先生考证，左更相当于将军或卿的级别。
③ 今河南洛阳市龙门一带。香山与龙门山在两岸对立，伊水从中流过，地形酷似门阙，故名伊阙。伊阙是洛阳的南边门户，东汉时洛阳八关中就有伊阙，想从南路进攻洛阳必须先突破伊阙。
④《史记·楚世家》："顷襄王横元年，秦要怀王不可得地，楚立王以应秦，秦昭王怒，发兵出武关攻楚，大败楚军，斩首五万，取析十五城而去。"
⑤《史记·秦本纪》："（秦惠文王）七年，乐池相秦。韩、赵、魏、燕、齐帅匈奴共攻秦。秦使庶长疾与战修鱼，虏其将申差，败赵公子渴、韩太子奂，斩首八万二千。"

尸臭。按照大秦律令，部队要把所有敌兵尸体的首级割下来，示众3天以考校军功[1]。随军督战的国正监与御史震惊了！他们和将军白起一同忙碌地核实战果，如山的首级让最剽悍的勇士也不禁倒吸一口凉气。当军吏最后报出共计杀敌24万的数字时，国正监和御史简直不敢相信。要知道，先君秦惠文王时所有战争的斩首总数也只比这略多。自炎黄二帝在阪泉开战以来，如此辉煌的歼灭战前所未见。

秦将白起一战声震天下，胸中壮怀激烈，脸上却没有太多欣喜。他的思绪飞得很远，他眺望的方向不是西边的咸阳，而是西北方的魏国领土。尽管群山挡住了视线，白起脑海里浮现出数百里外黄河北岸的画面。那里是他的下一个目标，也是秦国君臣接下来8年的作战重心——河东。

从河西到河东，东进道路要打通

浩浩汤汤的九曲黄河，在华夏的北方写下了一个巨大的"几"字。这个"几"字右部的竖弯钩划分了四个重要的地理单元。那一竖划开了今天的陕西省和山西省，但战国时没有这个行政区划，他们管黄河以西之地叫"河西"，把黄河以东的地方称为"河东"。那弯钩的一横把今天的河南省分为两部分，黄河以北部分叫"河内"，黄河以南的地盘叫"河外"。

眼下秦国早已得到整个河西，白起在伊阙歼灭韩魏联军24万后又拔5城，让秦国的版图延伸到雒阳以西的河外地区。如此一来，与河西隔河相望的河东之地自然成为秦国君臣的新目标。毕竟，河东给秦人留下了太多复杂的回忆。

春秋时，秦国先君穆公护送晋公子夷吾（晋惠公）回国登基。晋惠公许诺以河西五城为谢礼，事后却赖账。晋国闹饥荒，向秦国借粟救急。秦穆公君臣不计前嫌输粟于晋，船队从当时的秦都雍城到晋都绛城首尾相连，史称"泛舟之役"。次年，秦国饥荒，晋国丰收，秦请粟于晋，晋却恩将仇报。秦人怒而兴师，在韩原[2]之战

---

① 《商君书·境内》："以战故，暴首三，乃校三日，将军以不疑致士大夫劳爵。……国尉分地，以中卒随之。将军为木台，与国正监，与王御史，参望之。"
② 今陕西韩城市境内。

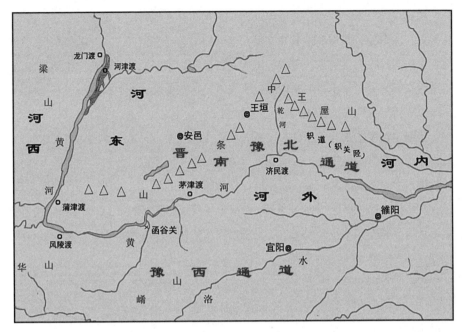

▲ 河东地理形势图（草色风烟绘）

俘虏晋惠公。晋惠公不得不割让河西五城，秦国东界开始到达黄河岸边。

那些曾经前往河东晋地赈济的秦国吏民，对晋惠公君臣的人品不齿。后来秦穆公助晋公子重耳（晋文公）回国即位，才留下短暂的"秦晋之好"记忆。但他们不会想到，就在穆公之子秦康公即位的第一年，晋国竟做出更恶劣的毁约行为。

晋襄公去世，晋卿赵盾原本派大夫先蔑、士会迎接晋襄公之弟公子雍接任晋君，后改变主意决定拥立襄公之子夷皋（晋灵公）为君。秦康公不知晋国已经另立新君，派兵护送公子雍返晋至河东的令狐①。赵盾居然率军偷袭，大破秦师，是为令狐之役。

从此以后，秦晋两国频繁交战，晋以富庶的河东地为根基，不断征服河西的要点。三家分晋后，魏国依然把伐秦作为基本战略，不仅夺取了整个河西，还侵占了关中平原东部……

---

① 《括地志》云："令狐故城在蒲州猗氏县界十五里也。"在今山西临猗县西南。

俗话说"三十年河东，三十年河西"，这两片土地写满了秦魏兴衰之玄机。从晋惠公向秦穆公献河西地到魏文侯派西河守吴起夺秦河西，从秦献公东伐河西地到白起挥师攻打魏河东，秦魏的国运在百余年中不断流转。毫不夸张地说，秦得河西才能国安，秦不得河东则难以平天下。这主要是因为，河西与河东恰好是秦国的军队与商旅进入中原的重要交通枢纽。

河西地偏南的部分位于关中平原与函谷关的过渡带，这个方向正对着豫西通道，即秦与晋等东方诸侯反复争夺多年的崤山函谷关通道。河西地偏北的大部分地盘则与河东地区隔河相望，对岸恰好是秦国东出的另一大路线——晋南豫北通道。[①]魏国西河郡横跨多个地理单元，恰好把这两条通道都堵死了。对于秦国而言，无论是保卫关中腹地不受侵犯，还是东出讨伐中原诸侯，都不能不打通崤函与河

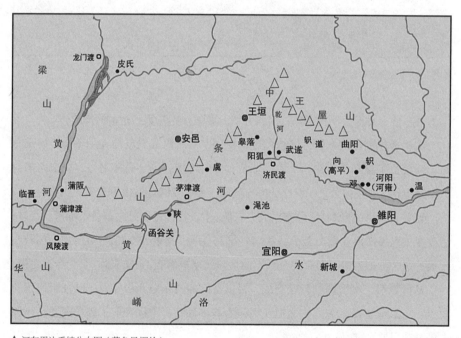

▲ 河东周边重镇分布图（草色风烟绘）

---

① 这两个通道的说法来自《战国秦汉上郡军事地理研究》一文。

东两大交通线。实现这个目标的前提，不是别的，就是从魏国手中夺回河西地。

历经秦献公、秦孝公、秦惠文王三代，秦国终于夺回河西地。河东争夺战随即上升为秦魏的主要矛盾。

河东之地西接秦之关中，北通韩之上党和赵之太原，东临魏之河内，南连河洛之地，堪称串联黄河中游各个地理单元的交通枢纽。秦国若能占据河东，不仅将得到一个经济繁荣、人口众多的重要地理单元，还将获得第二个进攻山东列国的通道，即晋南豫北通道。到那时，合纵联军要同时封堵两个东出通道才能彻底抑制秦军攻势。这是非常困难的，事实上，直到六国灭亡都没能做到这点。

在未来的历次战争中，秦国只要遇到从豫西通道打不开局面的情况，就会改从晋南豫北通道出手，反过来也成立。比如，多年以后的邯郸之战，秦军主要是从晋南豫北通道出击，因为豫西通道隔着周韩魏等国，无法给赵国首都致命一击；而后来将军摎（jiū）选择从豫西通道反击攻秦联军，连败韩赵两国并灭了西周君，才重新稳住了战线，让六国无力继续西征。这是后话。

尽管秦惠文王派兵攻占了河东的汾阴（今山西万荣县西南）、皮氏（今山西河津市太阳村），但作战意图并不是征服河东地，而是切断魏国上郡与河东之间的联系，迫使其投降。秦国真正开始把征服魏国河东地区当成新目标，是在秦武王四年。

秦拔韩宜阳（今河南宜阳县西北 14 里洛河北岸的韩城镇）之后乘胜追击，先派兵涉河在河东地南部的武遂（今山西垣曲县东南）筑城，后从西边攻皮氏。直到秦昭王元年，当年在修鱼之战中斩首 82000 合纵联军的老相邦樗里疾还攻过一次皮氏。此战打到秦昭王二年[①]，却半途而废，令一代智囊名将留下终生遗憾。武遂也在丞相甘茂的主持下归还给韩国。就在同一时期，秦国后方爆发了季君之乱，宗室、大臣、诸侯皆有为逆者[②]。

在平定季君叛乱后，秦昭王君臣决定联楚攻魏，继续前人未竟之事业。在秦

[①] 睡虎地秦简《编年纪》称："（秦昭王）二年，攻皮氏。"

[②] 《史记·秦本纪》："（秦昭王）二年，彗星见。庶长壮与大臣、诸侯、公子为逆，皆诛，及惠文后皆不得良死。悼武王后出归魏。"

昭王三年的黄棘①会盟中，秦国不仅把秦惠文王时攻取的上庸②之地（汉中盆地东半部）归还楚国，还与楚怀王联姻。可见，此时的秦国把河东争夺战列为头等大事。

第二年，齐韩魏联军攻楚，秦救楚，三国引兵而去。秦军猛攻魏国，占领了蒲阪、阳晋、封陵③，又分兵夺取了韩国的武遂，在河东南部嵌入了两个根据地。假如没有楚太子杀秦大夫一事，秦国将会继续伐魏。这个突发事件让秦国君臣怒而转变立场，联魏攻楚，秦国归还蒲阪，魏国入朝秦。接下来直到秦与齐韩魏联军的三年战争爆发，秦都把注意力集中于伐楚。

由于三年战争失利，秦国割让"河外及封陵"给魏国。《史记正义·魏世家第十四》曰："河外谓华州以东至虢、陕，河内谓蒲州以东至怀、卫也。"也就是说，秦国割让给魏国的不光是封陵，还包括此前占领的函谷关外的陕、焦等城。再加上割让河外与武遂给韩国④，秦国在晋南豫北通道与豫西通道两个方向都受到了重创。

从本质上说，秦昭王十二年至十四年在河外进行的一系列战争，都是为重新打通豫西通道服务的。既然伊阙大捷完成了收尾工作，攻打晋南豫北通道所在的河东地区就自动上升为秦国新的战略重心。说到底，这也是秦惠文王、秦武王两代人的遗愿。

三年前，函谷关被攻破的消息传到咸阳时，关中父老乡亲们惊惧又愤恨，不得不接受战败割地。此时的咸阳沉浸在一片大仇得报的喜悦中。秦王诏命，左更白起攻韩魏于伊阙，战功赫赫，迁为国尉。

国尉在出土秦简里写作"邦尉"（以下沿用今本《史记》的习惯叫法）。秦始皇以前的郡尉原本叫"郡邦尉"，在灭六国后才统一改称郡尉。有专家据

---

① 今河南新野县东北。

② 今湖北竹山县西南。

③ 《史记正义》称："阳晋当作晋阳也，史文误。《括地志》云：'晋阳故城今名晋城，在蒲州虞卿县西三十五里。'表云：'魏哀王十六年，秦拔我杜阳、晋阳'，即此城也。封陵亦在蒲州。"蒲阪在今山西永济市；封陵大体在今山西永济市风陵渡镇；阳晋在封陵和蒲阪附近。三地构成了今山西省的西南角。

④ 《史记·韩世家》："（韩襄王）十四年，与齐、魏王共击秦，至函谷而军焉。十六年，秦与我河外及武遂。"《史记·田敬仲完世家》："（齐湣王）二十六年，齐与韩魏共攻秦，至函谷军焉。二十八年，秦与韩河外以和，兵罢。"

此判断：秦邦尉并非中央最高武官，实为专门负责京师防卫的王畿长官①。也就是说，秦昭王时的国尉职能似乎更接近后来三公九卿中执掌京城禁卫军的中尉②，而非太尉。

▲ 秦盾

白起接替司马错做国尉，负责执掌京师禁卫军中的邦尉军。邦尉军内卫咸阳、外备征伐，堪称秦军最骁勇善战的精锐之师。这为白起增添了再打一个大胜仗的信心。他顺势向秦昭王提出了趁热打铁攻河东的作战构想，希望朝廷能拨付更多的粮草、武器、车马等军需物资，抽调邦尉军一部参战。

毫无疑问，白起的新提案会让魏冉及听命于相邦的各级官署的工作量翻倍。其实在此之前，伊阙大捷就已经让他们体验了前所未有的忙碌。军事胜利对各郡县官署最直接的冲击是公文数量激增，吏员人手不够用，需要分配给有功将士的田和宅数以万计，财政支出规模空前。但秦昭王对有功之臣的赏赐从不吝惜。他坚信，将士们会在重赏之下更加努力地开疆拓土，为秦国带来更多的财富和更大的版图。跟赏罚不明带来危害相比，这笔巨大的财政支出根本不算什么。对于那些守法敬业的基层文法吏来说，伊阙大捷让自己加班忙得连轴转，也是辛苦得很。

新国尉打算再去刷军功。各官署不得不推迟落实军功奖励政策，一切为战事

① 杨振红教授在《从秦"邦""内史"的演变看战国秦汉时期郡县制的发展》一文中指出："邦官不是负责秦国全境的中央官，而是专门管理秦王畿（京师）的官员。……原以'邦'为称的王畿长官邦尉、邦司马等则改以'郡'为称，称郡尉、郡司马。"按照这个说法，秦昭王时的国尉并非后来的太尉，职能大体相当于秦始皇时的中尉，级别相当于秦始皇时的郡尉。

② 《华阳国志·卷三》载："司马错、中尉田真黄曰：'蜀有桀纣之乱，其国富饶，得其布帛金银，足给军用。水通于楚，有巴之劲卒，浮大舶船以东向楚，楚地可得。得蜀则得楚，楚亡则天下并矣。'惠王曰：'善。'"由这段记载来看，秦国当时有中尉一职，但不确定职权是否与九卿中的中尉相同。

让路。主管"授爵除人"和户籍的县尉要暂停向本地籍贯的有功将士授予爵位，优先履行自己的军事职能——征发本县的材官以及发弩啬夫等部分吏员入军参战。具体负责田宅划分的乡吏，同样要暂停手中的工作，改为征发民夫和车辆转运军粮物资。再度开战不仅意味着文法吏们会积压很多烦琐的工作，也代表着他们中有不少人要再次重返战场，迎来立功的机遇，承担阵亡的风险。

白起再度请战绝非贪功沽名，而是确确实实洞察到了一举奠定战略优势的良机。况且，他有个更深远的猜想，需要这场战争来验证。

一场空前的大规模歼灭战，令河外、河东、河内等地的力量均衡被彻底打破，特别是魏之河东战区出现了难以恢复的真空。魏韩两国陷入深深的恐惧，丧失了顽抗到底的勇气。秦军趁胜拿到河外的几个渡口要津，不仅可以对河东发动多线攻击，还能调头袭击河内。秦国甚至还能以宜阳、新城两座大县为根基，借道周道远征韩魏腹地。

根据潜入敌国的间谍密报，韩魏的国都皆流言纷纷，坊间传闻秦军要出伊阙，借周道直扑新郑和大梁。魏国已在韩魏边境的长城布下重兵，以防秦军越韩攻大梁。监视周韩边境的秦斥兵也传来消息，韩军在什谷之口[①]、缑氏（今河南偃师市滑城村）、纶氏[②]三个边关要塞增兵。显然，韩魏把防御重心放在黄河南岸的两国首都圈，完全顾不上黄河北岸的河东、河内之地。

敌国已是惊弓之鸟，布防重心远离河东，河东又刚受重创，这便是白起眼中的绝佳战机，也是他力主朝野再勉力一战的理由。按照他的构想，此次出击不会花费太多代价，但能为今后的战略部署奠定坚实的基础。此战若是得胜，未来几年的战争主动权将被秦国彻底掌握，诸侯就算回过神来，也已经无力挽救韩魏的坠落。

如今，秦国重新占领周室雒阳以西的河外之地，并获得规模与宜阳相近的新城。有宜阳、新城两座实际上有郡级规模的大城邑做基地，再加上其他河外城池要塞，秦国相当于增加了一郡之力（此时还没正式设三川郡）。白起的新计划并

---

① 大致在今河南巩义市与河南荥阳市汜水镇西北之间的黄河南岸山地。
② 纶氏又写作伦氏或仑氏，在出土韩国兵器里有"七年仑氏令戈"，其地在今河南登封市西南70里的颍阳镇。

不需要大兴举国之兵,集合河外诸城与崤函关塞的力量,再加上少量的关中援助,足以达成局部战争目标。经过综合考虑,秦昭王和相邦魏冉等决策者都投了赞成票。他们相信白起的新作战计划将打破原先河东边城拉锯战的僵局。于是秦国朝野立即转入临战状态,人人神经绷紧。

新国尉白起率邦尉军一部返回河外,在伊阙待命的前线部队则从周边城邑补充了新兵和武器、粮草。函谷关与崤塞的守将也接到了白起的命令,急忙从军中挑选最骁勇的锐士。陕县和焦县①的县令指挥仓啬夫等人把关中运来的粮草和物资入库,县丞负责筹办渡河的船只,县尉让库啬夫打开武库向新征的士卒配发弓弩、矛戟、剑盾、甲胄等装备,让发弩啬夫等基层军吏集结部众。各部兵马正在有条不紊地集结,间谍斥兵早已派出,先头部队随时准备出发。

在后方,女子们唱着《秦风·小戎》怀念出征的夫君,父老们则祈祷着踏上沙场的乡中子弟能凯旋。那句秦人的经典誓言在每一个参战者的心中循环回响——"不得,无返!"

拉开连年战争序幕的涉河之战

夜色尚浓,黄河南岸,茅津渡前,河风中卷来一片肃杀之气。担任先锋的数千秦军斥兵部队按次第快速登船,人衔枚,马裹蹄,没有多余的响动和喧哗,只有一阵阵低沉的脚步声……

白起剑指河东,但攻伐对象不是魏,而是韩。秦昭王君臣对白起这个作战计划有些感到意外,因为他不光力主先伐韩,战术上又有变招。

按照河东争夺战的传统打法,秦军从北到南大致有五个进攻方向:

其一,以夏阳(即少梁)、籍姑、繁庞②为起点,从龙门渡口或汾阴渡口过黄

---

① 焦在陕县以南,即今河南三门峡市陕州区。秦惠文君八年,樗里疾曾经包围魏之焦城,降之。陕、焦很近。河南新郑出土过魏国"焦"戈,可见魏国在焦城有兵器铸造业。
② 籍姑在今陕西韩城市北,繁庞在今陕西韩城市东南,两地都靠近龙门渡口。

河，进攻汾水两岸的皮氏、汾阴、岸门等城池，然后向东南攻打安邑；

其二，以临晋（今陕西大荔县）为起点，从蒲津渡口过黄河，进攻河东的蒲阪关，然后向东北进攻盐氏、安邑等城池，或者南下攻打封陵、阳晋等地；

其三，以被后世誉为"三秦要道，八省通衢"的交通枢纽宁秦（即阴晋）为起点，从风陵渡口过黄河，攻取封陵、阳晋等地；

其四，从函谷关东出崤函道，到陕县附近的茅津渡口，进攻中条山以南的魏韩领土；

其五，从函谷关东出崤函道，途经陕县、渑池，在渑池以北的济民渡口过黄河进攻韩国的武遂。

前三条进攻路线都是从河西地东渡黄河，出击路线短，便于咸阳派重兵压境。但是，魏国也能快速增援黄河东岸的各个城池，跟秦国拼持久消耗。所以，秦国虽然多次获胜，但很难彻底站稳脚跟，于是常把这些城池当成外交筹码。后两条

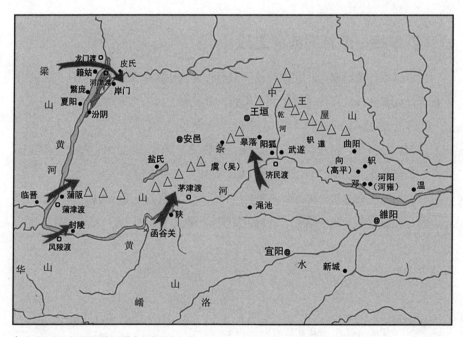

▲ 秦攻河东的基本路线图（草色风烟绘）

进攻路线要出函谷关,后勤补给线长,而且战场临近周韩等国,容易引发诸侯混战。不过,从崤函道过河北上的渡口不少,魏韩诸城又恰好位于王屋山脉和太行山脉以南的狭长地带,一旦遭到进攻,不容易得到及时而有力的增援。

从历史战绩来看,秦军从龙门渡口方向进攻最为顺利,这也恰好是秦魏河东争夺战的最初焦点。

秦孝公二十四年,秦与晋(魏韩联军)战岸门,虏其将魏错。秦孝公和商鞅选择从龙门进攻,在很大程度上是延续了秦魏河西争夺战的惯性。此前秦军在元里之战获胜并占领少梁,两年后趁着魏齐马陵之战的空当,一度包围魏国旧都安邑。魏国上郡与河东之间的交通线恰恰集中在龙门一带,所以商鞅收复河西诸城后,秦国往这里投放重兵。魏国也是拼了老命要保住上郡十五县的生命线。

秦惠文王同样以此为主攻方向。在秦得上郡之后,龙门渡口对魏国的重要性下降。而秦国有了临晋与宁秦两个进攻跳板,可以从河西南部攻打河东。不过,秦国当时把战略重心转为开拓豫西通道,暂停了对河东的攻势。

在秦武王君臣的努力下,秦国的版图东至宜阳,开辟了从豫西通道的各渡口北伐河东的新战线。宜阳之战取胜后,秦武王马上派兵渡河在武遂修筑城池,以图在河东插入新根据地。

接下来,从秦武王末期至秦昭王初期,秦国在除了蒲津渡口外的另外四个方向都动过手。其中,龙门方向最不顺,连智囊樗里疾都没能拿下河东重镇皮氏。秦昭王四年,秦军攻蒲阪、阳晋、封陵应是走临晋关路线,另一支秦军在函谷关外渡河北取武遂。但第二年,秦国把蒲阪作为联魏攻楚的筹码归还给魏国。封陵、武遂等地后因三年战争失败而割让,秦国势力几乎全面退出河东。

重启河东争夺战的白起打破常规,选择了前代秦魏君臣都忽视的安邑以东到乾河这段领土为本次作战的目标。

乾河由北往南流,在武遂注入黄河。安邑到乾河之间的领土,主要是虞[①]和皋

---

① 集解徐广曰:"在大阳。"正义括地志云:"虞城故城在陕州河北县东北五十里虞山之上,亦名吴山,周武王封弟虞仲于周之北故夏墟吴城,即此城也。"吴(虞)在今山西平陆县北。

落①、阳狐②等地，大致相当于今天山西平陆县的东半截、夏县的大部分与垣曲县的西半截的总和，方圆不止百里。这片地盘东临秦韩拉锯的武遂之地，西面挨着秦魏争夺的封陵之地，河对岸就是著名的渑池和陕县地界。

魏韩疆域在黄河北岸犬牙交错，河东大部分地区属于魏国领土，但安邑以东，中条山、王屋山以南，多为韩国势力范围。《史记·白起王翦列传》称"（秦军）涉河取韩安邑以东，到乾河"，由此推断位于茅津渡口和安邑之间的虞城已成韩土。秦国曾经在秦简公十四年伐魏至阳狐。阳狐东邻武遂，此时也在韩国手中。攻取虞城既可以威胁魏之封陵，又能继续北上威胁魏之安邑。若能拔掉阳狐和皋落，韩之武遂重镇也将变得孤立。

不过，安邑以东至乾河之间的大多数地盘都是山脉，开阔的平原并不多，城邑也相对分散。由于重山阻隔，虞和皋落、阳狐实际上分属两个不同的地理单元。由陕县至虞是从茅津渡过黄河，由渑池到武遂、阳狐、皋落则是走济民渡过黄河，这两条进攻路线相隔两百多里，中条山与崤山横亘其间，砥柱山造成的险滩使得该段黄河水道难以通船。两路出击不易做到快速相互支援，故而前代秦将极少考虑过同时攻打这两处，基本上是集中兵力渡河进攻一地。

但这一次不同，白起想要在河东多占几个据点，进一步切断魏韩在河东的联系。他准备兵分东西两路，谋求奇正相生之效，把这两个渡口之间的韩魏地盘一网打尽。

结合历史地理信息来看，这场涉河之战的经过大致如下：

白起秘密回到河外前线，向各军下达集结命令。韩魏斥候发现正在伊阙待命的秦军大部队突然拔营，向宜阳方向开进，各部依次撤退，车骑精兵断后。他们判断秦军是班师回朝，顿时松了一口气。要知道，斥候们这些天目睹秦人把粮草物资运往伊阙，又有新的兵马陆续加入，还以为秦兵要继续东进攻韩。现在看来，对方没有痛打落水狗的意思，之前只是虚张声势。很遗憾，这是两国的第一个误判。

---

① 今山西垣曲县东南皋落镇一带。
② 战国有两个阳狐，一个在今山西垣曲县东南，属韩；一个在今河北大名县东北，属魏。本文提到的是韩国的阳狐。

秦军回师途中经过宜阳时突然兵分两路，白起派一部精兵向北奔袭至渑池以北百里左右的济民渡附近埋伏，自己则亲率大部队继续向西边的陕县疾行。

陕县是离函谷关最近的一座黄河南岸的重镇。秦惠公十年，秦在陕地筑城，后来陕城多次在秦魏之间易手。秦孝公元年秦军包围过陕城，但没有占领，张仪的军功就有夺回陕城。张仪在战后将魏人迁出，秦人从此成为陕县的主体居民。陕县扼守着黄河中游的交通枢纽，附近就是当年秦穆公踏过的茅津渡。黄河在封陵、陕县、茅津渡之间拐了几个弯，路程不算长，但沿途多峡谷。卫戍茅津渡的韩军和西边的封陵魏军都无法直接瞭望到秦国陕县的动静。

此刻，国尉白起与函谷关守将、崤塞守将以及陕、焦二县的令、丞、尉三位长吏已在陕县会合。秦军在该方向秘密集结了数万兵马，其中包括白起的 4000 短兵[1]卫队及攻伊阙的主力军、函谷关守军一部、崤塞守军一部和陕焦二县征发的县卒。

出击的前一天，白起与众将汇总各方情报。从敌营侦察归来的斥兵说，韩军士兵经常三三两两地聚在一起交头接耳，军吏动辄呵斥，但队伍懒散依旧。显然，前不久的惨败让韩军的士气跌到了谷底，兵卒对将吏的信任也一路下滑。上下不和便是致命的破绽。

在将军幕府之外的各组军营中，将士们怀着不同的心情等待着出发的命令。轻车士与骑士们仔细地刷马喂马，检查装具。有的老伍长给头一次上战场的新兵编发髻，安抚着他心中的惶恐不安。有的屯长集合所部 50 人，叮嘱琐碎的战斗经验。新兵们被老兵和军吏一遍遍灌输严酷的军法、简明实用的格斗技巧、国尉白起的种种英勇事迹，还有先君秦穆公即位元年亲征茅津获胜的壮举[2]。这让急行军的疲惫感逐渐消失，他们慢慢地忘记了害怕，对荣誉和爵位的渴望在胸中熊熊燃起。众人养精蓄锐，等待夜幕降临……

---

[1]《商君书·境内》："国尉，短兵千人。大将，短兵四千人。"短兵即士。白起为国尉，配有短兵1000人，但他现在是持兵符率军出征的大将，卫队应当达到 4000 人的规模。

[2]《史记·秦本纪》："缪公任好元年，自将伐茅津，胜之。"

▲ 涉河之战经过图（草色风烟绘）

夜色未尽，先到对岸的秦斥兵已经悄悄控制了茅津渡口要点，接应后续渡河的大部队。

没过多久，漫天的箭雨如飞火流星，覆盖了韩军的亭障和营寨，战鼓雷鸣，喊杀声震天。秦军车骑迅速劈入各部韩军之间的缝隙，将其分割包围。站在指挥车上的各级军吏则命令本部甲士陷阵冲杀。当年秦穆公伐晋获胜后从茅津渡回到黄河南岸，掩埋了在崤之战中阵亡的秦兵尸骨。如今，白起挥师从相反的路线猛攻黄河北岸的韩军。激战伊阙的韩卒主力尚且全军覆没，眼下这支杂兵如何抵挡得了号称"虎狼之师"的秦锐士？

刚从梦中惊醒的韩军仓促应战，一战即溃，侥幸逃脱者把秦兵来袭的消息传了出去，河东诸城为之哗然。"秦"字大旗立在虞城的城头，封陵的魏军闻讯后心情忐忑。假如白起沿着黄河岸边西进，秦国再派兵从风陵渡夹击，封陵危矣！谁知秦军下一个动作并非夺回三年前割让给魏国的封陵，而是直接北上，越过中条山，扑向魏河东郡的核心——安邑。

安邑曾经是魏国国都，现为河东郡治所，经营已久，根基深厚。秦军上次打到这里，是秦孝公十年的事情了。那时魏国在桂陵之战中输给了齐国，秦孝公派大良造卫鞅率兵包围安邑，迫降之，但未能彻底占领。这一次，安邑的东郊回荡着《秦风·无衣》的歌声，秦兵阵容严整，肃杀之气如乌云压境。安邑以东不少小城邑被攻略。魏国河东郡府急忙传令周围各县速调甲士驰援，力保安邑不失。不料，这是魏韩两国的第二个误判。

白起没有攻打安邑，而是趁机施压向魏河东郡借道。直到今天，山西的平陆县与垣曲县之间都没有公路直接相连，只能以运城市或夏县（即古安邑地区）为中转站。白起要借的道正是太行八陉中的第一陉——轵关陉（当时称"轵道"）。他的意图是由此进入今山西垣曲盆地一带，从北面进攻那里的韩国城池。秦军留下少数人马监视安邑，以防魏人在背后插刀，主力随白起疾行东进。

就在西路秦军进入轵道时，埋伏在济民渡的东路秦军也接到了渡河进攻阳狐的命令。锐士们隐蔽待命多时，心里早就憋着一股劲儿要打个漂亮仗。对岸的韩军仍未保持足够的警醒。尽管秦军攻取了两百多里外的韩地，但阳狐的韩军认为白起离自己还远，而且有传闻说秦人正在打魏国的安邑——那就更不关

▲ 安邑古城遗址

韩国的事了。韩人以为能置身事外，坐看魏人比我惨，殊不知马上就要大难临头了。

心存侥幸的韩军再次被打得措手不及。更糟糕的是，阳狐被围攻时，白起的人马也突然兵临皋落城下。秦军对乾河西岸的韩国诸城形成南北夹击之势。皋落与阳狐唯一的救命稻草就是乾河东岸的武遂援兵。

武遂虽有重兵驻守，但伊阙之战流血漂橹的场景给韩军留下的心理阴影太深。配有强弩、坚甲、利剑的精锐武士被秦兵杀得片甲不留，人头滚滚，武器装备损失惨重。韩军以众击寡尚且被反杀，何况现在是秦军人多势众。韩国武遂大夫①不敢出城野战，反而担心秦军渡过乾河攻打自己。他没有卷入战祸，而是把希望寄托于国都新郑的救援。可是，韩国自从丧失河外之地后，黄河航道南岸的渡口要津基本都被秦人直接或间接控制，只能通过轵道跟上党郡及新郑保持联络。以当时的通讯交通条件，新郑的援兵肯定是来不及赶到的。退一万步说，就算把韩国最精锐的战卒全部投送于此，谁敢保证这一定不是给虎狼秦兵送人头？

白起是否动过顺手拿下武遂的念头，不得而知。反正他这次没攻取武遂，也可能是打算避实击虚，集中主力打乾河以西的其他城邑。

在秦军优势兵力的猛攻下，阳狐、皋落的陷落毫无悬念，两城下辖的各个乡

---

① 传世战国韩官玺有"武隧大夫"印，"武隧"即"武遂"。晋国重臣魏献子曾经分祁氏之田为七县，分羊舌氏之田为三县，任命的县长官都叫"××（地名）大夫"。韩国原为晋卿，应是延续了晋国的传统官称。武遂大夫相当于秦制的县令。

▲ 武隧大夫印

邑聚落也被重新编组为秦国式的乡亭里。皋落的兵器作坊被秦国接收，成为秦军日后征战河东的重要后勤供应单位。秦国内史按照惯例向新得之地派驻了直接听命于自己的都官机构。新设的县府与都官机构分工合作，很快恢复了当地秩序。白起一直打到魏国的王垣（今山西垣曲县西北20里处）附近才停止进攻，监视安邑的秦军接到他的命令后也回师。

至此，安邑以东至乾河的韩地，也就是武遂以西的韩地，尽为秦土。魏河东郡只是虚惊一场，却也吓得够呛，魏人受到的精神伤害不比韩人轻。秦国尉白起策划的涉河之战大获成功，在河东插入了一块令韩魏如芒在背的根据地。

其实，白起已想好了下一步的目标。涉河之战不只是为了争夺黄河沿岸的几座边城，同时也是为攻打扼守轵关陉西出口的魏国重镇——王垣做准备。若能拔掉王垣，轵关陉的西半段就彻底落入秦军手中。更重要的是，魏河东郡与河内地、大梁的联系就被切断了。到那时，河东形同飞地，魏国更难阻止秦国兼并这块物产富饶、人丁兴旺的土地。按照这个节奏，由河东、河内两郡构成的晋南豫北通道，迟早被秦国完全掌控。

通过本次涉河之战，王垣已经直接与秦国在河东的据点接壤，进攻通道再无任何屏障。此战的目的已经达成。白起没有贪功冒进，他安排好新领土的善后工作就回朝复命了。

这位年轻的军事家深知军民之心，士兵们长期征战在外，思乡日渐心切，这是爵位和军职无法完全替代的东西。关中子弟在外吃苦耐劳、浴血奋战，最期待的便是带着爵位和赏赐荣归故里，与家人团聚，向乡党表功。况且，秦国军民打了好几年仗，确实需要好好休整一番，回归正常的生产生活秩序。再打疲劳战的话，国家就脱力了，没后劲，容易给敌国留下可乘之机。

秦以农战立国，两者不可偏废。一味追求战功而败坏农事，绝非智将所为。越是致力于攻伐诸侯的强国，越要重视"兴兵而伐"与"按兵而农"的平衡，否

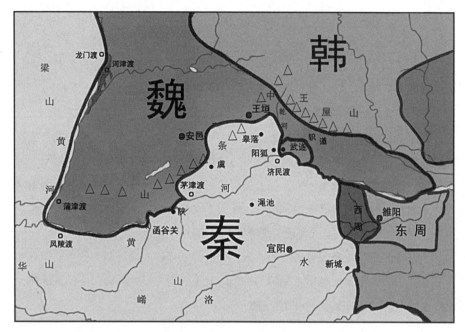

▲ 涉河之战后的河东形势（草色风烟绘）

则在战国大争之世走不远。多年来连续出击的秦国，更要把握好这个换气的节奏。

目标王垣，边城备战进行时

前方将士得胜归来，秦国朝野解除了战时状态。

除了少数坐镇新地盘的精锐部队外，邦尉军所辖的卫卒、函谷关和崤塞边防军的戍卒、陕焦等县的县卒大多各自归建，返回原驻地，恢复日常操练与巡逻；那些被临时征发的非现役士兵则解甲归田，依法把武器装备交还给县府，然后和结束战时徭役的民夫们一同回乡，继续操持农牧工商的生计；从军的文法吏们也回到县府，跟留守的同僚们再次埋头整理文书档案，落实这几次胜仗对有功将士的法定奖赏，以及各乡阵亡者家属的抚恤。

秦国这台精密的战争机器再次切换为高效的生产机器。今年的仗打完了，生产任务也没什么大问题。如果不出意外，直到明年秋天，大半年光景都不会兴兵。但所有人都知道，在这个诸侯岁岁相攻的年代，天下不可能有完整的和平。

当年齐国军师孙膑说过："战胜，则所以在亡国而继绝世也。战不胜，则所以削地而危社稷也。……战胜而强立；故天下服矣。"（《孙膑兵法·见威王》）可眼下群雄并立，秦国并非独霸，想迅速决出胜负进而一统天下，道路依然漫长。

秦军攻打襄城、武始、新城都是以争夺河外三川地区为重点。因为三年函谷之役战败割地，丢失了河外，所以魏冉的思路是让秦国势力重返三川。眼下，白起通过伊阙之战一举拿下河外，他希望庙堂把征服整个河东、河内地区作为秦国今后的战略目标，所有的政治、军事、外交工作都围绕这个新战略展开。从结果来看，魏冉与司马错完全支持他的想法。

于是乎，秦昭王最倚重的一相二将，化身为令诸侯闻风丧胆的铁三角组合。铁三角在未来数十年里包揽了秦昭王时代的大半战功。秦国的第二次扩张提速，已经在山东列国惊魂未定之际悄然来袭……

秦昭王十五年，白起因涉河之战的武功迁为大良造[1]，已达到早期十八级军功爵制的最高爵位。自秦孝公以来，只有商君、公孙衍等少数人做过大良造。白起的升迁速度高于商君，低于公孙衍，但也称得上是罕见的殊荣。毕竟，灭蜀头号功臣司马错都未能得到这个待遇。经过大半年的生产积蓄，秦国府库充盈，乡邑殷实。大良造白起和客卿司马错[2]又开始备战，他们打算攻击一个秦军从未打过的魏国河东重镇——垣。

垣又称"王垣"，因位于中条山支脉王屋山地区而得名。此城是轵道（轵关陉）上一个重要的交通枢纽。当初魏惠王对孟子说："河内凶，则移其民于河东，

---

[1] 大良造又称大上造，在后来的二十级秦军功爵中排第十六级，在商鞅制定的十八级早期军功爵中位列第十七级。朱绍侯先生在《军功爵制探源》中称："商鞅把早期军功爵制分为两个层次：一级公士以下还有小夫一级，这是赐给军队中勤杂人员的爵位，这是一个层次；另一个层次是二级上造以上至十七级大良造，这是赐给军队中正规人员的爵位，两个层次相加共十八级。"可见大良造实际上是早期军功爵的最高爵位。

[2] 朱绍侯先生的《军功爵制考论》认为，早期军功爵中的客卿就是第十级爵位左庶长。司马错有灭蜀和定蜀乱的大功，但不知为何爵位低于白起。秦昭王六年定蜀到昭王十二年为国尉攻魏襄城期间也许发生了什么变故，但魏冉为相邦后，司马错直到去世都越来越受重用。

移其粟于河内。河东凶亦然。"(《孟子·梁惠王上·寡人之于国也》）河内与河东的人力物力正是通过轵道来转移。魏韩在这条交通线上皆设有重镇，其中王垣与已经落入秦人之手的邻城皋落，曾经是两国在轵道上对峙的前沿据点。

▲ 王垣与皋落周边的地形

王垣与皋落都位于今山西垣曲县地界。这一带三面环山，南临黄河，地势西北高峻而东南低缓。由于垣曲盆地的交通比较封闭，魏韩两国都致力于强化边境线的据点。

早在上古之时，舜帝从今垣曲一带发迹，商周王朝都在此设过军事据点，晋国也没忽略对这里的开发。经过数千年的发展，这片人文气息浓厚的盆地变得经济繁荣、人口稠密。更重要的是，此地有丰富的金、铜、铁等矿产，可以铸货币、造器具，周围的诸侯国无不垂涎。魏韩两国自然不会忽视这些设置军事重镇的有利条件。

洛阳出土的韩兵器有"十一年皋落"戈，可见皋落是韩国兵器制造基地之一。而魏国的王垣既是兵器制造基地（河北隆化县出土过魏"三年垣令"戈），又有铸币权（有带"垣"字的魏圜钱传世），还有铸造上官鼎的资格[①]。《史记·魏世家》称："（魏武侯）二年，城安邑、王垣。"王垣与安邑同年建城，可见魏国对此地的重视程度。

韩以皋落为前哨，以武遂为后盾，遏制魏卒向东南扩张的势头；魏则以王垣为要塞，不让韩兵穿越王屋山进入河东腹地。这个局面持续了很久，直到秦将白起发动涉河之战后才改变。魏军的防备对象换了，但皋落与王垣针锋相对的宿命依旧如前。

[①] 据专家研究，放置带有"上官""下官"等字的三晋铭文铜器的城邑，要么是国都，要么是重镇。详情可见黄盛璋先生的《三晋铜器的国别、年代与相关制度问题》。

▲ 魏国垣钱，国家博物馆

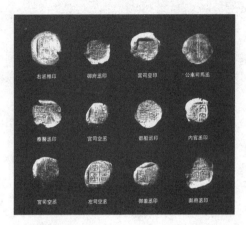
▲ 秦职官封泥

　　按照秦国的传统，朝廷会派一些吏员去治理新领土，他们被称为"新地吏"。皋落的三位长吏——县令、县丞、县尉应该就是从内地调任的秦人新地吏，而属吏往往以本地人居多。在战争爆发前的某一天，大良造白起的军令传入县府，皋落吏民很快迎来了归秦后的第一次重大任务。

　　《尉缭子·攻权》曰："故凡集兵，千里者旬日，百里者一日，必集敌境。"按照战国兵法，国内各部兵马要以每日百里的行军速度赶到指定地点会合，完成集结后再开拔出征，集结地点通常选在靠近敌国的边境。皋落城位居攻垣的第一线，自然也成为各路秦军会师之地。这意味着城中需要囤积大量粮草、衣物、兵器、甲胄、药材等物资来供应大军的衣食住行，备战任务堪称重中之重。

　　攻打敌国重镇，兴师十万才能确保胜算。单凭一座皋落城，自然是承受不了如此巨大的后勤消耗。所以朝廷会以分段接力的方式转运军需物资。

　　河外诸城纷纷征发车马和民夫来运送甲兵粮货，将其源源不断地输往渑池。渑池县再把后勤物资通过济民渡运到黄河北岸的阳狐，然后再输入皋落城及周边的亭障。其中，宜阳和新城是大县，分摊的转运任务自然更多。但这些县的仓库又会很快被来自关中的各种物资填满。就这样，内地郡县不断向边郡各县输血，边郡各县又将血液集中于边境，当大军完成集结后就可以择机出击了。假如前线给养需求缺口很大的话，这种分段接力式运输会一直持续到整场战争结束。

由于皋落新入秦，社会秩序刚刚重建，大部分吏民对秦国法制尚未熟悉，行政效率自然不比关中诸县。为此，三位长吏及少数秦人属吏不得不认真监督每一处环节，以免备战不周或触犯律令。县令与县丞带着仓啬夫和乡啬夫，紧张地督导谷物入仓一事。按照秦国的律令，每一万石谷物为一积，用篱笆间隔并设置仓门，由县令或县丞、仓啬夫、乡啬夫共同封缄粮仓。仓啬夫和仓佐各管一个粮仓的仓门。

战国通例，千丈之城，万人守之，进攻千丈之城级别的重镇往往要动用 10 万之师。[1]多年后，司马错因蜀伐楚也是兴兵 10 万，携带的粮米多达 600 万石，打下了楚国的黔中郡。[2]600 万石军粮至少要装满 600 积。本次作战的目标只是拔一座城，而不是夺一个郡，所需粮草应该相对较少，但工作量依然大到全城吏民必须昼夜操劳。

库存不满万石的粮仓都要"增积"，已满万石的不准增积，未满万石但正在零散出仓发放士兵口粮的仓库也不准增积。入仓增积者的姓名、职务、邑里籍贯都必须依法登记在"膾（kuài）籍"（仓库登记簿）上。官道上车水马龙，一辆辆卸完粮草的空车赶紧返程，以免受到处罚。县令或县丞共同入仓检查，发现谷物上没有小虫，松了一口气。因为一旦发现虫子，他们不得不下令重新堆积，以免谷物败坏，让锐士们吃坏了肚子。这在战场上将是致命的。

为了满足大军远征的作战需要，秦国在各个运输环节都以严格而细密的制度保障军粮供应。

轻车、赿（chě）张、引强、中卒[3]护送的辎重物资，县府不准截取，否则县

---

①《尉缭子·守权》："守法，城一丈十人守之，工食不与焉。出者不守，守者不出，一而当十，十而当百，百而当千，千而当万，故为城郭者，非特费于民聚土壤也，诚为守也。千丈之城则万人之守。……攻者不下十余万之众，其有必救之军者，则有必守之城；无必救之军者，则无必守之城。"

②《华阳国志·卷三》："（周赧王）七年，封子恽为蜀侯。司马错率巴蜀众十万、大舶船万艘、米六百万斛，浮江伐楚，取商於之地为黔中郡。"一斛即一石，六百万斛米即六百万石米。

③轻车即秦战车兵，**赿**张和引强都是弩兵，中卒应是步兵。

令和县尉各罚缴两副铠甲。官吏去军中或属县办事时，必须自带口粮，不得以"传"（一种法定凭证）借取粮食。冒领军粮者会被罚两副铠甲；屯长（指挥50人的军吏）和仆射（一种管理车辆的军吏）如果知情不报，罚戍边一年；县令、县尉、士吏（一种地位高于屯长、仆射而低于尉的军吏）没能察觉有人冒领军粮的话，都要罚一副铠甲；军人在领粮县或所过县盗卖军粮的，罚戍边二年；同车吃粮的军人、屯长、仆射知情不报，罚戍边一年。

就在军粮陆续入仓的同时，县尉忙着监督城墙修缮工程。

去年秦军进攻皋落时打坏了不少城墙。由于新地吏忙着接管各种事务，没有来得及安排人手去修补。如今备战事急，县司空和署君子（相当于哨所的负责人）急忙率领戍卒和城旦（被罚筑墙的刑徒）把皋落城墙的要害地段加高加厚。

县尉在巡视途中发现，有人竟敢命令戍卒去做别的事情，把役使戍卒的小吏骂了个狗血淋头，并当场罚了他两副铠甲。因为按照大秦律令，戍卒在施工期应该全力修城，谁也不能叫他们去做无关之事，否则罚二甲。

小吏们见识了秦法的严厉，不敢再有一丝怠慢，随身带着几片此前抄写的律令简牍，对照自己是否"犯令"或"废令"[1]。不依法办事就是犯令，拖着不办就是废令，留给他们的选择余地并不多。然而赏罚严明、法令完备正是秦国强盛三世的主要原因。只要按律令积累功劳，一介布衣也有在咸阳出将入相的机遇。

过了一阵子，皋落的备战工作完成了大半，大良造白起派出的先头部队也正好赶到。以当时的习惯，他们被称为"兴军"。

各国军队平时分散驻扎在各个要塞、关卡、桥梁以及亭障，临战时携带几天的口粮和武器装备在指定时间到达指定地点集结。由于各地驻军到边境的距离不同，到前线的次序自然是有先有后。最早出发的"兴军"携带六天的熟食与战具，提前到战场为大军做好战备。兴军前行百里之后，第二批部队——"踵军"携带

---

[1] 秦律术语。睡虎地秦简的《法律答问》载："可（何）如为'犯令''法（废）令'？律所谓者，令曰勿为，而为之，是谓'犯令'；令曰为之，弗为，是谓'法（废）令'（也）。"意思是：做了法律规定不要做的事叫犯令；不做法律规定要做的事叫废令。

▲ 秦石铠甲，陕西省博物院

三天的熟食与战具出发。指挥踵军的将尉在开拔前会犒赏士卒以激发众人的战心。踵军在途中要分兵据守各个要害地形，以保证行军安全。假如遇到从兴军开小差的逃兵，踵军有权对其执行军法。当踵军前行百里后，大军主力正式动身。①

各军依次到达边境的军事据点后，迅速补充粮草和装备。边境城邑如果不提前囤积足够的后勤物资，相继到来的数万兴军及踵军的战士没几天就要饿肚子了。吃不饱饭的军队，别说什么技战术配合了，连基本的训练和纪律都无法保障。

兴军的兵马来自崤函以东的河外城邑，主要是渑池、宜阳和新城的部队。因为渑池驻军离前线最近，行军路程最短。宜阳和新城两地都是大县，人口众多、钱谷充盈、兵工较为发达，故能抽调更多兵力和物资。宜阳在秦昭王十二年至十四年的历次战役中都是进攻跳板，宜阳甲士也被持续的胜利锻炼成河外秦军的精锐之师。新城入秦只比皋落早一年，但被白起征发和指挥过的不少新城材士经过伊阙大捷的洗礼，也熏陶出了虎狼之师的杀气。

这支部队一到皋落就马上开始在城外修建军营，划分出中军和前、后、左、右军的营地，并在各大营之间修筑行垣（矮墙）将其隔开，只留下纵横交通的要道。不同级别的军官都各有营地，并且各营周围都挖有划分界域的壕沟。按照军令，

---

① 《尉缭子·踵军令》："所谓踵军者，去大军百里，期于会地，为三日熟食，前军而行。为战，合之表，合表乃起。踵军飨士，使为之战势，是谓趋战者也。兴军者，前踵军而行，合表乃起，去大军一倍其道，去踵军百里，期于会地，为六日熟食，使为战备。"

各部军吏和士兵不得擅入他部的营地，否则将受到责罚。在营内的交通干道上，每隔120步设一个岗哨，各个路口都有卫队巡逻和监视。军营里禁止行人随意走动，以保持道路畅通，没有将吏的符节做通行证，一律不得通行。那些需要出营砍柴或喂马的士兵必须以行伍单位行动，否则不准通行。官吏没有符节或者士兵不以行伍队列的，守卫营门的官兵就要以军法处置他们。[①]

上述种种军令不仅仅让营地管理井然有序，同时也是防止奸细混入营垒的基本手段。

数日之后，来自崤函以西的踵军到达此地。步卒们进入分配的营地休息，埋锅造饭；轻车士和骑士则匆匆嚼几口熟食就纷纷跑去刷马喂马——军马保养得好，车骑才能保持战斗力。大约又过了数日，大良造白起和客卿司马错率领来自内史地区的关中卒进驻皋落周边的军营。伐魏之师的各路兵马至此全数集结完毕。经过休整，各部将士们摩拳擦掌，誓要在此战中立下先登之功。

志在必得的白起和司马错当时可能未曾料到，攻垣之战会先后打三次。不过，这并不意味着刚升官的白起即将遭遇人生中第一场窝囊仗（他是中国历史上为数不多的不败名将之一）。

新老将星联手，王屋山下跃马扬鞭

本次打击目标在函谷关外数百里之地，但行军路线实际上始终在秦国境内。这是司马错、向寿、白起在前几次战争中创造的有利条件。

当东征大军的兴军、踵军开始转移时，河外沿途各县都进入戒严状态，位于前线的皋落城也不例外。四境之内不见民众往来，空荡荡的官道上只有秦军车骑

---

①《尉缭子·分塞令》："中军、左、右、前、后军，皆有分地，方之以行垣，而无通其交往。将有分地，帅有分地，伯有分地，皆营其沟域，而明其塞令，使非百人无得通。非其百人而入者，伯诛之；伯不诛，与之同罪。军中纵横之道，百有二十步而立一府柱，量人与地，柱道相望，禁行清道。非将吏之符节，不得通行。采薪刍牧者，皆成伍；不成伍者，不得通行。吏属无节，士无伍者，横门诛之。逾分干地者，诛之。故内无干令犯禁，则外无不获之奸。"

与步卒列队行进。各关塞、亭障的守军设卡封死道路，只准持符节传达王命的官吏通行。假如没有符节，任你官大爵高也不得放行，违者诛之[①]。严格的消息管制使得秦军大部队快速而隐秘地抵达边境，没让驻守王垣的魏军察觉。

▲ 秦弩发掘现场，秦弩机栝部分特写，秦始皇兵马俑博物馆

　　早在主力部队离敌军200里远的时候，秦军斥兵就已经混入王垣侦察了。[②]当白起和司马错到来时，已经有了不少情报。两位名将对着地图，讨论到深夜……

　　按照战国兵法通例，王垣的魏军大多驻扎在城内，并会另派一支别军扼守隘口与毫清河水源。从皋落到王垣这片土地恰好形成一个南窄北宽的葫芦形盆地。皋落坐落在葫芦出口处，王垣占据了宽阔的盆地和穿越王屋山脉的轵道隘口。毫清河由隘口向东南流，途经这两座城，在皋落西北方形成了一个很大的湖泊，然后继续南下至武遂一带注入黄河。毫清河西岸又是无路可通的苍莽大山。也就是说，只要把北边的隘口牢牢控制住，三面环山的王垣就如同被关在葫芦里，马上沦为孤城。

　　尽管史书并没有记载攻垣之战的详细经过，但以《六韬》为代表的先秦兵书总结了不少源于实际战例的战术模板，我们可以结合这些知识试做推演。

　　为了孤立王垣，白起与司马错决定先清扫敌人部署在城外的别军，封锁王垣的北上通道与水源。假如城内的魏军出来救援，正好发挥秦军野战之长。

　　夜色正浓，皋落的城门悄悄打开。司马错率领自己亲手挑选的数千精兵出城，衔枚裹蹄，不举火，秘密行至魏军营地附近……这支奇兵的向导正是皋落县尉及其属吏和少量县卒。秦国实行普遍征兵制，不分贵贱吏民皆服兵役，各县的斗食

---

　　①《尉缭子·踵军令》："凡称分塞者，四境之内，当兴军踵军既行，则四境之民无得行者。奉王之军命，授持符节，名为顺职之吏。非顺职之吏而行者，诛之。"
　　②《六韬·绝道》："太公曰：'凡帅师之法，当先发远候，去敌二百里，审知敌人所在。'"

小吏[1]也常被编入军中。他们能写会算且熟悉律令，在部队里做的往往是中下级军吏。县尉的秩禄为 200 石至 400 石，比照《商君书·境内》篇提到的"短兵"制度，他应该配有短兵卫士 20 至 40 人。

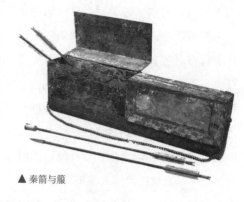

▲ 秦箭与箙

县尉率领的皋落县卒战斗力较弱，但更为熟悉地形和魏军的兵力部署。在他们的协助下，司马错的数千奇兵神不知鬼不觉地拔除了十几里内所有的敌人亭障，消灭了驻守城外的魏军。司马错一面派出传令兵火速向白起报信，一面让士卒们抓紧时间整修壁垒、准备战斗。

天已大亮，城内的魏军才得知秦军来袭，手忙脚乱地集合大军出城，试图夺回轵道隘口。否则，王垣连向安邑求援都无路可通。

魏将清点了隘口上的秦军旗帜，判断这只是小股人马，便下令猛攻。魏武卒以强弩猛射秦军阵地，压得对方抬不起头，奋戟之士逐步逼近。当魏军靠近阵地时，秦军弩兵突然齐射还击……

岳麓秦简里有道算术题："卒百人，戟十，弩五，负（箙）三，问得个几可（何）？得曰：戟（五十）五人十八分人十，弩廿二十七人十八分人十四，箙十六人十八分人十二。"由此可知，秦军百人队中大约有 55% 的士兵持戟，28% 的士兵持弩，剩下 17% 的士兵持箙（fú，弓箭袋）。秦兵马俑考古资料显示："（秦军）每箙中盛箭支数不定，据一号坑所见有 114 支、100 支、72 支几种，但以 100 支为最多。"（王学理《解读秦俑：考古亲历者的视角》）相比之下，魏武卒"负服矢五十个"，每箙才 50 支箭，箭矢基数大大逊于秦兵，在持续对射中占不到便宜。

---

[1]斗食小吏指的是一年的秩禄收入不足 100 石的低级文法吏，县府中的属吏大多属于这个级别。《汉书·百官公卿表》颜师古注云："《汉官名秩簿》云：斗食月奉十一斛，佐史月奉八斛也。一说，斗食者，岁奉不满百石，计日而食一斗二升，故云斗食也。"

几轮较量下来，司马错凭借壁垒和隘口的有利地形击退了敌军。魏军久攻不下有点泄气，只得重整队形准备下一轮进攻。

就在这时，白起部秦军突然开出了皋落城，轻车和骑兵迅速运动到两翼，浩浩荡荡的步兵井然有序地摆开阵形。白起希望魏军能后阵变前阵，跟自己拼死一搏，这样秦军就能在野战中歼灭敌军主力，以更小的代价拿下王垣。谁知魏将闻讯后不敢恋战，趁着秦军尚未全部展开，急忙带兵缩回城内。白起和司马错顺利会合，将王垣包围得水泄不通。

自从伊阙惨败以来，魏武卒畏秦如虎。况且，王垣魏军发现领兵的秦将居然是赫赫有名的司马错和白起，更加不敢正面应战，只想凭借充足的粮草和经营已久的城防做长久周旋，等待不知何时才能赶来的援兵。魏军至少要像当年宜阳的韩军那样顽强抵抗五个多月，否则王垣必定沦陷。

既然敌军不肯出城交战，白起和司马错只能选择强攻。

秦军攻城围邑有一套严密的法度。国司空在士兵的护卫下带人测量了王垣的"广厚之数"（城池面积和城墙厚度）。接下来，国尉根据测量结果划分各部队负责进攻的片区，并约定进攻时间。白起已迁为大良造，司马错的职务不明，此战的国尉是谁就不得而知了。白起爵位高，是主将，这些工作更可能是副将司马错完成的。国尉完成作战部署后，严肃地训示各军：先完成任务的部队评为"最启"（头功），后完成任务的部队评为"最殿"（末等），两次得末等的部队将被除名。

战斗任务下达后，负责进攻不同段城墙和城门的各部人马立即挑选出18名"陷队之士"打头阵。陷队之士需悍不畏死，优先选择自告奋勇者，数量不够时就以希望晋爵升职的人递补。军功爵能为战士们带来田宅和做官的机会，秦民的富贵之梦都寄托于此，故许多士兵争相报名，但只有那些敢死乐伤、壮勇多力、轻足善走的壮士方能入选。

想当年，秦穆公东平晋乱、西霸戎狄，倚仗的是3万"陷陈"精兵[1]。"陷陈"

---

[1] 《吴子兵法·图国》："昔齐桓募士五万，以霸诸侯；晋文召为前行四万，以获其志；秦缪置陷陈三万，以服邻敌。"

即"陷阵"，即突破敌军阵地或阵形的壮士。陷陈之兵负责撕破对方防线，搴旗斩将，攻城先登，为全军打开胜利之门。陷队之士就是春秋秦军陷陈之兵的传人。他们必须一往无前，赴火蹈刃，迅猛冲锋。只要全队杀死5个敌兵，所有人都晋爵一级；若是连一个敌兵都没杀死，全队都要被斩首；若是有人在战场贪生怕死调头逃跑，将会在千人围观下遭受黥刑或劓刑。[1]秦军士兵一旦入选陷队之士，就得执行最危险的任务，同时也能获得更多的立功授爵机会。

战鼓雷鸣，喊杀震天。秦军以抛石机与连弩压制城头的敌兵，进攻部队以大楯（大型盾牌）和轒辒（fén wēn，一种攻城用的大型车辆）为掩护逐步靠近城墙，以壕桥通过壕沟，然后一队士兵开始以撞车冲击城门，其他士兵则按照梯次以云梯和钩梯攀越城墙。城头上的魏军则以弓弩、檑木、滚石和火烧等手段防守，用塞门刀车堵上城门或城墙上的缺口……

城墙的每一面都有秦军陷队之士舍生忘死地冲杀。他们跟前的魏军拼死抵抗，他们背后的同袍浴血疾行。不断有人从城墙上坠落，折断的兵器与破碎的甲胄、至死都保持扭打姿态的两军士兵尸体，比比皆是。有的人刚用长矛捅穿敌兵的胸膛，脖子就被另一个敌兵用戟啄伤。一名把头探出盾牌想观察战况的士兵被冷箭射中了脑袋，后一个持盾士兵立即填补阵亡者的空位，以保持整体队形不乱。爬云梯的秦兵虽有弩手掩护，但登上城墙时不得不面对一打多的落单局面，经常被围上来的魏兵杀死……

两军攻防数回合，秦军没能攻破城门和城墙，战况一时胶着。

白起和司马错见状暂停攻击，让伤亡较大的部队后撤休整，换上预备队继续围城。据斥兵的回报，魏军增援部队动作迟缓，可能是害怕与秦军交手。尽管如此，白起还是命令阻援部队深沟高垒、严阵以待，不得有半点松懈。

秦军休整至第二天，重新组织轮番进攻，并不断调整主攻方向。王垣的魏军

---

①《商君书·境内》："其攻城围邑也，国司空訾其城之广厚之数。国尉分地，以徒、校分积尺而攻之，为期曰：'先已者当为最启，后已者訾为最殿，再訾则废。'穴通则积薪，积薪则燔柱。陷队之士，面十八人。陷队之士知疾斗，得斩首队五人，则陷队之士，人赐爵一级。死，则一人后；不能死，千人环睹，黥劓于城下。国尉分地，以中卒随之。将军为木台，与国正监，与王御史，参望之。其先入者，举为最启；其后入者，举为最殿。其陷队也，尽其几者；几者不足，乃以次级益之。"

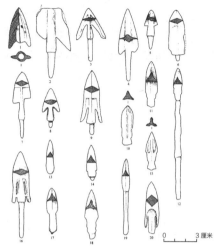

▲ 秦石矛范，陕西省博物院

◀《秦都咸阳考古报告》中的秦国铜箭镞

0   3 厘米

  苦苦支撑了一段日子，体力和士气接近枯竭。两军激战多时，形势朝着有利于攻方的方向变化。

  这一天，秦军两大名将又站在高高的木台上，与国正监、王御史一同督战。主将白起用锐利的目光扫视战场，不断用旌旗和鼓声对各攻城部队下达新的指示。双方交战良久，他突然察觉某一面城墙上的魏军旗帜变得混乱，不如其他地段的魏军旗帜整齐——战机来了！

  白起果断下令让国尉率领的中卒参与进攻，集中力量突击该方向，其他部队则继续进攻各自片区，不让其他的敌军回身救援。秦军攻势加强后，那段城墙上的魏军渐露败象。终于，一名陷队之士先登城头，一口气杀死几名包围他的魏兵，打开了突破口。其他秦兵迅速跟进，占据了更多的立足之地。一队魏军援兵手持长戟蜂拥而来，这群秦军锐士也整齐地端平长矛向敌人猛冲过去。

  首轮格刺比的就是稳、准、狠，双方的长兵器要做到"贴杆直入"，以横劲让对方的矛头偏离方向，而自己的矛头由中线直击对方胸腹，稍有失误就会送命。城头上的回旋余地不大，双方都是长兵器并排冲锋，谁能让对方在第一击中成片倒下，就会在局部形成以多打少的数量优势，掌握肉搏混战的主动权。号称虎狼之师的秦锐士闻战则喜，敢死轻生，杀红眼时甚至会脱掉甲胄让自己做出更灵活的格杀动作[①]。他们在首轮对冲中在气势上就占了上风，一下子冲垮了第一排魏武卒。在后续的短兵相接中，矛戟剑盾混编的秦军什伍配合默契，把魏军援兵打得节节后退。

由于魏军没能及时堵上这个缺口，后续的秦军源源不断地登上城墙，像潮水一般沿着城墙席卷而来。王垣的城防很快烂成了筛子，城门也被攻破，大量秦兵高喊着冲向各个街道。王垣，陷落！

白起、司马错率军进入王垣官府，派人看管被俘的魏国官吏和士兵，清点府库，没收器物。两人打扫完战场后，与国正监、王御史一同写信向秦昭王报捷。他们请求朝廷依法奖赏名单中成千上万的有功将士，特别是那位先登的勇士及其所在部队，立下"最启"之功，理应多升几级爵位。

这一仗打下来，不知多少家庭成了烈属，又不知多少庶民升级为有爵人。吴起曾经说过："凡兵战之场，立尸之地，必死则生，幸生则死。"（《吴子兵法·治兵》）必死则生，幸生则死，战场如是，战国时代如是。既然逃不脱兵燹之灾，那就从战斗中杀出一条光大门庭的血路吧！大争之世的人生就像那两军接锋的第一击，决然而肃杀，容不得一丝迟疑，想好好活着就得敢于玩命。

攻垣之战胜利了，魏国失去对轵道的控制。白起和司马错攻下王垣后，原本的下一个目标是什么？是以王垣为跳板西击河东第一大城安邑，还是回头把韩国武遂城给拔了？我们无从知晓。因为，他们很快接到了新的命令：把王垣归还魏国，与魏人重新讲和。

这次的"复予之"来得比以前快。秦军上回攻蒲阪是在秦昭王四年，次年魏王来朝应亭的时候才"复与魏蒲阪"。第一次攻新城之战，秦昭王六年攻，七年陷，八年归新城给韩。两回都是在第二年才把所夺之城作为外交筹码丢出去。可

[①]《韩非子·初见秦》："今秦出号令而行赏罚，有功无功相事也。出其父母怀衽之中，生未尝见寇耳。闻战，顿足徒裼，犯白刃，蹈炉炭，断死于前者皆是也。夫断死与断生者不同，而民为之者，是贵奋死也。夫一人奋死可以对十，十可以对百，百可以对千，千可以对万，万可以克天下矣。"

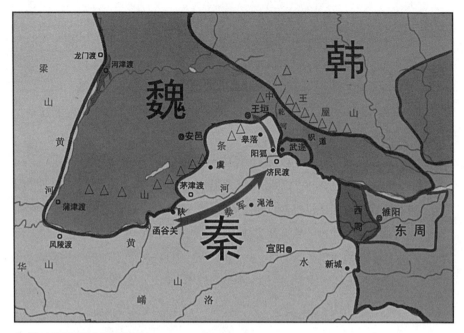

▲ 攻垣之战经过图（草色风烟绘）

是这一次，攻城和还城都在同一年发生。此外，大良造白起还接到了另一个命令：挥师南下准备讨伐宛、叶之地①。这意味着秦国的作战对象由韩魏转为楚国。

既然朝廷已经决定把王垣复予魏国，两位将军只能坚决执行命令。司马错留下来善后，白起先回朝复命并商议伐楚战事。

把自己用血汗打下来的城池再拱手让人，新兵心里可能有疙瘩，老兵则见怪不怪。秦军老卒都知道，这年头诸侯立场多有反转，说不定下一次出征要跟眼前的手下败将共同御敌。反正仗是打赢了，无论王垣是否还给魏国，该赏给功臣的爵位和田宅并不会少，烈士家属的荣誉和抚恤也不会缺。总之一切听从指挥，朝

① 宛在今河南南阳市宛城区，是春秋战国时的重镇，楚国宛郡治所，冶铁业发达。叶在今河南平顶山市叶县。宛、叶以北领土在垂沙之战时被韩国占领，但宛地主要部分仍属于楚国。

廷让打谁就打谁，只要官府赏罚分明、不窝军功就行。

虽说这道与原方针相左的王命来得突然，但白起和司马错没什么想不通的。战争终究是为政治服务的。将军负责制定并执行作战方案，但并不能决定与哪国开战。因为这是君王与相邦的事。兵圣孙武那句"将在外，君命有所不受"，仅限于沙场决胜之时，战前和战后的国家决策都不由将帅掌控。他们更多时候是在执行君王的命令与相邦的计策。

然而，对于伐楚一事，秦昭王与穰侯魏冉意见相左。

相邦魏冉主张联楚制齐攻韩魏，而大臣杜仓主张联合诸侯先伐楚[①]，昭王赞同后者的计策。魏冉见无法说服他，便谢病免相，推荐自己的心腹客卿寿烛为相。但不久后寿烛免相，魏冉一度复相又被免。力主伐楚的杜仓接任秦相，白起奉诏出征，司马错在秦魏边境待命。魏、白、司马铁三角组合暂时分开，攻楚大计已成定局。难道秦昭王打算放弃兼并河东的原定战略方针？

白起南征楚，司马错再袭魏

在多极化的天下格局中，列国关系瞬息万变，常常朝敌暮友。为了应对复杂的斗争环境，各国都会保留多个派系的大臣。六国一直是联秦派与抗秦派并存，秦国内部也存在联齐楚伐晋、联齐晋伐楚、联晋楚伐齐等多种政见。臣子根据自己在外邦的关系网来制定计谋；国君超然于各派大臣之上，根据形势需要来选择不同的策略。

秦昭王跟舅舅的分歧并非出于私怨，而是对当前局势的看法不同。他对逐渐复苏的楚国不放心。

---

①《史记·六国年表》说魏冉在秦昭王十五年就免相，比《秦本纪》早一年，跟《史记·穰侯列传》同年。《韩非子·存韩》称："杜仓相秦，起兵发将以报天下之怨而先攻韩，荆令尹患……天下共割韩上地十城以谢秦，解其兵。"据杨宽先生考证，杜仓相秦一事发生在秦昭王十六至十八年间，他一度代替谢病的魏冉主持朝政。综合来看，魏冉免相一事应发生在秦昭王十五年，秦军刚开始伐楚时。《史记·穰侯列传》称："昭王十九年，秦称西帝，齐称东帝。月余，吕礼来，而齐、秦各复归帝为王。魏冉复相秦，六岁而免。"可见魏冉在秦昭王十六年复相后没多久又免相，昭王十九年时才复相。

楚国自从顷襄王元年以来整整5年都在休养生息。由于家底厚实，楚国的综合实力大致恢复到垂沙之战前的水平。白起即将攻打的宛、叶之地是楚国宛郡的核心地段，因毗邻韩魏而成为各国争夺之地。韩魏趁着楚军在垂沙之战惨败，夺走了宛、叶以北的地盘。但伊阙之战让韩魏气空力虚，秦军又把进攻重点放

▲ 宛城遗址

在黄河北岸的河东地区，楚国迎来收复失地的战机。楚顷襄王不可能对夺回宛、叶以北领土毫无想法。倘若秦国全力投身于河东战场，楚国必然会伺机挥师北上收复失地，甚至攻取新城，在伊水流域重建新城郡。到那时，秦国河外地区的侧翼将多一个逐渐复苏的大敌，难以再放心地全力猛攻韩魏。

魏冉主张联楚攻晋，希望以外交手段安抚楚国。秦昭王则打算以武力手段彻底消除楚国对秦国河外战区的威胁。白起没有像后来邯郸之战时那样坚决反对，说明他也赞成秦王的看法。

从军事角度来看，先抽出手打掉宛、叶，可以从源头上扼杀这个危险的萌芽，让平定河东、河内的战略再无后顾之忧，还能给豫西通道的宜阳、新城等重镇增加一个后勤供应基地。宛所在的南阳盆地是北河南江之间重要的产粮区，叶县的盐矿资源至今闻名全国。更可贵的是，宛地有着发达的冶铁业与兵器制造业。《荀子·议兵》曰："楚人鲛革犀兕（sì）以为甲，鞈（gé）坚如金石；宛钜铁矛，惨如蜂虿（chài），轻利僄遫（piào chì），卒如飘风。"可见宛地出产的铁矛是战国著名的精良兵器。若能夺取宛、叶之地，秦国在粮、盐、铁、兵上都会有较大增长，楚国将因失去众多战略资源而进一步衰弱。

秦昭王采纳了杜仓的意见，通过归还王垣来稳住魏国，以便集中兵力攻楚。魏国一没想到秦军会袭击王垣，二没想到虎狼秦国主动还城讲和。魏昭王君臣倍感劫后余生。当得知秦军主力南下伐楚后，魏国赶紧向王垣加派重兵，修复城垒，增设亭障，以免再次被敌国偷袭。

司马错留在边境警戒魏韩动向，不让两国干扰白起攻楚。他因攻垣战功晋升

为左更。当朝野把目光聚焦于宛叶战役时，他的心思却留在黄河北岸。因为他判断年轻的战友白起一定能圆满完成任务，而秦国下一步的行动不会是继续伐楚，重心迟早会回到攻魏上。

假如秦夺楚之宛、叶后，只能向其腹地开疆拓土，这势必会引发两国全面大战。就实而论，秦国尚未准备好与同样地广人众的楚国进行全面决战。最省力也最划算的战略方针依然是征服魏国河东地。眼下，魏国已经加强了王垣的防御，再从这里动手就是蛮干。如果从传统的蒲阪或皮氏方向出击，或者攻打此前割让的封陵，都在敌军的预料之中。这些靠近渡口要津的边城都会有重兵把守。按照此前的战略构想，司马错和白起打算先夺取整条轵关陉，彻底孤立魏河东郡。若不拿下王垣，则无法继续西进至轵道的终点。既然如此，那就转换思路，控制轵道的起点好了。只不过，那里不再是魏河东郡地界，而是位于魏河内地区的西段。

河内曾经是殷商王朝的腹地，由于开发历史非常悠久，显得土地狭小而人口众多①。韩魏的政区将河内之地分为了大小不同的三段。韩上党郡一直延伸到黄河岸边，通过少数城邑形成的狭窄通道（时称"南阳太行道"）与韩国新郑首都圈保持联系。这刚好把魏河内地分成了两部分：韩之野王（今河南沁阳市）以西有温（今河南温县西南 30 里）、河雍（河阳，西邻邓城，同属今河南孟州市）、轵（今河南济源市轵城村古城）、邓②、曲阳（今河南济源市西南 15 里）、向（高平，今河南济源西南向城）等密集的城邑群，但地域较为狭小，是为魏河内地的西段；野王以东至邺县（今河北邯郸市临漳县西邺镇一带）的城邑分布相对稀疏，幅员却是前者的好几倍，是为魏河内地的东段。其中，轵城就是轵道的起点，也是轵关陉名称的由来。杨宽先生认为魏国先后置有西河郡、上郡、河东郡、方与郡、大宋郡 5 个郡（《战国史》），钱林书先生则认为魏国"至少置有河西、上郡、河东、上党、大宋及方与六郡"（《战国时期魏国置郡考》）。无论哪个版本的说法，魏国

---

① 《史记·货殖列传》："昔唐人都河东，殷人都河内，周人都河南。夫三河在天下之中，若鼎足，王者所更居也，建国各数百千岁，土地小狭，民人众，都国诸侯所聚会，故其俗纤俭习事。"

② 《史记正义》引《括地志》云："故轵城在怀州济源县东十三里，故邓城在怀州河阳县西三十一里，并六国时魏邑也。按：二城相连，故云及也。"

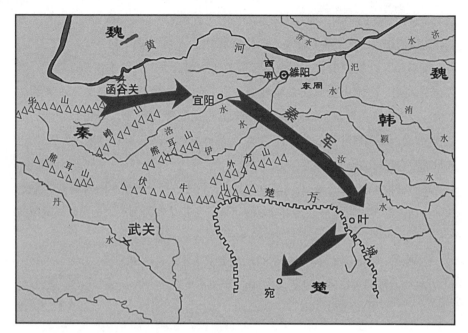

▲ 宛叶之战经过图（草色风烟绘）

都没有在河内设边郡。可见这个紧挨着韩赵两国边疆的地理单元应是由其首都大梁直接管辖。由于黄河与韩地的阻隔，大梁对河内西部各城的支援力度受到限制。这对司马错的作战构想是个利好条件。

宛叶之战从秦昭王十五年底打到十六年，白起再次大获全胜。魏冉还没复相，但司马错的请战要求被秦昭王批准了，朝廷为他增派了关中甲士以及粮草物资。司马错在河内地圈定的攻击目标是轵、邓二城。轵、邓二城在魏国河内地的西段，不仅处于河东、河内的交通枢纽，还靠近韩国上党郡的南部出口。其中，邓守护着黄河北岸渡口要津，轵则是封锁轵道的要塞。顺便一提，轵县还是著名刺客聂政的故乡，《史记·刺客列传》记载："聂政者，轵深井里人也。"

三晋对轵道的争夺也是由来已久。轵道的终点在魏之新田（今山西侯马市），中途经过王垣和皋落，起点就在轵城。魏国当年曾经在涑水流域与韩赵打过仗，以确保轵道的终点控制在自己手中。魏河内地的西段东邻韩上党，西接韩武遂，南边是黄河对岸的周国，前往大梁和安邑的交通线都容易被韩国封锁。为此，魏国在轵道的起点修筑了多个边城，最核心的重镇就是温、轵两县。

别看轵县统辖的地盘不如白起所拔的新城那么大，城池规模却远胜之。考古调查表明，济源市轵城村古城近似方形，东 1766 米，南 1865 米，面积约为326.36 万平方米；秦汉新城故城大致为长方形，东西 1680 米，南北 1250 米，周长 5935 米，面积超过了 210 万平方米。如果再加上与轵相连的邓城，司马错的进攻目标跟白起打的宛城的实际规模差不多。

假如能拔掉轵、邓二城，秦军将初步控制从河东或河外前往河内的水陆交通线。魏河内西段的各城邑将会变得更加岌岌可危，尤其是韩国调头为秦国做马前卒的时候。

应该说，宛叶之战为司马错的行动制造了绝佳战机。由于宛、叶毗邻韩魏南部边境，秦兵随时可以调头进犯。楚韩魏三国都高度戒备坐镇宛城的秦大良造白起，

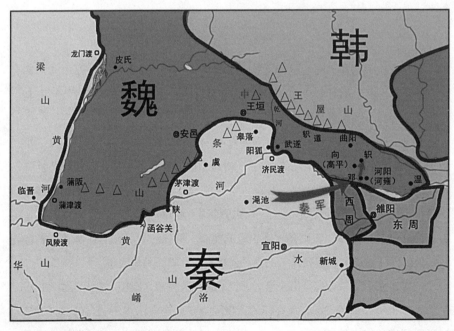

▲ 轵邓之战经过图（草色风烟绘）

生怕他又突然发难。当天下诸侯都在猜测白起下一步的动作时，司马错秘密出兵奔袭河内。

邓与轵虽有道路相连，但中间隔着一片山地。司马错挥师渡河后很快包围了猝不及防的邓城，初步占领黄河北岸的渡口要津。河内魏军闻讯紧急动员，企图趁敌人立足未稳将其逼退。他们很清楚，这是稍纵即逝的唯一希望，绝不能让虎狼之师挺进身后越来越开阔的河内平原。一场恶斗不可避免，首战结果将决定整个战局的走向：魏胜则秦兵不得不先撤回黄河南岸，秦胜则魏军再无搏命的信心。

兵家亚圣吴起开创的魏武卒曾经是天下一等一的精锐之师，但从秦献公东征到伊阙之战，秦军早已将魏国重甲步兵的打法研究透彻。

魏武卒以三属之甲保护上身、髀部、胫部，远战以十二石弩制敌，近战以长戈短剑搏命，攻击力与防护力俱佳。秦军有只穿战袍的轻装步兵（主要是弩兵），也有重装甲士（使用长短兵器和弩的都有）。但秦军重装甲士装备的是短襟甲衣，铠甲只到腹部，下半身装备与轻装步兵区别不大，基本没有保护大腿的髀裤和保护小腿的胫缴。由此可知，秦军更重视发展攻击力与机动力，其重装甲士的灵活性大大优于敌军。秦军通过发展强弩与长兵器来击破魏韩的重甲防御。到了战国中后期，"强弩在前，铗戈在后"已是诸侯公认的秦军战法特征。这种作战风格一直延续到了秦始皇灭六国之时。

战国军队布阵时通常会把兵力分为三部分，每个部分的军阵都有用于突击的前锋与用于接应的后队，阵中各部兵马都要听从将令安排，绝不可擅自行动。双方交战时以三分之一的兵力侵敌，剩下三分之二的部队固守阵地。当敌方溃败时，将军才把这些部队投入攻击，以扩大战果①。秦军后阵将战车排列成行并配上盾牌来充当营垒，以增强防御力量；主攻的前阵没采取防守用的圆阵，而是选择对攻。

秦魏两军各自摆好战阵，双方的前队将为大军全力创造决胜之机。魏军急于逼退敌人，抢先进攻。伴随着隆隆鼓声，魏军前进至十二石弩的射程之内，发出

---

① 《孙膑兵法·八阵》："用阵三分，诲阵有锋，诲锋有后，皆侍令而动。斗一，守二。以一侵敌，以二收。"

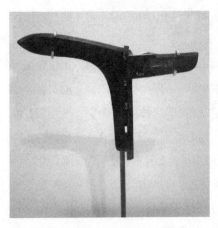
▲ 五年相邦吕不韦戈，国家博物馆

一阵箭雨。秦军以大楯护卫，待到这一阵箭雨落下后，前锋的 3 排弩兵马上展开更加猛烈的还击。由于有大楯掩护，双方的伤亡都不算太大，还保持着基本队形。当两军战阵推进到相隔 50 步的距离时，魏武卒和秦锐士都向对方发起冲锋。①秦兵的铠甲腿部保护不如魏兵，但更便于活动，冲锋速度占优。

执弩的秦军前锋部队快速分散到两侧，后面的战车（指挥车）引领着几排长铍甲士迅猛突击。车上的军吏一面指挥，一面引弓放箭。长铍甲士结成密集队形，整齐若一。在长铍队之后，是矛戟剑弩混编的近战甲士方阵，载有军吏的指挥车在阵中调度所部士卒。指挥车周围的随车甲士各种长短兵器俱全，配备弓弩的比重相当高。长铍队冲乱魏军的行次，在敌阵上撕开缺口，后面的矛戟甲士迅速突入敌阵，在混战中以百人队为基础协同作战，百人队之下又以多种兵器相杂的什伍小队为单位配合杀敌。

秦国军法规定：一个伍有人阵亡，同伍的四人有罪，如果每个人能杀死一个敌兵就能免罪。②魏军军法规定：一个伍的伤亡数和杀敌数相同就功罪相抵；只有斩获而没有伤亡的有赏；若是只有伤亡而没有斩获，处以死刑并惩罚其家人；假如自己的什长、伯长（即百夫长）阵亡，杀死敌军什长、伯长才能免罪，否则身死家残。③

两国军法都很严酷，但秦国信赏必罚，魏国赏罚不明，执行效果不可同日而语。

---

① 《尉缭子·制谈》："杀人于百步之外者，弓矢也。杀人于五十步之内者，矛戟也。"
② 《商君书·境内》："其战也，五人束簿为伍；一人死，而其到四人。能人得一首，则复。"
③ 《尉缭子·束伍令》："束伍之令曰：五人为伍，共一符，收于将吏之所。亡伍而得伍，当之；得伍而不亡，有赏；亡伍不得伍，身死家残。亡长得长，当之；得长不亡，有赏；亡长不得长，身死家残；复战得首长，除之。"尉缭子是魏国人，其兵法反映的应是魏军的制度。

再加上全军士气、训练水平、将尉才能、后勤能力等方面的差距，魏军很难在硬仗恶仗中跟耐苦战的秦军争锋。

硬碰硬的激战让不少魏兵被秦锐士摘掉脑袋。再严酷的军法也挡不住恐惧情绪的蔓延，方阵的这个缺口刚堵住，那边又漏风。双方激战良久，魏军伤亡不小，渐露疲态，阵形越来越散乱。就在此时，司马错派出蓄势已久的骑兵迂回袭击魏军战阵侧翼，又以轻车兵高速冲击魏军后阵，打算将魏军先头部队分割围歼。魏将急忙调遣车骑救援，但遭到了秦军车骑的强力阻击。

时间一点一点地过去，投入进攻的魏军前队濒临崩溃，剩下的两军也战心动摇，开始出现骚动。魏将赶紧下令全军变换为"坐阵"。他居于阵中，让士兵以跪坐的姿势保持整体队形的稳定，试图以此止住溃逃的趋势。可惜，一切为时已晚。前军丢盔弃甲，乱流一般逃窜，恐惧情绪迅速传染给了压阵的后军，根本不能做到令行禁止。

眼见大势已去，魏将无奈下令撤退，各部人马丢盔弃甲，狂奔不止，相互争道，不再讲什么队形行次，一面面旌旗被丢在地上……

司马错心知机不可失，果断指挥全军发起总攻。他命令轻装弩兵随着用弩的战车沿着敌军两侧运动，迅速展开雁行之阵追击逃敌，重装甲士紧紧咬住敌军后卫，轻车锐骑则发挥速度优势做超前追击。在秦军各兵种的合力掩杀下，魏军死伤无数，四处逃窜。司马错一鼓作气，攻克轵城。

就在秦国两位名将各显身手时，天下形势再度发生剧变。昔日的攻秦联军统帅薛公与齐湣（mǐn）王彻底交恶，做了魏国丞相，积极结交诸侯对付自己的祖国。秦昭王见状，很快舍弃了继续攻楚的念头，重新接受魏冉的外交方针。秦楚两国此后休兵多年，秦国得以专心致志地攻韩伐魏。

这一年是秦昭王十六年。秦国封公子市于宛，封公子悝于邓（今河南孟州市，临近黄河），穰侯魏冉得到新封邑陶（今山东定陶县），三人皆为诸侯。公子市和公子悝分别坐镇新的宛、邓之地，他们既是秦宗室，又与以宣太后、魏冉为核心的楚外戚集团关系密切，楚外戚集团的势力全面膨胀。尽管杜仓还做着相邦，魏冉并未失去太多实权。除了楚外戚集团撑腰外，与白起、司马错等军方大佬的友善交情也是魏冉的一大政治资本。

白起与司马错三征韩魏，拿下不少重要据点，在河东布置出一盘好局。魏冉准备挟秦军战胜之威再出一个令列国震惊的大手笔。他要建立一桩奇功，为了自己重返相位，更为了秦国霸业。

魏冉祭出了商鞅用过的大招

　　战国七雄在几十年的合纵连横斗争中不断调整站位，有的诸侯国捕捉到了发展机遇，有的诸侯国却屡屡吃瘪。魏国和韩国一度属于前者。魏哀王和韩襄王抓住秦楚交恶的机会与秦昭王结盟，两国关系也进入蜜月期。他们还两次抱紧齐国的大腿，分别打赢了垂沙之战与函谷之役，从楚秦两强那里割下大片领土。

　　两国一度显露中兴之象，却被魏冉、司马错、向寿、白起等猛人打回原形。魏昭王与韩釐（lí）王的内心是极度崩溃的，恐怕少不了在太庙里向列祖列宗跪哭忏悔。他们同一年即位，秦国战败割地恰在前一年，看起来形势大好。谁知俩人刚接手父辈的遗产，秦国就吹响了反攻河外的号角……秦人打完河外打河东，打完河东打河内，一直不让人喘气。再这样下去，韩都新郑与魏都大梁岌岌可危。两国的忧患意识从不缺，解决办法却没有。

▲ 秦兵马俑一号坑步兵军阵

也难怪，白起和司马错用兵太诡诈，总是在诸侯猜不到的时间和料不到的地点出手。伊阙之战、涉河之战、攻垣之战、宛叶之战、轵邓之战，每次都是战果辉煌。只要指挥过其中一场战役就足以名动天下了，然而这只是两位秦国名将毕生军事成就的一部分而已。他们的对手只能望而生畏，毫无还手之力。魏韩两国在这四五年里累计丧师数十万，丢失的土地、民户、财货、矿藏、山林、湖泽不计其数。兼并战争让各方势力此消彼长。秦国的力量和资源越来越多，只怕来年出兵更凶。

魏韩高层的忧虑并非杞人忧天。这一年，铁三角中轮到穰侯魏冉来刷军功了，他的目标是白起和司马错上次打过的王垣。①

自从轵、邓二城沦陷后，战败的魏国以温县为核心重整河内的防务。《史记·货殖列传》曰："温、轵西贾上党，北贾赵、中山。"温县和轵县是魏河内地最重要的贸易中转站，若是再让秦人夺走温县，魏国财政收入将受到更多损伤。而经济实力的削弱又会进一步限制军事能力的发展，形成恶性循环。谁知秦军竟然再度调头攻打河东，以迅雷不及掩耳之势包围了王垣。

秦人封锁了王垣盆地的南北出口，魏军送不出去求援信。就算隘口关卡没丢，王垣照样无法及时得到河东腹地的增援。当然，这绝不是魏国体制的错。

魏国是最早采取郡县制的国家之一。郡县制的问世源于战争的需要，早期的郡都设置在各国边疆，相当于一个军区，郡府相当于军区司令部。比如，当年吴起担任西河郡守时击退过入侵的秦师，还反过来蚕食了秦国的河西地。可见，边郡既是拱卫内地的盾牌，也是进攻敌国的拳头。王垣所在的魏河东郡也不例外。

随着河西与上郡的相继沦陷，河东只剩下黄河天险做屏障。魏国迁都大梁，京师主力鞭长莫及，便在河东设郡抗秦，以旧都安邑为郡治。这是为了让河东各边城

---

① 《史记·穰侯列传》称："穰侯封四岁，为秦将攻魏。魏献河东方四百里。"《史记·秦本纪》称："（秦昭王）十七年，城阳君入朝，及东周君来朝。秦以垣为蒲阪、皮氏。"《史记索隐》认为，"为"当为"易"，盖字讹也。秦以垣易蒲阪、皮氏。但此前秦拔魏垣而复予之，此时он以王垣换蒲阪、皮氏，应是再度发兵攻取。对照其他记载，只有穰侯为秦攻魏之战能对应，魏冉进攻的目标应是王垣，后又将此城作为外交筹码。另，睡虎地秦简《编年纪》称："（秦昭王）十七年，攻垣、枳。"

能快速组织本地兵马御敌，坚守到朝廷调集的武卒、苍头、奋击之军[1]驰援。但是，由于古代的交通通信技术落后，边境遇袭的消息传入郡治也存在一定的时间差。

周国策士城浑曾经对楚国新城令说："蒲反（阪）、平阳，相去百里，秦人一夜而袭之，安邑不知……"（《战国策·楚策·城浑出周》）秦兵渡河攻打蒲阪，百里之外的安邑无法在当天做出反应。虽然战国兵法要求的行军速度是日行百里，但集结部队和装运武器粮草需要时间。战斗规模越大，准备周期越长，救援行动也就越迟缓。

已属秦土的皋落就在王垣跟前，分分钟兵临城下。王垣由隘口北上百余里才能走出王屋山区，通过山脉那边的左邑（今山西闻喜县）与河东内地保持联络，无法一路直达安邑。安邑与蒲阪之间的路途平坦尚且难免信息滞后，又怎能及时

▲ 秦步兵俑

---

[1] 《史记·苏秦列传》："今窃闻大王之卒，武士二十万，苍头二十万，奋击二十万，厮徒十万，车六百乘，骑五千匹。"

增援距离更远、路途曲折的王垣呢？

论统兵征战，魏冉自然逊于白起和司马错，但他的军事能力已经足以弹压六国一流名将以外的所有人。秦兵有上回作战的经验，对第二次攻垣轻车熟路。于是魏冉打算采取另一个秦军传统制胜手段——迫降。

尽管商鞅制定的军功爵制和军法都鼓励斩首，但他自己在实战中更多采用的是迫降战术。比如，大良造卫鞅在秦孝公十年率兵包围魏安邑，降之[1]；次年，他又包围魏国新建的固阳要塞，又降之[2]。秦惠文王君臣进一步发扬了这种以迫降为目标的斗争策略，通过包围魏国边城进行外交施压，迫使魏惠王进献上郡十五县。

迫降战术讲究"攻心为上"，通过军事威慑配合外交施压，令敌城守军因内心恐惧而主动放弃抵抗。在这个心理攻防的过程中，围城的将帅和敌城会互通使者进行谈判，斗智巧，比口才，拼定力。假如指挥官不具备外交手腕，反而有可能被敌方特使说服退兵。春秋时郑国大夫烛之武智退秦穆公之师就是一个著名的经典战例。由于人才结构与外战形势不同等原因，秦武王及秦昭王前期几乎没有什么像样的迫降案例，更多是以武力直接攻克城池。如今，魏冉打算重拾这个和斩首战法一样悠久的秦军老传统。

魏国向王垣补充了兵马，但上回的重创尚未痊愈，力量仍显单薄。况且，王垣容易落单的天然地理劣势并没被克服。这次情况更糟糕，河内及大梁魏军被轵、邓的秦军挡住去路，河东魏军也难以及时救援。白起和司马错此前的战果给魏冉扫清了外围障碍。在秦军的猛攻下，王垣再次陷落。

王垣的第二次陷落让魏韩高层如坐针毡。

秦国占领轵、垣等城后，基本控制了轵道除韩国武遂之外的所有主要路段。对于魏国而言，秦兵下一次从济民渡过河后，既可凭借轵城东击河内，又能依托王垣西征安邑，难以判断其进攻方向。对于韩国而言，武遂之地已经陷入了秦城的重重包围，实际上沦为飞地。假如秦人以王垣为跳板攻入魏国河东腹地的话，

---

[1] 《史记·秦本纪》："（秦孝公）十年，卫鞅为大良造，将兵围魏安邑，降之。"
[2] 《史记·六国年表》："（秦孝公）十一年，卫鞅围固阳，降之。"

▲ 秦铜车马俑

与魏接壤的韩上党郡汾水河谷地段的各边城也随时可能被攻打。

坐以待毙是万万不行的，必须选派能臣主动出……使秦国。韩釐王决定再次施展几代韩王都屡试不爽的终极外交大招——入朝。他选择城阳君作为朝见秦昭王的特使。

韩国外交一向以反复无常著称，时而合纵攻秦，时而佐秦击诸侯。远的不说，秦昭王继位以来，韩魏两国一度朝秦，后来又追随齐国攻函谷关，让这位好战之君体验了割地求和之耻。当然，韩国的投机主义外交根源于其特殊的地理位置。韩国周边几乎尽是强邻（周国除外），诸侯混战经常向位于天下之中的韩魏借道。为了自保，韩国只能不断改变立场，毫无节操地依附当前风头正劲的最强者。因此，韩国庙堂加入合纵抗秦时，仍然会保留那些主张连横的大臣，以备反转立场时能迅速跟兵戎相见的强敌改善关系。城阳君是主张韩、魏听从强秦号令的联秦派，故而被委以入朝秦王的重任。

应该说，城阳君的方案对韩国是短期有利的。与强秦结盟后，秦王可能会让韩军助战，得胜后瓜分战利品。如此一来，韩国就能弥补此前秦国入侵造成的损失。

魏国与韩国的地理区位几乎重叠，处境类似，所以也经常在联秦和抗秦之间摇摆不定。从这个角度看，城阳君没有提议秦韩联手伐魏，而是拉着魏国一块加入连横，已经算是罕见地有节操了。可惜，魏韩自伊阙战败以来早已不再是一条心，彼此猜忌严重。魏昭王觉得此计对自己不利，还一度想派策士说服城阳君不要入秦，结果没成功①。

就在城阳君入秦的同时，东周君也来朝见秦昭王。秦国为何要召见这个小不拉几的诸侯？归根结底，还是地理因素。

周国与魏河内地隔河相望，又是关中通往大梁的必经之地。秦国若能借周道及甲粟来伐魏，东征事半功倍。但周国是一群大鲸鱼之间的小虾米，特别是周赧王时东西周分治后（周赧王的王城在河南，东周君在巩县，即今巩义市），巴掌大的西东二周常为争夺资源而冲突，与列强的邦交可谓朝秦暮楚。

由于地理临近，秦、韩、魏三国对二周的影响最直接。西周与东周交战时，韩国曾派兵支持西周，也曾在与楚军交战时"征甲与粟于东周"。秦军东出常借道于周（比如攻韩），诸侯联军攻秦崤函也路过此地。《史记·周本纪》载："秦借道两周之间，将以伐韩，周恐借之畏于韩，不借畏于秦。"两周都是国小志气短，总是力求谁也不得罪，低声下气讨好列强，并常派策士说服各国不在周地附近交锋。

毫不夸张地说，只有得到周国支持时，秦国才能毫无顾忌地放手进攻魏河内地。为此，秦昭王曾经召西周君入朝，但西周君害怕被扣留（谁叫秦昭王有扣留薛公和楚怀王的不良前科呢）。于是有策士游说魏王陈兵于边境，以便西周君以需要坐镇御敌为借口推脱入秦②。既然西周君不来，秦国转而拉拢东周君。东周君与西

---

① 《战国策·魏策·成阳君欲以韩魏听秦》："成阳君欲以韩、魏听秦，魏王弗利。白圭谓魏王曰：'王不如阴侯人说成阳君曰："君入秦，秦必留君，而以多割与韩矣。韩不听，秦必留君，而伐韩矣。故君不如安行求质于秦。"成阳君必不入秦，秦、韩不敢合，则王重矣。'"

② 《战国策·西周·秦召周君》："秦召周君，周君难往。或为周君谓魏王曰：'秦召周君，将以使攻魏之南阳。王何不出于河南？周君闻之，将以为辞于秦而不往。周君不入秦，秦必不敢越河而攻南阳。'"

周君相互憎恨，选择了投靠秦国。

韩与东周相继朝秦，形势对战败的魏国非常不利。就连主政的丞相薛公，也希望魏王与秦国休战。因为他想联合赵、燕、秦攻齐。而齐国在这一年任命韩聂 [又称韩珉、韩岷（wěn）、韩辪] 为相，此人主张齐秦联手劫魏以困薛公。无论薛公方案还是韩聂方案，都对秦国有利。总之，魏国无法再抱齐湣王的大腿，赵国和楚国又不是秦国的对手，思来想去，只剩下主动求和一途。于是魏昭王只好派特使芒卯入秦谈判。

穰侯魏冉见时机已经成熟，要求韩魏两国进献土地来表示结盟的诚意。当年张仪夺魏蒲阳后以外交手段迫使魏惠王割让上郡。魏冉的套路跟这个战例如出一辙。

城阳君代表韩国许诺进献武遂地方 200 里给秦国。他很清楚，秦昭王对自己亲手割出去的武遂耿耿于怀。偏偏秦国众将有意无意地忽略武遂，仿佛想继续保留夺回失地的发兵借口。武遂之地现在已被秦土包夹，秦国只需动员渑池、阳狐、皋落、轵、邓五城兵马就足以彻底围死武遂。与其等秦人兴师来袭，不如主动丢掉这个包袱，以献地的形式取悦秦昭王。

这对巩固秦韩联盟很重要。因为韩国当时遭到了赵齐联军的进攻，敌军一直打到鲁关之下[①]。也就是说，赵齐联军几乎横扫了一遍韩国颍川地区，就差没包围韩都新郑。除了强秦外，天下间再无能让齐国和赵国心存忌惮的国家。在韩人看来，割地 200 里换取强援庇护，躲过被齐赵两国瓜分的危机，还是挺划算的。

魏国就不那么走运了。为了赎回王垣这个扼守轵道西出口的屏障，魏使芒卯不得不用蒲阪、皮氏两座重镇交换，割让了包括此二城在内的方圆 400 里河东地。秦昭王此前割让的封陵等中条山以南的魏地应当也在其中。

这一年是秦昭王十七年，魏昭王六年，韩釐王六年，赵惠文王九年，周赧王二十五年。

穰侯魏冉尚未恢复相位，但他在朝中的威望已无人能及。他先以最小的代价

---

①《史记·赵世家》："（赵惠文王）九年，赵梁将，与齐合军攻韩，至鲁关下。"《史记正义》引刘伯庄云："盖在南阳鲁阳关。按：汝州鲁山县，古穀（gǔ）阳县。"

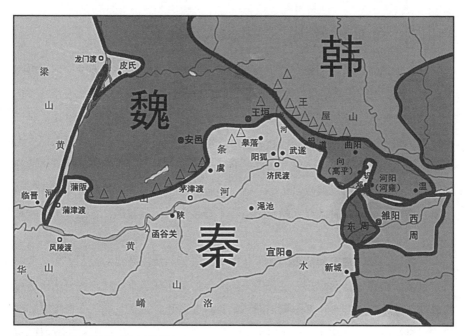

▲ 魏韩献地后的河东形势（草色风烟绘）

拿下王垣，又以此为筹码引发了韩、东周、魏争相朝秦的有利态势。紧接着，他凭借高明的外交手腕，兵不血刃地替秦国争到了共计方圆 600 里地盘，整个中条山和王屋山以南的领土都进入秦国的版图，秦军据点遍布黄河两岸。再加上白起和司马错在这几年攻占的地盘，秦国版图扩大了将近千里。这无疑是武信君张仪迫降上郡 15 县以来最成功的一次迫降行动。

　　魏冉以四两拨千斤的军事外交谋略，既维持了秦国对河东地区的连续攻势，也替外甥秦昭王找回了面子，还为白起与司马错赢得了足够的休整时间。河东还有很大一片地盘尚未征服，以安邑为中心的魏国残余势力依然在顽抗。如今，各国内部的派系斗争也因合纵连横的分歧而越发激烈，诸侯根本没法形成合力。谁也挡不住秦人吞并河东的脚步。接下来，魏冉、白起、司马错，这一相二将组成的秦国铁三角，准备在河东与河内掀起一场攻城略地的龙卷风。

将相铁三角创下新纪录——拔城大小六十一

让我们把时间拨回到前一年。秦国刚刚接收韩魏进献的共计 600 里地，再加上伊阙之战以来的历次战果，魏河东郡几乎变成了瓮中之鳖。

武遂 200 里与阳狐、皋落、轵等地盘连成一片，王垣以东的轵道沿途所有据点皆入秦图。这些城邑群彻底切断了河东、河内之间的联系，使得魏河东郡沦为被孤立的飞地。秦之河西诸城、河外城塞及封陵等中条山以南领土、轵道诸城分别从西、南、东三面包围魏河东郡。唯一没有秦人势力的北面是韩上党郡所辖汾水河谷诸城。韩国此时已经入朝秦昭王，不会也不敢出兵救魏，不落井下石就算仁至义尽了。

更糟糕的是，皮氏和蒲阪的丢失让魏军失去了对渡口要津的控制。在这两座河东重镇的接应下，秦军东征过程中风险最大的渡河环节也变得高枕无忧。这意味着河东魏军将遭到来自多个黄河渡口的进攻。若想在皮氏、蒲阪、风陵渡、茅津渡、济民渡这长达数百里的战线上面面俱到地布防，是一件根本无法完成的任务。主动权完全在秦人手中。

魏河东郡陷入了战略包围，河内地同样是瓮中之鳖。其西面是司马错亲手拿下的轵县，东面和北面是韩上党郡地界，黄河对岸的东周和韩国一样投靠秦国。而且武遂、轵、邓等城的秦军，已经给魏河内诸城造成了很大的压力。若是再有一部敌军从其他方向夹击，魏河内军简直没法活了。

河东、河内皆势单力孤，发起大决战的时机成熟了。秦国君臣做了一个大胆的决定——将相铁三角精锐齐出，同时进攻两地。在此之前，秦昭王还亲自去了一趟宜阳[①]。《秦本纪》提到的这个小插曲，信息量远比字面意思大得多。

秦国此战的目标是在河东、河内鲸吞尽可能多的城邑。这看似跟宜阳关系不大，但秦攻魏河内的最佳路线是借周道，从孟津渡过河。由关中入雒阳必经河外三川之地，宜阳是秦国在三川地区最大的重镇，自然成为秦军远征河内最重要的后勤

---

① 《史记·秦本纪》："（秦昭王）十七年，城阳君入朝，及东周君来朝。秦以垣为蒲阪、皮氏。王之宜阳。"

基地。秦昭王亲临前线视察，正是为了确认宜阳的战备状况，并与东周君协调秦周合作事宜。

咸阳准备好了，宜阳也准备好了，河外、河东、河内的各个城邑亭障都准备好了。王于兴师，修我矛戟——进军！

公元前289年（秦昭王十八年，魏昭王七年），白起、司马错、魏冉兴师伐魏。他们约定好时间和联络方式，然后分头行军。为了确保鲸吞行动的胜算，秦国投入的兵力和物力远超前几年。赵国以20万之众灭中山国，中山国地盘略大于魏河东郡与温县以西的河内地的总和。秦军本次参战部队应该比这个数字小一些，出动十几万众。

这场惊心动魄的战争没留下细致的过程记录。参考地理信息与其他战例，秦国铁三角采取的是三路分进合击的策略：

穰侯魏冉主攻河内，从宜阳出发，借周道走孟津渡的浮桥过河，目标是攻打轵、邓以东的河内诸城。他所率东路军应是以宜阳甲士为骨干的河外秦军，推测数量有数万。

大良造白起主攻河东，从蒲阪方向渡河[1]，目标是攻取河东郡所有的城邑和土地。他指挥的西路军应由关中锐卒与上郡精兵混编而成。由于进攻范围最大，这路秦军的兵力最多，数量至少在十万左右。

左更司马错负责切断河内与河东的联系，从济民渡过河，以武遂、皋落为后援，目标是第三次攻打王垣，再根据具体情况来策应各方。他统领的中路军应由河东各城驻军与崤函关塞守军混编而成，推测数量有数万。

三位军事家打算同时出击，让魏国顾此失彼，首尾不能相救。但在那个没有无线电通信设备的年代，相隔数百里的三路大军很难做到有效协同。

战国军队通过阴符和阴书来传递军情，就算按照秦国邮传日行200里的速度，来回往返也颇费时日。信使和间谍在传递情报途中可能会遭遇各种突发事件，这导致战争充满了不确定因素。理论上，各军到达指定位置后，不可擅自行动，必

---

① 睡虎地秦简《编年纪》："（秦昭王）十八年，攻蒲反（阪）。"

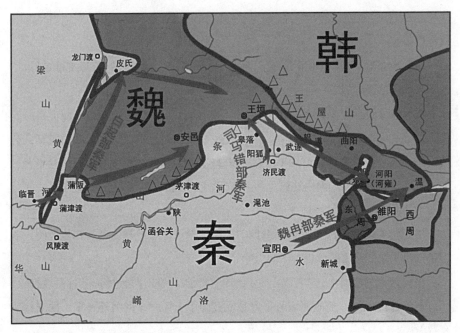

▲ 秦军拔魏61城之战经过图（草色风烟绘）

须严格按照约定的时间、信号、战法依次投入战斗。可是，在等待友军消息的过程中，敌军可能突然有所行动，让战斗提前爆发，破坏掉原定计划。

假如军情泄露，魏国会以卑辞重币向诸侯求援，竭力重启合纵。主张联秦攻齐的魏相薛公为了保卫魏国，会暂时转变态度，联结赵燕，亲善齐楚。赵国主政者奉阳君是抗秦派，也会同意出兵阻挠秦国攻打河东、河内。齐国在大间谍苏秦的谋划下可能会加入合纵，遏制秦国的迅猛扩张。燕国按照卧薪尝胆副本的要求会跟着赵齐两国行动。楚国可能选择中立。但韩国这个墙头草，十有八九要跳反。

按照历史经验，魏、赵、齐、燕、韩会各出锐师在周魏边境驻扎，从背后威胁进攻河内的秦军。到那时，秦国铁三角就不得不放弃原定目标，把重兵部署在河外，与五国之师对峙。就算双方最终没打起来，秦军同时袭击河东、河内的作战计划已失去了突然性。下一回魏国定会有所防备，铁三角只能把鲸吞重新改为蚕食。

类似的剧情在一年后真的出现了，但是那跟今年的战争无关。因为秦军这次很好地隐藏了作战意图，魏国浑然不觉，诸侯毫不知情。三路秦军各自就位，如同拉满弦的强弩，蓄势待发……

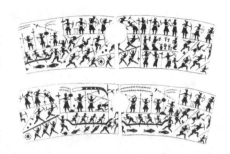

▲ 战国水陆攻战纹铜鉴

东路军需要攻克的城邑不多，但该方向离周魏韩的首都圈最近，同时担负着阻击敌援的重任。

穰侯魏冉胸有成竹。他有平定季君之乱的狠辣作风，又熟悉各国庙堂情况，善于运用军事外交双重手段解决问题，最适合在多国相邻的河内方向作战。他一过河就马不停蹄地包围了温县。他此时还不知道3年后会有一位诸侯国王死在这里，更不知道自己14年后还会跟此地打交道。但魏冉很清楚，"温县—刑丘—怀"①的官道是连接河内西段、东段以及大梁的交通枢纽。若是拿下此城，既可遮绝河内魏军的东逃之路，又能阻挡魏国援军西进的步伐。

由于魏国不在河内设郡，以轵、温为核心的河内地西段部分又被韩上党郡和黄河隔着，只要对岸的周国投靠秦国，河东与大梁都无法及时救援这里。如今周韩都臣服于秦，河内西段的魏国各县完全落单，只能死守待援。

按照苏秦的说法，魏国总兵力包括20万武士（即魏武卒）、20万苍头（以青巾裹头的步兵）、20万奋击（又名奋戟之士）、10万厮徒（负责炊烹供养杂役的后勤兵）、车600乘，骑5000匹。秦国从攻襄城至今已经让魏军吃了6年败仗，丧师数十万。尽管普遍征兵制能补充减员，但土地与人口的大量流失让财政吃紧的魏国难以快速重建训练成本高昂的魏武卒军团。如今，魏武卒数量锐减，魏河内军更多是靠苍头、奋击两类部队应战。他们不像魏武卒那样完整地拥有三属之甲、十二石弩、戈、剑等全套远近战装备，战斗力相对弱一些。

司马错前年所拔轵城与邓城，为东路军横扫河内提供了有力的保障。在轵邓

---

① 古刑丘在今河南温县东南赵保箱，怀在今河南武涉县西南的东张村古城。

秦军的牵制下，河雍魏军无法阻挠秦军大部队从孟津渡过河。而人力、物力雄厚的轵城给魏冉的兵马提供了更为便利的后援基地。秦锐士越战越勇，温县的形势岌岌可危。

魏昭王君臣得知秦军来袭，急忙调集国中甲士准备救援。他们此时还不知道，河东郡的处境更加糟糕。

西路秦军过河后以蒲阪为起点开始分兵掠城，去年入秦的四百里河东地成为白起的进攻跳板。耐人寻味的是，《秦本纪》《魏世家》《六国年表》都表明魏国丢失了数量惊人的城池，却没有斩首多少万的记录。秦军曾经在一次拔楚 16 城的战役中斩首敌军 5 万，铁三角此次行动的战果应有过之而无不及，却只字不提斩首。一个合理的推断是，魏国之所以在不到一年里没死伤多少兵马就丢失大量城邑，很可能是因为守军采用了以退为进的战术。

被包围的河东城池在劫难逃，只能期待其他城邑增援。可是，其他边城的主官们自忖无力御敌，纷纷带着军民弃城逃往郡治安邑。他们的算盘是合兵一处，聚集成秦人啃不动的硬骨头，坚壁清野，待秦军士气和体力消耗殆尽时再寻机反攻。哪怕放弃所有其他的城池土地，只要能赢得安邑保卫战，再以雪藏的精锐出击师老兵疲的秦军，就有光复河东的希望。由于河东魏军纷纷不战而逃，黄河沿岸的边城没多久就被秦军逐个占领。

然而，魏军收缩战线的真实意图被白起看穿了。他决定将计就计，利用心理战术把敌人驱赶到自己期待的方向。

西路秦军一部沿着中条山北麓和浊泽①快速东行，中条山南麓的封陵、虞等城也奉白起的将令从南面包围安邑；另一部兵马则以汾阴、皮氏为起点，沿着汾河东进，攻略沿途城池，一直打到魏韩边境，切断魏军撤向韩上党郡的退路。两路秦军都按照白起的要求故意向敌军示以生路，诱导他们逃往安邑，减少不必要的战斗。就这样，秦军不断攻城略地，战线越拉越长……

河东魏军大概忽略了一个问题，坚壁清野战术对付后勤补给线过于漫长的敌

---

① 古湖名，在山西运城市盐湖区解州镇西 25 里，一名涿泽。

军最有效，偏偏西路秦军不属于这类敌人。

白起一边指挥各部兵马迅速占领这些防务松懈的城池，一边向秦昭王请求增派兵力和粮草，填充不断增加的新领土。魏河东郡最大的先天不利因素，就是离敌国首都圈太近。黄河对岸就是秦国最富庶、人口最多的关中内史之地。秦人远远没有到达远征的后勤极限，又拥有充足的民力来填补魏军撤退后留下的空白。论打持久战，一个孤立的魏国边郡根本耗不过整个秦国。

安邑周边的大小城邑相继陷落，秦军从四面八方包围安邑。士卒们构筑了壁垒，摆上了各种攻城器械。只要大良造白起一声令下，各部人马将力争"先登"之功。

城内重兵集结，城外大军压境，一时难分高下，战况转入相持阶段。白起固然无法凭十万之师一口吞掉聚集在安邑的几十万魏国军民，但魏军也毫无等秦军后撤再反攻的机会。因为秦人有源源不断的后援，可以从容不迫地料理新地盘，部署驻军，设置官府，恢复生产，对安邑长围久困。安邑则孤立无援，只能凭现有的积蓄独自支撑。放眼全局，除非大梁与河内的援兵，不，除非诸侯合纵攻秦施压，否则安邑之围无解。

就在这时，一则新消息被秦军间谍散布到整个河东，安邑的官吏军民听后心如死灰——穰侯魏冉猛攻河内，秦将司马错再拔王垣。

第三次攻垣之战赢得毫无悬念。司马错得手后派出信使分别通知白起和魏冉，同时积极打探河东与河内的战况，等待新的指示。轵道已经畅通无阻，中路军随时可以快速驰援另一个战场。数天后，司马错接到了两边的回信，便告知白起的信使，自己马上赶赴河内。

安邑已是囊中之物，白起不需要帮忙。魏军援兵正朝着河内赶来，魏冉部秦军兵力略单薄，司马错决定与他会师，共同阻击。

韩周两国虽服从秦国，却不愿意卷入太多纷争，没出兵阻挠魏国援军过境。魏军直奔孟津渡，打算由浮桥过河与河雍守军会师，再从背后袭击正在猛攻温县的魏冉部秦军。这个计划若能实现，河内战况将一下子变得复杂。不料，司马错的中路秦军动作更快，步兵从轵道进入河内后抢先一步包围河雍，更早到达的精锐车骑奉命拆毁了河桥。

魏军急切间找不到那么多船只渡河，而且围城的秦军已在北岸布好阵势，等待敌人半渡而击。这是兵圣孙武等人倡导的实战谋略，魏军援兵试图渡河，被秦军拦截后最终放弃了努力，眼睁睁地看着司马错挥师把秦军的战旗插上河雍城头。而在另一边，魏冉也攻克了温县。两人又合兵一处，把已经插翅难逃的剩余河内城邑悉数占领。

这是秦国东出以来最大规模的一次攻城略地行动，刷新了战国中期的军事记录。

《史记·白起王翦列传》载："明年，白起为大良造。攻魏，拔之，取城小大六十一。"

《史记·穰侯列传》载："穰侯封四岁，为秦将攻魏。魏献河东方四百里。拔魏之河内，取城大小六十余。"

《史记·魏世家》载："（魏昭王）七年，秦拔我城大小六十一。"

《史记·六国年表》载："（秦昭王）十八年，客卿错击魏，至轵，取城大小六十一。""（魏昭王）七年，秦击我。取城大小六十一。"

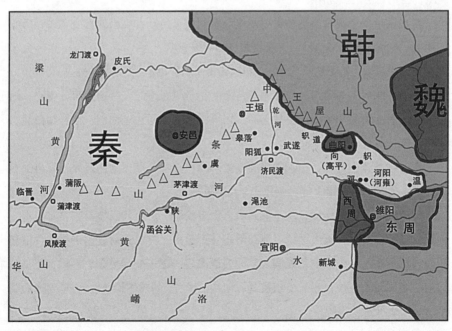

▲ 秦军拔魏61城后的河东形势（草色风烟绘）

在这场被史官轻描淡写地记成流水账的战争中，秦国将相铁三角共计拔大小城 61 座。这里提到的"大小城"应该包括了城池、徽亭、鄣塞等不同类型的军事据点，多数分布在河东，少数分布于河内。魏国在河东几乎只剩下旧都安邑，城外到处是密集的秦军营寨。铁三角虽未能一鼓作气吞并整个河东，但已经走了 99 步。只要能拿下安邑，大秦河东郡就能马上挂牌运作了。

可是，战国时代的史诗并不按套路出牌。铁三角大举攻魏的胜利震撼了诸侯，导致天下形势突然生变，列国外交再度重新洗牌。秦国不再拥有能专注攻魏的外部环境，必须从长计议，以免刺激诸侯合纵攻秦。秦昭王急忙把穰侯魏冉从前线召回，因为有个外交大手笔只能由这位老相邦去操持。白起和司马错也不得不推迟乘胜追击安邑的作战计划，一边巩固新领土，一边等待新的战机。他们此刻未曾想到，一帆风顺的日子很快就要结束，严峻的考验即将来临。

秦国迎来史上最大的危机，但是……

公元前 288 年，秦相魏冉出使齐国，带来了秦昭王的问候与提案。秦昭王自称西帝，尊齐湣王为东帝，两帝共同号令诸侯，联兵讨伐天下第三强国——赵惠文王当权的赵国。

大家可能更熟悉战国晚期的秦赵厮杀，认为这两个拥有统一祖先的嬴姓诸侯始终在斗个你死我活。其实在战国中前期，秦赵关系没那么紧张。秦献公和秦惠文王在位时跟赵国打过仗，后者打败的恰好是羽翼未丰的赵武灵王。秦昭王能从燕国返回咸阳即位，靠的是赵武灵王派兵护送。赵武灵王在胡服骑射后一度假装使者入秦侦察，险些被秦昭王识破抓住。但两国此后反而继续保持着友好关系。赵人金受、楼缓等人入秦做丞相，是为秦赵同盟的纽带。魏冉做相邦后，赵国势力从秦国庙堂淡出，两国关系如故。

赵国在秦与齐韩魏联军激战三年的时候，并没有伸出援手，而是借机吞并垂涎已久的中山国。突发的沙丘宫变让一代雄豪赵武灵王活活饿死，赵惠文王年少，宗室元老公子成与奉阳君李兑专权。李兑主张联齐制秦，赵国与秦国的关系也变得疏远。

▲ 彩色秦兵马俑

就在秦国铁三角忙于攻打魏韩楚的时候，赵齐往来日益密切。魏冉迫降魏韩割地那一年，赵将赵梁与齐军合兵攻韩。此举引起了秦昭王与魏冉的警惕。

秦国征服河东的大计进展顺利，但也始终存在刺激诸侯合纵抗秦的风险。韩国为求自保随时可能投靠齐国，届时魏国将把赵齐两国视为救命稻草。齐若与三晋联手，秦国将再度面临函谷之役时的孤立局面。分化齐赵同盟之事迫在眉睫，计谋无非是拉拢其中一个打另一个。但该拉谁，该打谁，需要审慎权衡。

齐国率领诸侯攻秦的一箭之仇还没报，秦昭王已派亲信韩聂入齐做官，确保齐国在秦魏战争中置身事外。秦昭王君臣深知秦齐双霸必有一战，但现在还不到撕破脸的时候。再看赵国，与秦接壤，且实力弱于齐，秦国有战胜的把握，能得到实利。况且，赵国眼下是抗秦派专权，秦国难以通过楼缓等联秦派大臣的关系来拉拢赵国。为此，秦国决定拉拢齐国打击赵国，利用秦齐联盟来分化瓦解齐赵联盟。若能组建联军动真格灭赵，自然是暴利。当然，这个构想过于宏大，可行性不强。秦昭王君臣更多是希望齐赵反目成仇、互相攻击，无暇阻止秦军横扫河东、河内。

对齐湣王来说，凌驾于各诸侯王之上的"东帝"名号听起来很顺耳，联秦攻赵的利益也非常诱人。而且，齐国自从韩聂为相开始，就想找机会跟秦国恢复合作，利用秦国牵制阻挠自己灭宋的三晋。齐赵攻韩后，韩又倒向秦国。齐第一次伐宋之战无功而返，宋国为了寻求庇护而积极巴结秦国。尽管在历时三年的函谷之役中把虎狼秦国打得割地求和，但齐湣王君臣还没狂妄到目空一切。他们明白今日之秦绝非昔日之秦。秦国自伊阙之战至今发展极其迅猛，谋臣如云，良将如雨，攻必克，战必取，军事外交奇招迭出。司马错和白起比昔日的秦国智囊樗里疾更难对付，齐军将领中无人有把握与之争锋。

齐国不想与秦硬碰硬，两国若是结盟，谈好条件瓜分天下，试问四海之内谁能抵挡？所以，齐湣王欣然接受了东西帝盟约。这一年的十月，秦昭王在宜阳称西帝，并正式尊齐为东帝。但才过了1个月，齐湣王就突然变卦，主动放弃了"东帝"称号。促使齐湣王转变立场的正是赫赫有名的大纵横家、燕国特使苏秦。

苏秦深得齐湣王信任，但他是一个致力于给强齐挖坑的王牌大间谍。他所做的一切都是为了燕昭王的复仇大计。当初齐国趁着燕国内乱来袭，大肆杀掠，差点灭了燕国。燕昭王即位后广招贤能、励精图治，天天想着破齐雪耻，却因力量太弱而不得不百般忍耐。齐湣王在第一次伐宋战争时还杀了佐齐击宋的燕将张魁，更让燕昭王倍感耻辱。

薛公离齐入魏后，一直力图与赵、燕、秦合纵击齐。秦国正在迫使魏国割地，没有加入合纵。魏相薛公与赵将韩徐为、燕臣苏秦等人已经达成密约，联合起来对付齐国。谁知赵国权臣奉阳君李兑为了得到齐国赠送的封邑而跳反，决定让赵国联齐伐宋。年少的赵惠文王尚未获得实权，无力阻止。燕国伐齐大计遭到破坏，苏秦好不容易才劝说齐国从宋国退兵。

苏秦这一回出使齐国的目标是"使齐不信赵"，但他给齐湣王进献的第一计竟是放弃帝号。苏秦力陈伐宋之利与秦国对齐国的算计，成功说服齐湣王主动去掉帝号。[1]紧接着，他又抛出了第二计——让齐国联合赵、燕、韩、魏共同讨伐秦国。

其实，苏秦在临行前向燕昭王解释了上中下三策。上策是促使齐赵交恶，燕国趁机联合赵国与其他诸侯共击齐；中策是组织齐、赵、韩、魏、燕五国合纵攻秦，避免燕国成为齐赵联盟的打击目标；下策是赵国和齐、秦共同攻打燕国[1]。苏秦的

---

① 《史记·田敬仲完世家》："苏代自燕来，入齐，见于章华东门。齐王曰：'嘻，善，子来！秦使魏冉致帝，子以为何如？'对曰：'王之问臣也卒，而患之所从来微，愿王受之而勿备称也。秦称之，天下安之，王乃称之，无后也。且让争帝名，无伤也。秦称之，天下恶之，王因勿称，以收天下，此大资也。且天下立两帝，王以天下为尊齐乎？尊秦乎？'王曰：'尊秦。'曰：'释帝，天下爱齐乎？爱秦乎？'王曰：'爱齐而憎秦。'曰：'两帝立约伐赵，孰与伐桀宋之利？'王曰：'伐桀宋利。'对曰：'夫约钧，然与秦为帝而天下独尊秦而轻齐，释帝则天下爱齐而憎秦，伐赵不如伐桀宋之利，故愿王明释帝以收天下，倍约宾秦，无争重，而王以其闲举宋。夫有宋，卫之阳地危；有济西，赵之阿东国危；有淮北，楚之东国危；有陶、平陆，梁门不开。释帝而贷之以伐桀宋之事，国重而名尊，燕楚所以形服，天下莫敢不听，此汤武之举也。敬秦以为名，而后使天下憎之，此所谓以卑为尊者也。愿王孰虑之。'于是齐去帝复为王，秦亦去帝位。"

第二计正是中策，对燕和齐都有利，但秦国就倒霉了。

既然要"使齐不信赵"，为什么反而先要促成齐赵合纵攻秦呢？这便是苏秦的高明之处。

燕昭王君臣时时刻刻都想着向齐国复仇，但燕国弱小，齐国强盛，必须集合诸侯之力攻齐。要实现这点谈何容易。战国七雄各有战略规划，常常针锋相对。为了实现各自的目标，各国打打谈谈反复无常，隔一段时间就重新排列组合一次。如果不能让所有的诸侯都憎恨齐国，燕国大计遥遥无期。

因此，苏秦假意为齐国献计献策，先利用诸侯矛盾逐个打破各国的战略规划，再说服列国加入到反齐统一战线中。秦国东出如风卷残云，诸侯战战兢兢，哪里顾得上跟齐国的利益冲突。无论是诸侯联齐制秦，还是秦齐双霸沆瀣一气，都对燕国大计极为不利。燕臣苏秦必须先借赵齐合纵之力激化秦齐两国的矛盾。

在苏秦的撺掇下，秦昭王与魏冉的东西帝计划彻底流产。秦国君臣原本想借此分化瓦解诸侯，谁知短短两个月后，诸侯竟然团结起来对付自己。

赵相奉阳君想得到宋国的定陶做自己封地，但宋国早已把此地作为结盟秦国的筹码（秦昭王十六年，穰侯魏冉封于陶），于是赵秦矛盾变得不可调和。魏国刚丢失了61城，联秦派大臣失势，抗秦派主政。魏国许诺把被秦将司马错攻取的河阳（即河雍）送给奉阳君李兑的儿子做封邑，请求赵国帮两个忙：一是收复河内失地；二是联兵伐宋。赵将董叔与魏军合作，从秦人手中夺走河阳。秦国为了报复赵国，发兵攻占赵太原郡梗阳[2]。秦赵两国矛盾激化，赵国和魏国在苏秦的运作下与齐国结盟。秦昭王打算让亲秦的城阳君做韩国丞相，但韩釐王表示拒绝，不再听命于咸阳。于是三晋都加入了合纵，燕也表示愿意助齐。

秦昭王二十年，赵国奉阳君李兑在苏秦的协助下，组织了齐、赵、魏、韩、燕五国合纵攻秦。联军陆续在韩国的成皋集结，随时准备进攻被秦国占领的魏河内地。

---

① 《战国纵横家书》："事之上，齐、赵大恶；中，五和，不外燕；下，赵循合齐、秦以谋燕。"此乃苏秦写给燕昭王的上书。

② 今山西清徐县，赵国重镇晋阳（今山西太原市）的南边门户。《史记·六国年表》记作"秦拔我桂阳"。

▲ 错金银云纹车饰，战国晚期，魏国，国家博物馆

　　这次的形势比秦昭王九年时更加严峻，秦国比上回要多对付两个敌人。但是，秦国将相铁三角组合的存在也让列国颇为忌惮。大杀器白起与宿将司马错善于用兵，神出鬼没，秦军的技战术素养远非 8 年前可比。魏冉虽然在外交上输给苏秦一个回合，但难保他不会又说服某国退出合纵，加入连横。打头阵的三晋久不胜秦，吃不准到底是该先夺回河雍，还是再战函谷关，只好等着最强大的齐师到来。河内与河外的秦军都警惕地监视着成皋敌军的动向。大战一触即发，被夹在双方对峙前沿的周国战战兢兢。

　　该战，还是该和？秦国君臣紧张地思考着。

　　见证过秦惠文王时修鱼之战的老将司马错，也许动过重演智囊樗里疾击败五国之师辉煌的念头。大良造白起派出几路斥兵去侦察敌情，尚未给出最终结论。秦昭王虽有战场雪耻之心，却又不乏重蹈覆辙之忧。相邦魏冉冷静地估算己方实力，反复揣摩列国的意图。

　　新占领的河东、河内 61 城少不了大军坐镇，尤其是正在围困安邑的河东秦军，不可轻易调动。若与诸侯开战，秦国必须大兴兵卒支援河内战场。一军下轵道，加强轵、温、邓、河雍等城的防御；另一军出函谷关，过伊阙塞，与成皋敌军相持。如此一来，秦国这台战争机器就要满负荷运转，人力、物力、财力的消耗极大。

河内前线的秦军将士枕戈待旦，养精蓄锐，静静等候作战命令。他们也许没想到，朝廷下达的指示竟是——撤退。"虎狼秦国居然也有怯战的一天啊！"天下人讥讽道。

赵奉阳君是名义上的纵约长，合纵联军真正的主心骨是齐国。齐国要求秦国废去西帝之号，归还河内地给魏国。谁知素来咄咄逼人的秦昭王居然真的去帝号、复称王。更令人惊讶的是，秦国不仅向魏国归还了去年新拔的温、高平，连经营数年的轵城也拱手让出。此外，赵国也从秦国那里拿回了两座城。

河内前线的秦军将士们愤愤不平地离开了自己辛辛苦苦打下的城邑，看着昔日的手下败将魏军和赵军欢呼雀跃地入城。他们此刻还没想通，朝廷正在下一盘大棋。魏冉与秦昭王之所以选择退让，是因为看穿了诸侯联军各怀鬼胎的本质。

在各国兵马集结的过程中，韩魏两军最初因大雨而行动缓慢，赵国奉阳君发上党之兵参战，燕国派 2 万兵马自带粮草赶来。齐湣王与楚顷襄王举行了一场会盟。奉阳君怀疑此举会导致秦齐复合，不愿让齐楚会盟，而希望齐魏会盟。苏秦此时是燕、齐、赵三国大臣兼封君，并且出任齐相，也在千方百计地巩固三晋同盟。他甚至从魏国写信劝齐湣王许诺与赵奉阳君、魏相薛公分享伐宋所得之地。[1]

假如没有苏秦积极奔走于列国，五国之师马上就要一哄而散。

齐湣王并不是真心想伐秦，他加入合纵是想让三晋与燕牵制秦国，以便自己趁机灭宋。当然，这也是燕国大间谍苏秦的主意。不料，秦国主动退让的做法打乱了合纵联军的节奏，诸侯不必与秦师缠斗。齐国的意图未能实现。

魏国拿回河内部分失地后，厌战情绪日增，两次私下派使者与秦国讲和，并且开始变着法儿地阻挠联军行动。齐军因得不到魏国的接应而被滞留在观地（今河南清丰县南）数月未能前进，而当齐军到达成皋时，魏国又出兵伐宋。

齐湣王第二次伐宋时请求魏国封锁边关，结果被拒；当齐与宋讲和时，魏军

---

① 参见《战国纵横家书·苏秦自赵献书于齐王》。

又跑出来夺宋地。燕赵之师来到攻秦前线时，魏国还在攻打宋国的城邑。齐湣王对此非常反感，向纵约长赵奉阳君抱怨魏人的小动作，合纵联盟内部的裂痕进一步扩大。

由于魏国把五国之师拖在成皋，合纵攻秦数月无功。齐湣王不愿继续浪费精力，开始考虑与秦重新讲和。[①]韩聂也替秦国向齐湣王上书称秦王悔不当初，希望两国复合。他还表示，秦昭王许诺宋地全部归齐，并进一步瓜分三晋、燕、楚之地。[②]

赵国见僵持下去不是办法，私底下也打算跟秦国单独媾和，又一度想联合秦国教训魏国这个搅屎棍。但魏国去年以进献河阳为条件，说动赵国一同伐宋[③]。赵

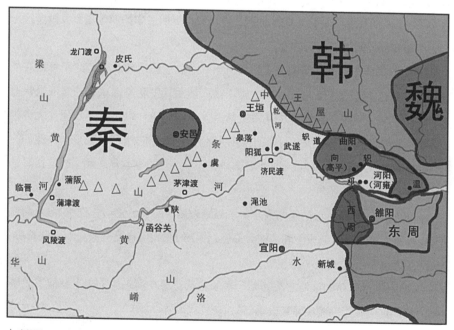

▲ 秦国退还三城后的河东形势（草色风烟绘）

---

① 参见《战国纵横家书·苏秦自赵献书于齐王》。
② 参见《战国纵横家书·韩龚献书于齐王》。
③ 《史记·赵世家》："（赵惠文王）十一年，董叔与魏氏伐宋，得河阳于魏。"

国拿人家的手短，没有付诸行动。不过，争夺宋地一事让齐魏矛盾与齐赵矛盾进一步激化。最终，五国合纵土崩瓦解，战事不了了之。

苏秦的中策失败了，但他的上策因此得以实现。诸侯对齐国有怨言，特别是赵国，奉阳君李兑的威望和权势大减，厌恶齐国的赵惠文王开始扶持主张攻齐的大臣。穰侯魏冉的计谋也成功了。秦国虽吐出不少地盘，但最重要的河东地依然握在手中。

合纵连横几度变化，秦国从最危险的局面中构造出了最有利的外部环境。秦昭王先去了南边的汉中郡，慰问去年过世的汉中守任鄙的家属及故吏，安抚汉中吏民的军心。然后，他又不辞辛劳地前往北边的上郡，一路行至父亲秦惠文王曾经巡游过的北河。秦昭王往返千余里视察边疆，对南北边郡的备战工作感到满意。在秦国特使展开斡旋、分化五国的同时，放出风声要回关中的河内秦军并没走远，主力隐蔽在战场附近，蓄势待发。

外交铺垫和军事准备都搞定了，接下来，满肚子憋屈的将士们终于可以在战场上释放自己的怒气了。就在五国之师不欢而散后，主动割地求和的秦国很快撕破伪装。从轵、高平、温撤退的秦军突然杀了个回马枪，以迅雷不及掩耳之势包围了轵城附近的新垣、曲阳。秦锐士们在接到撤退命令时压了一肚子火，他们的敌人不幸沦为出气筒。此战没夺回归还魏国的三城，但秦军重新控制了轵道出口，随时能继续攻打这些城邑。

与此同时，待命将近两年的河东秦军对沦为孤城的安邑发动总攻[1]。自从商君死后，再无人攻占过这座天下闻名的大都邑。将士们意识到自己有望立下不世战功，纷纷在沙场上张扬着勇武……

从秦昭王十四年的涉河之战开始，秦军官兵已经在河东的土地上征战了整整7年。他们这一次能完成在河东设秦郡的战略目标吗？

---

① 睡虎地秦简《编年纪》："（秦昭王）廿年，攻安邑。"

平定河东的最后一战

五国之师伐秦无功，但战国时代的新一轮世界大战并未就此停步。齐湣王企图让三晋与秦互相牵制，以便独吞宋国。这个野心让各国十分不满，暗中与志在破齐的燕国结盟。即位12年的赵惠文王一反奉阳君李兑联齐抗秦的主张，派曾助齐师伐韩的将军赵梁攻打齐国。燕国大间谍苏秦的连环计让齐赵彻底反目，这是秦昭王君臣最希望看到的结局。

借着诸侯混战的掩护，河内秦军很快攻克新垣和曲阳。但攻打安邑的河东秦军没那么走运，久攻不克。

当年商鞅兵不血刃地迫降安邑，震惊一时。他的成功全凭抓住了魏军在桂陵之战大败的空当。魏国正值困难时期，疲于应付东线的中原大战，西线守军不得已才暂时投降。商鞅很清楚秦国还无力长期占领安邑，见好就收，全身而退。68年后的这场攻安邑之战，并无那种罕见的天赐良机，将士们打的也不是当年的安邑城。魏国收回安邑后不断加强战备，完善城防设施，把安邑城打造得难攻不破。

《战国政区地理》称："现代考古调查表明，夏县禹王古城是战国魏都安邑，秦汉河东郡治，城址东西2900米，南北4700米。"这个城池规格是我们前面提到的大型城池的好几倍。以兵法论，守城者可以一当十，1万守军就能抵挡10万敌兵。尽管安邑已沦为孤城，但这里集中着河东地区最多的人口，再加上前年收容的各地军民，总人口应达到了数十万规模。动员潜力少说也有10万以上。

无论秦兵进攻哪一面城墙，安邑城内都有充裕的预备兵力补防。纵有10万锐师攻城，也难以迅速啃下这块硕大的硬骨头。若是集中20万兵马攻城，有望把安邑魏军消耗到山穷水尽的地步。但这等于是发动一场灭国之战，组织难度大，耗费钱粮多，吏民负担重。

为了高效扩张，秦昭王君臣不愿像齐湣王灭宋那样不计成本地硬打。齐国两次伐宋无功而返，已经露出疲态，并让诸侯离心。秦国发动战争频率更高，却不肯用力过猛，还是选择稳扎稳打。

攻打安邑的秦将是谁？史无明载。这一年，白起和司马错在史书中都没有明确的出场记录，应该不是他俩。可以肯定的是，这位没留下名字的秦将打得非常不顺。他必然用尽了各种基本的攻城战术，却迟迟没能结束战斗。比如，秦兵不断出言挑衅，试图引对方出城，但魏军知道自己野战能力不行，任凭辱骂就是坚守不出。派使者劝降，安邑吏民不答应。秦军依次轮换生力军强攻城池，但魏人的困兽之斗令大秦锐士们非常头痛。他们铁了心要跟秦人血拼到底，哪怕大梁援军永远不会来，哪怕诸侯合纵攻秦的希望已经破碎。即便魏国早就迁都多年，安邑军民依旧有着魏氏老根据地的自尊心与荣誉感。

就实而论，魏军屡战屡败固然有技战术素养较弱、缺乏良将、赏罚不如秦国严明等因素，士气低落也是一个重要原因。

屡战屡败的军队，缺乏必胜的信心和敢拼的斗志，伤亡稍微增加一点就会引发全线崩溃。白起和司马错善于利用心理战造势，令敌军未战先怯，在交锋中自乱阵脚。他们总是在对方想不到的时间和地点出现，让魏军官兵忍不住联想起伊阙之战中被斩首的无数精锐魏武卒……恐惧像瘟疫一样传开，于是他们的对手率先丧失血战到底的勇气。安邑攻防战的情况不同，魏军没有临阵逃脱的空间，秦军没有太多出奇制胜的余地。安邑军民决心破釜沉舟，置之死地而后生，凭借积攒多年的粮草与雄厚的人力咬牙死撑，没给秦军留下可利用的破绽。指挥攻城的秦将能力逊于白起和司马错，又碰上了许久未见的硬骨头，战事不顺也可以理解。

前些年的仗打得太顺了，秦国君臣恐怕是有些懈怠轻敌。这一仗从秦昭王二十年一直打到了二十一年。魏军死伤惨重，士民困顿不堪，城内人口锐减，秦军却未能攻破安邑的任何一座城门。

就在此时，齐国再次击退来犯的赵军①，第三次出兵伐宋。秦昭王听到这个消息时暴跳如雷，他气恼齐国不接受自己的合伙伐赵方案，却老想着灭掉自己的盟友宋国。他更气恼的是自己信任的韩聂，那个力促秦齐连横的韩聂竟然支持齐湣王伐宋。从间谍传回的情报来看，齐军精锐尽出，不达目的誓不罢休。秦国无法再以外交施压阻止齐湣王的野心，除非派出白起或司马错援宋抗齐。可是这样一

---

① 《史记·赵世家》："（赵惠文王）十二年，赵梁将攻齐。十三年，韩徐为将，攻齐。公主死。"赵国两次攻齐，没说胜负如何。从齐湣王能全力灭宋来看，赵国的进攻并没给齐国造成麻烦，应该是被齐军击退。赵惠文王任命燕将乐毅为相国，与燕昭王结为铁杆盟友，应是认识到了赵国不能独自击败强齐。

来，秦齐两霸的全面决战就要提前打响了。到那时，别说兼并河东的大计又被延误，天下形势指不定会发生什么变化呢。

正当秦昭王考虑要不要再次暂停强攻安邑时，苏秦以齐国特使的身份来到了咸阳。秦昭王猜到苏秦是来做说客的，一脸不悦。谁知这一见让他茅塞顿开，转怒为喜。

苏秦解释道，韩聂攻宋有利于秦，因为齐国扩张会让楚魏恐惧，两国必定会结好秦国，秦国可以不费吹灰之力得到安邑，这是韩聂私底下要他转告秦王的话。秦昭王担心齐国反复无常，又问齐湣王忽而合纵忽而连横的原因。苏秦指出，三晋与楚联合自然是针对秦齐，秦齐联合也必定会算计晋楚，请根据这一点来做决断。[①]

秦昭王被说服了，放任齐军灭宋，但条件是齐国要默许秦国攻魏。他还与苏秦达成了另一项密约——秦国在夺取安邑后加入合纵伐齐统一战线。

齐国许诺不再组织合纵，天下诸侯都紧盯着齐军第三次伐宋之事，秦攻安邑再无后顾之忧。唯一的问题是，怎么打破久拖未决的僵局。硬打的话，最后也能取得胜利，但付出的代价更多，难以确保赶在齐灭宋之前结束战争。老将司马错主动请缨，提出了一个新计策——再攻河内，以打促谈。

从司马错拔轵、邓开始，秦军蚕食河内已有6年。去年丢了轵、高平、温等重镇，却又攻取新垣和曲阳，主动权仍被秦国牢牢掌握。安邑魏军已经无路可逃，只能死撑一天是一天，没必要与困兽拼消耗。河内魏军虽然收复了3座城，但还是不堪一击，打起来比较轻松。按照作战经验，果断狠辣的军事行动反而能敦促魏国早日事秦。

这个建议被秦国高层采纳。河东秦军对安邑围而不攻，司马错率领精兵再下

---

① 《史记·田敬仲完世家》："三十八年，伐宋。秦昭王怒曰：'吾爱宋与爱新城、阳晋同。韩聂与吾友也，而攻吾所爱，何也？'苏代为齐谓秦王曰：'韩聂之攻宋，所以为王也。齐强，辅之以宋，楚魏必恐，恐必西事秦，是王不烦一兵，不伤一士，无事而割安邑也，此韩聂之所祷于王也。'秦王曰：'吾患齐之难知。一从一衡，其说何也？'对曰：'天下国令齐可知乎？齐以攻宋，其知事秦以万乘之国自辅，不西事秦则宋治不安。中国白头游敖之士皆积智欲离齐秦之交，伏式结轶西驰者，未有一人言善齐者也，伏式结轶东驰者，未有一人言善秦者也。何则？皆不欲齐秦之合也。何晋楚之智而齐秦之愚也！晋楚必合议秦，齐秦必图晋楚，请以此决事。'秦王曰：'诺。'于是齐遂伐宋，宋王出亡，死于温。齐南割楚之淮北，西侵三晋，欲以并周室，为天子。泗上诸侯邹鲁之君皆称臣，诸侯恐惧。"

织道，借助现有据点袭击河内。与此同时，秦昭王另派一支部队取道三川，在黄河南岸的夏山一带策应河内秦军。

夏山的位置，一说在巩县西南 40 里处，一说在阳翟（今河南禹州市）附近。巩县是东周君的老巢，毗邻韩国成皋要塞。阳翟是韩国南部重镇，毗邻秦魏边疆，往南就是司马错当初所拔襄城。无论哪种说法，秦军攻夏山都能牵制离河内战场最近的韩军，使其不敢支援魏国。这一路秦军毫无悬念地赢得了胜利，韩国为此前参与合纵攻秦付出了代价，魏国也失去了唯一可能援助自己的难友。

司马错不急于强攻拔城，只是极力张扬声势，让魏国军民都知道秦军在河内有大行动。魏人的恐惧情绪很快从河内传染到大梁庙堂。

魏国在秦齐之间受夹板气，异常憋屈。既然不能同时对抗两强，唯有两害相权取其轻，选一边来站队。秦国攻打自己的次数多，夺走自己的土地多，似乎是更大的祸害。然而，魏昭王君臣还是打碎牙齿和血吞，又向虎狼屈膝低头了。不

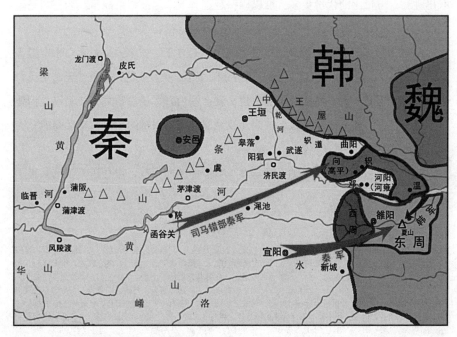

▲ 司马错复攻河内经过图（草色风烟绘）

奇怪，因为他们权衡的结果就是秦攻安邑不如齐灭宋的威胁大。

　　齐若灭宋，将得到一个四通八达的富庶之地，而大梁东边将失去一个重要屏障。垂涎宋地的不止齐魏，还有楚赵。齐湣王想独吞宋国，魏国却在上次合纵攻秦时百般阻挠，再加上魏相薛公与齐湣王的恩怨，两国的敌对情绪无以复加。至于安邑，河东之地基本上都被秦人所占，留着安邑也守不住。关键是魏国已得知苏秦说动秦国参与攻齐。魏国若能借助强秦之力败齐，趁机夺取肥美的宋地，所得收益远大于安邑沦陷的损失。

　　秦魏两军在河内激战正酣，齐国第三次灭宋之战已大功告成。齐国扩地近千里，几乎追平秦国这七八年来的新地盘总和。绰号"桀宋"的宋王偃逃亡到了魏国，死在河内的温县①。齐军上下被三次伐宋搞得疲惫不堪，但齐湣王完全没有停手的

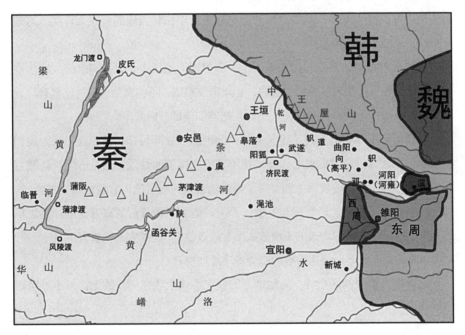

▲ 秦得河东郡（草色风烟绘）

---

　　①《史记·魏世家》："（魏昭王）十年，齐灭宋，宋王死我温。"

意思。他南割楚之淮北，西侵三晋之边，渴望成就真正的帝业。泗上诸侯皆称臣，山东五国尽恐惧，燕昭王君臣布好了天下伐齐之局，只差秦国加入合纵这最后一步。

夏山之败打破了魏韩自救的希望，河内之困与安邑之围让魏国顾此失彼。魏昭王君臣急眼了，他们为了对付更加来势汹汹的齐国，只得忍痛把安邑及河内地（不含温县）割让给秦国[1]。

就这样，孤城安邑被魏国高层出卖了。那些顽强抵抗的河东吏民，从坚壁清野开始就把希望寄托于黄河对岸的首都。从秦昭王十八年至二十一年，他们苦苦支撑了差不多四年，伤亡惨重，粮草和意志都到了极限，却没有等到盼望中的救援。当秦将与魏使带着魏王诏书到来时，安邑官兵的心肯定凉透了。更出乎他们意料的是，素来以"徕民"政策吸引三晋移民的秦国，也不愿接纳他们。

秦军没有杀俘泄愤，但完全无法信任这些顽抗到底的魏人。安邑城太大，怀旧情结浓厚的魏人太多，从关中移民万户都不足以扭转当地的秦魏人口比。这是一个谁也不敢小觑的隐患。

假如没有黄河，关中与河东本该是一体相连的超级大平原。河东的战略价值太重要了，安邑作为河东的核心地段，必须牢牢控制，不容有失。经过反复合计，秦昭王君臣决定不再慢慢消化魏人民户，把他们全部赶回魏国。

数以万计的幸存者挺过了漫长而惨烈的围城，投降后却仍被驱逐出境。他们将经轵道抵达魏河内地的温县，等候魏国官府安排新的住处。这是一段长达数百里的流放路程，沿途的魏韩故地充满了秦政的雷厉风行气象，官道也按秦工师[2]的标准重新修缮。可惜，一切都与安邑人无关。他们只希望赶紧离开这里，不想再看到举手投足越来越像秦人的王垣故魏民与武遂故韩民。那些家伙着秦甲、执秦戟，跟关中来的秦军戍卒一样用防贼的眼神冷冷地监视自己……

除安邑人被强制迁出外，其他地方的魏民继续生活在河东故土，只不过国籍

---

① 《史记·六国年表》："（秦昭王）二十一年，魏纳安邑及河内。"
② 工师是工匠中的管理者。秦国的手工业（主要是兵器制造业）管理制度分为四级。一件兵器上要刻相邦、工师、丞、工匠四个人的名字。

由魏变成了秦。秦国在河东正式设郡，以军功爵位向全国招募移民，同时赦免了大批罪犯充实边疆。这两类人成为安邑的新主人①。安邑还是河东郡治所，只不过，吏是秦吏，民是秦民，法是秦法。从今往后，这片土地的一切产出，包括诸侯非常眼红的河东盐池，都会在每年九月录入秦国主管财政的内史府的会计账簿，直至79年后秦朝灭亡。

河东与河西从此融为一体。这里不再是秦晋（魏）反复拼杀的战场，而是秦国在黄河北岸的一大战略根据地。虎狼之师下次出征时，关中卒与河东兵将同唱"岂曰无衣，与子同袍"，奔赴更东方的前线，攻打共同的敌人……

尾声

秦昭王十四年，白起发动涉河之战，是为秦平河东之起点；秦昭王二十一年，司马错迫使魏国进献安邑，移民实边，设置新郡，是为秦平河东之终点。

需要指出的是，此时的河东郡比后来秦始皇时的河东郡小一些。武安君白起在秦昭王四十三年攻取韩国在汾水河谷的9座城池，将其并入河东郡，才成为秦朝河东郡的最终形态。

哪怕有明确的战略方针指导，强秦仍然耗费了整整8年才征服这个传颂着上古虞夏帝王故事的地理单元。虽然原定计划几次被变数打乱，但秦昭王及其最倚重的将相铁三角抓住了一切有利机遇，及时纠正了某些失误，让平河东战略得以贯彻执行。

设置河东郡是秦昭王时代的一个分水岭。此前秦国以韩魏为主要打击对象，此后协助诸侯合纵伐齐。为了向列国表示诚意，秦国甚至派原籍齐国的将军蒙骜②率先单独攻齐，拔了齐国9座城并设县。在秦国后来的兼并战争中，河东郡扮

---

① 《史记·秦本纪》："（秦昭王）二十一年，错攻魏河内。魏献安邑，秦出其人，募徙河东赐爵，赦罪人迁之。"

② 《史记·秦本纪》误作蒙武，今据杨宽先生的《战国史》改。

演了很重要的角色。尤其是决定战国命运的长平之战，秦河东郡成为最重要的进军基地，秦河东军民与河内军民为武安君白起大破赵军立下了汗马功劳。而当秦军从邯郸败退时，又是河东郡的吏民官兵顶在第一线，承受住诸侯联军的猛攻，稳住了整个战线。后来蒙骜、王龁等将平定太原、上党二郡，也是以河东郡为后援根基。毫不夸张地说，如果没有获得河东郡，秦国东出通道依然狭窄，进军中原多有阻碍，统一大业未必能成。

白起、魏冉、司马错等富有战略头脑的军事家，让秦国在八年平河东之战中扩地千余里，增加了无数人口与财富，沉重打击了韩魏等国的军事力量。秦军经过这一连串战役的锤炼，实现了技战术的全面升级，真正成为天下最强的锐师。秦国从此不再是列强之一，而是无人可匹的独霸。

总之，秦国八年征战平定河东的组合拳，韩魏等国丧师丢土的惨痛教训，充分体现了战国大争之世残酷而严谨的战争智慧。秦国将相铁三角的军事外交一体化战略，堪称中国古代战争史上的一笔宝贵遗产。前事不忘，后事之师。这对我们今天和平年代的国防建设同样不乏启迪意义。

参考文献

古人著述

[1] 司马迁 . 史记 [M]. 北京 : 中华书局 ,2011.

[2] 战国策 [M]. 北京 : 中华书局 ,2015.

[3] 左丘明 . 左传 [M]. 上海 : 上海古籍出版社 ,2016.

[4] 武经七书 [M]. 北京 : 中华书局 ,2007.

[5] 吕不韦 . 吕氏春秋 [M]. 北京 : 中华书局 ,2011.

[6] 荀况 . 荀子 [M]. 北京 : 中华书局 ,2011.

[7] 商鞅 . 商君书 [M]. 北京 : 中华书局 ,2016.

[8] 孙膑 . 孙膑兵法 [M]. 郑州 : 中州古籍出版社 ,2015.

[9] 郦道元 . 水经注 [M]. 北京 : 中华书局 ,2016.

[10] 常璩 . 华阳国志译注 [M]. 成都 : 四川大学出版社 ,2007.

今人著述

[1] 杨宽 . 战国史 [M]. 上海 : 上海人民出版社 ,2003.

[2] 林剑鸣 . 秦史稿 [M]. 北京 : 中国人民大学出版社 .,2009.

[3] 张金光 . 秦制研究 [M]. 上海 : 上海古籍出版社 ,2004.

[4] 后晓荣 . 秦代政区地理 [M]. 北京 : 社会科学文献出版社 ,2009.

[5] 后晓荣 . 战国政区地理 [M]. 北京 : 文物出版社 ,2013.

[6] 王学理 . 解读秦俑：考古亲历者的视角 [M]. 北京 : 学苑出版社 ,2011.

[7] 孙闻博 . 秦汉军制演变史稿 [M]. 北京 : 中国社会科学出版社 ,2016.

[8] 黄盛璋 . 三晋铜器的国别、年代与相关制度问题 [A]. 古文字研究 [C]. 北京 : 中华书局 ,1989.

[9] 杨振红 . 从秦"邦"、"内史"的演变看战国秦汉时期郡县制的发展 [J]. 中国史研究 ,2013（4）.

1798 年尼罗河口战役

纳尔逊时代的英国海军和风帆海战

作者 / 李昊

敌军全军覆没、我军毫发未损，这样的压倒性胜利是从古到今每一个军事指挥者梦寐以求却也不敢奢求的。然而1798年尼罗河口一战，英国皇家海军的少壮派指挥官霍雷肖·纳尔逊（Horatio Nelson）初次指挥舰队决战就上演了这么一出惊倒四座的好戏。他麾下12艘战列舰一夜之间几乎全歼旗鼓相当的法国埃及远征舰队，法军仅有2艘主力舰得以逃脱，而英国方面没有损失一艘战舰。

　　这全面碾压式的胜利，直接导致拿破仑麾下的埃及远征军被困死在中东。拿破仑控制地中海、在中东建立卫星国作为印度远征基地的构想化为泡影。相反，英国海军势力重返地中海，扭转了一年来"孤悬海外"的局势。法国地中海舰队再次被严密地封锁在港口内，不能与西班牙盟友会师，挑战英国海上霸权。可以毫不夸张地说，在尼罗河口之战奠定的战略地图上，英国最终在十几年的持久战之后打败了拿破仑。

　　是役，纳尔逊40岁冒头，对于一个有着两百多年历史的海军，这样一位军事统帅似乎略显年轻，而且他又素以蛮勇著称。是谁敢于在国家命运的关键时刻，将这打开战略局面的重担托付给他的呢？战场时局几经转变之后，他又是怎样不辱使命的呢？时间回到两百多年前……

点将纳尔逊

　　1798年4月初，木炭灰和煤灰混合在海上飘来的潮湿盐雾中，似乎将永远阴沉沉地压在伦敦市民的头顶，这也许就是工业革命的先声吧。同时，在地平线之外，已经保护了不列颠这座小岛两百多年的一面面风帆仍然在海上游弋着，并将继续肩扛英国的荣誉在海上游弋半个多世纪。然而此刻，隔着海军部（Admiralty）大楼的窗户，圣文森特子爵约翰·杰维斯（John Jervs，1st Earl of St Vincent）心里放不下的，并不是这些无畏的战列舰（Ship-of-the-line），而是海峡对岸的诺曼底海岸。自从1789年法国爆发革命以来，法国入侵的幽灵就再次复活，时刻笼罩在杰维斯等海军部决策层的心头。似乎这样的形势还不算坏，1个月以来，渗透到法国的间谍还捕捉到了一个更加野心勃勃的计划——拿破仑这颗新星可能要跨过地中海，远征埃及。要么直接跨过英吉利海峡入侵英国本土，要么攻略中东从而

▲ 圣文森特子爵约翰·杰维斯

斩断英国和印度的联系，这都是法国与英国争夺全球霸权的既定战略。对法国而言，现在似乎是绝好的机会：大革命释放出的巨大动能，让当时欧陆诸国无不谈之色变——大革命强大的对外输出在拿破仑的指导下，看起来有并吞整个欧洲之势。第一次反法同盟在这支大军面前折戟，西班牙与法国的缔约让尚未达到"两强标准"[①]的英国对自身海权的稳固产生出彻夜难眠的痛苦怀疑。随着普鲁士的低头，英国失去了欧陆上最后可以对抗拿破仑的盟友。到了1798年，法国正毫无疑问地呈上升趋势，而法方的上升就意味着英方的每况愈下。自1797年被法国人赶出地中海以来，地中海对于英国人就成了一座黑箱。老话说，知己知彼才能百战不殆——至少能维持现有局面，而不会犯下战略错误。尽管地中海被一片浓重的战争迷雾笼罩，战略上的判断，在杰维斯的脑子里，仍是很清晰的。

首先，在英国控制英吉利海峡的情况下，法国直接入侵英国本土是绝无可能的。这已经被历史多次验证了。历史上，法国人离入侵英格兰最近的一次，是17世纪末图尔维（Anne Hilarion de Tourville）麾下的路易十四法国舰队对阵英荷联军。因为联军存在联合行动的配合问题，再加上英国刚刚政权更替、高层和海军内部政治派系争斗造成人心不稳，出现指挥失误的英荷联军一时间将英吉利海峡的制海权拱手让给了法国。然而法国用来护送运兵船的地中海式桨帆战舰在英吉利海

---

① two-power standard，即英国海军的实力要等同于世界第二、第三两个海军的总和。

峡的怒涛中水土不服，没能成行，白白浪费了大好机会。待威廉·奥兰治（William of Orange）整顿好英荷上下，发起一场舰队决战之后，法国宏伟的路易十四大舰队立刻毁于旦夕。所以拿破仑集结大军在诺曼底摆出意欲改写历史进程的架势，多半是一种自我安慰，用来满足法国陆军高扬的雄心。

纵观过去的100年，经过18世纪30年代的詹金斯耳朵战争、50年代的七年战争、80年代的北美独立战争，法国和西班牙多次挑战英国海上霸权都没能成功。这样，法国能够在海上投送力量的路径只剩下地中海。1798年的地中海，英国在直布罗陀海峡以东没有任何基地可供部署，但是地中海以外的英吉利海峡、法国大西洋沿岸，都处在英国舰队环伺之下，稍有风吹草动便可能引发法国人不愿意面对的舰队决战。一路向东，占领马耳他、埃及，稳定法国海军在地中海的力量存在，建立重返南亚次大陆的桥头堡，似乎成了唯一可行之策。

正是基于这样的战略判断，杰维斯愿意相信拿破仑东征这条情报的可靠性——虽然后来事情的发展验证了这位战略家的判断，纳尔逊把拿破仑舰队逮了个正着，但站在当时人的立场上就会发现，天天各方面传进来的情报目不暇接，真伪一时莫辨，只能依靠决策者们自身对整体形势的把握了。

在这种接近固定的战略构图下，其实英国对法国在海上可能做出的行动，已经做好了充分准备。英国秉持18世纪几次与法、西冲突中逐渐形成的一贯战略，对法国和西班牙，也就是当时世界上第二、第三大海军强国的军港进行封锁。按照当时的海上交通能力，两国离英国本土最多只有2个月的行程，因此英国在本土配备了一支强大的海峡舰队，又从西班牙手中夺占了直布罗陀，配置了地中海舰队。两大舰队平时就在法国大西洋沿岸、西班牙加迪斯等重要位置附近巡逻，遇到极端天气则返回英国本土、葡萄牙里斯本或地中海的直布罗陀躲避。这种封锁可以防止法、西两国海军大规模出动，集结组成大舰队来和英国争夺制海权。通过这种严密封锁，法国和西班牙每个军港中停泊和封存的战舰都不足以组成数量占优势的决战舰队，由此，英国足以保持住海上霸权。

然而任何人都难免被眼前复杂的形势所迷，特别是还肩负沉重责任的时候，他难免陷入理性与恐惧的拔河中。杰维斯今年（1798年）才从熬人的漫长海上服役中解脱出来，因为1797年取得的大功一件，成功入主了海军部，作为海上服役经验丰富的老将，给海军部的一把手、第一海务大臣斯宾塞做参谋。"法国地中海舰队可能要出动"这是杰维斯手头的情报，但赫然横亘在他面前的是地中海的战争迷雾。法国地中海舰队出发后会去哪儿呢？它可以穿过直布罗陀海峡来到大西洋沿岸。尽管英国有封锁舰队在，万一风向或者天气不利，让这一法国舰队溜进某个处在封锁之下的法国或者西班牙军港里，和港内战舰合并，就可以形成一支数量可观的联合舰队，然后就可以出来挑战英国的制海权了。要是真到了那个时候，形势对英国而言就岌岌可危了。这是当时英国的每个决策者都极度害怕的局面，因为这可能导致英吉利海峡落到法国人手里，然后就是拿破仑入侵了。在这恐惧的另一边，理性告诉杰维斯，弱小而分散的法国地中海舰队更有可能奔东边去，去控制中东。

于是杰维斯下了他的结论："不管法国人要到哪里去，我们现在要'重返地中海'，寻找、歼灭拿破仑舰队。"至于在茫茫地中海里，到哪里去找到拿破仑，那就全看这支派遣舰队的指挥官了。

所以，杰维斯的工作其实才完成了一半。为派遣舰队挑选合适的指挥官，同样是这次任务成败的关键，或者说，是这次任务成败的最大赌注。如果指挥官能寻歼拿破仑的法国地中海舰队，英国就能重返地中海，为打破法国的大陆优势制造出战略契机。可是如果舰队指挥官判断失误，把握不住时机，让拿破仑溜了，让他掌握了中东，那么英国和东方财源地的联系就将受到巨大威胁。

200多年前的杰维斯在此次"点将"上承担的压力，恐怕比今天要大得多，因为一旦这支派遣舰队向东离开了直布罗陀，进入了地中海，就全靠这位舰队指挥官来打开局面了。那是一个没有无线电、雷达和预警机的时代，换句话说，派遣舰队进入地中海后，杰维斯再得到什么新情报，都将无法及时干预该舰队的行动。就算杰维斯从直布罗陀派出通报船，海上瞭望的距离也只有十几海里，要在数百海里的范围内找到几艘战舰组成的派遣舰队，若非机缘凑巧使双方偶然遇见，等到通报船找到舰队，船上的消息恐怕早就失去了时效性——比如，这场行动在7月份取胜的确凿消息，就是在1个多月后的9月份才传入伦敦的。所以杰维斯能为这位舰队指挥官做的事情也就很少了，除了强调一定要"寻歼敌人，不用吝惜损失"之外，恐怕也就是在人情方面给予充分的信任了。

壁炉中木炭噼噼啪啪的声响暂时驱散了沉重的潮气，厚重的绒毯上，杰维斯来回踱步，精致的三接头皮鞋不发出一点声响。谁能胜任这次地中海派遣任务呢？并不需要多加思考，杰维斯脑中就出现了两个人——纳尔逊和托马斯·特鲁布里奇（Thomas Troubridge）。这两人在1797年对西班牙战斗中的表现，仍然历历在目。

在西班牙外海圣文森特角的这场作战中，这二位被安排在英国舰队的一头一尾，随着风向变化，有时纳尔逊是舰队排头兵，有时特鲁布里是排头兵。杰维斯就是要他俩负责调整整个舰队的阵形，及时应对敌军和风向的各种变化。他俩不辱使命，尤其是纳尔逊，当机立断，灵活解释杰维斯的命令——"各自占领适当阵位，相互扶助"，带领舰队后半部分处于下风位置、没有接敌的战舰转弯调头直扑敌舰队前队，形成英方的局部数量优势，决定了战势的走向；并依靠蛮勇连续跳帮俘获3艘西班牙大型战列舰。

虽然已经取得了这样重大的战果，纳尔逊却并没闲下来，又在1797年针对西班牙加迪斯（Cadiz）的封锁行动中自作主张，带领手下的小分队对附近一个港口进行上岸突袭，以夺取传闻中溜进该港的美洲运宝大帆船，上面据说搭载了价值连

▲ 特鲁布里

▲ 纳尔逊

城的西印度香料。结果此战英军准备不足，西班牙防备水平很高，纳尔逊右臂遭火枪击中不得不截肢。接受手术半小时后，他就重回指挥岗位，杰维斯也不好追究其失败之责。

纳尔逊"浑身是胆"的矮小身影在杰维斯眼前浮现，可是他还有自己的学生——一直追随自己的托马斯·特鲁布里。和纳尔逊比起来，特鲁布里不仅从情感上对老师更加尊重和依赖，而且性情更沉稳。但特鲁布里的稳健使他在圣文森特角海战中没有博得像纳尔逊那样的战功，此刻还是高年资的舰长，相当于今天的上校军衔。纳尔逊则一战成名，受到国王乔治三世接见，以英雄形象现身于英国公众面前，成了活生生的传奇，走到哪里都受到鲜花、盛宴和舞会的盛情款待。他还获得了 1000 英镑的退休年金（爱尔兰议会奖励），荣升蓝旗海军少将（Rear Admiral of the Blue）。纳尔逊和特鲁布里这种官阶和人望的差别，让杰维斯不需要费太多心思，就可以直接安排纳尔逊这个更加"杰出"的学生全权指挥舰队，而特鲁布里，这位纳尔逊也不得不敬重的高年资舰长，则可以作为拴马桩在关键时刻防止指挥官的冲动酿成灾难。

其实这种"师生"的说法并不是笔者杜撰，当时已经通行，即舰长身边有"舰长副官"（Lieutenant）跟着学习战舰指挥，而舰长则跟着舰队司令学习舰队指挥，直到某一天机会到来，老师将自己提携到更高的位置上去。因此，学生表现出色，也就得益于老师的悉心栽培。比如，刚刚过去的 1797 年圣文森特角之战，纳尔逊封神，杰维斯也受封子爵。但纳尔逊这个优秀的学生并不是个听话的学生，他惯于顶撞上级。就说这场圣文森特角大战，在他眼里似乎完全是他个人的功劳，当得知杰维斯受封子爵后，他甚是不快，觉得自己应该来个男爵。之后，他和上岸坐办公室的杰维斯在私人交情上开始拉开距离。然而杰维斯公事公办，仍然全力为纳尔逊争取创造更大战绩的机会。他和纳尔逊的"师生之谊"已经是上下皆知，所以还是那句话，纳尔逊的业绩就是他自己的业绩。就这样，尽管论资历排在纳尔逊前头的少将至少还有两位，杰维斯仍在第一海务大臣斯宾塞面前强力推荐新晋少将纳尔逊。

读到这里，读者也许还是会不免感到杰维斯这一决定太过冒险。虽然纳尔逊青年才俊，20 岁就成了舰长（上校），此时已经当了 20 年舰长，但他毕竟还没有

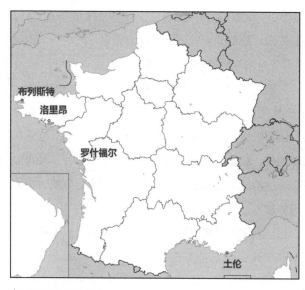
▲ 18世纪法国四大军港

布列斯特
洛里昂
罗什福尔
土伦

做过一天舰队指挥。任命纳尔逊为此次派遣舰队的指挥官，指挥十几艘战列舰协同作战，完成复杂的战术目标，他果真能够胜任吗？

为了回答这个问题，首先要回答舰队指挥具体负责哪些方面的工作。前文已经讲到，当时的通讯和侦察技术极端落后，所以执行大部分任务的时候，都不见得能够寻找到敌人并和他们展开战斗。可见作为舰队指挥的海军少将、中将们的日常工作不是和敌舰展开大决战，实际上当时分配给大多数指挥官的任务都是"封锁"。18 世纪 80 年代，法国已经建成了四大海军基地，其中面向大西洋的有 3 个，到了 18 世纪末的这场法国大革命战争时期，为了一劳永逸地阻止法国舰队到公海上挑战英国的海上霸权，就像上文提及的那样，英国干脆配置了一支舰队，以葡萄牙里斯本为辅助补给基地，长期在大西洋外洋上对这 3 个法国海军基地进行封锁：大型主力舰组成编队在外洋游弋，除了大风等恶劣天候外几乎保持连续存在；灵活的小型主力舰以及轻型侦察船则组成近岸封锁舰队，保持在法国人的视线之内，时刻监视基地中的动向。对于那些突破了封锁、冲出海港的单个法国炮舰或者三五艘战舰组成的小分队，封锁舰队的指挥官历来都是将追击、歼灭的任务分配给他钟爱的"学生"——像青年时代的纳尔逊那样的低年资舰长们，以帮助他们加快晋升。于是舰队指挥的日常主要是事务性、管理性的工作。整个舰队大量人员的日常物资消耗本身就是个非常复杂的事情，再加上舰队整体行动中各个舰只的联络与安排等等，舰队指挥官们一般都会自费聘请专门的会计和文书协助他们处理这些事情。可以说，舰队指挥官首先是一个高级经理人，然后才是军事家。

如果只是这样事务性的工作，包括纳尔逊在内的各位少将、中将似乎都能胜任。而且纳尔逊还不见得是做得最好的。简单分析一下纳尔逊的性格，回顾一下他的履历，会发现杰维斯选择他主要还是因为他更可能出业绩。

俗话说，性格决定命运，关键时刻的决策总是受到指挥官本人性格的影响。纳尔逊于1758年出生在一个宗教气息浓厚的家庭，其父是当地教区教长[①]，其母跟英国历史上第一个"首相"沾亲带故。出生在宗教家庭的最重要影响，也是我们这样的入世国度不太容易理解的，就是一种天生的使命感、优越感，一种我独为上帝选中的、超验的自信心，这构成了纳尔逊后来敢于拿国家命运打赌，在大决战中采用激进、非常规战术的雄厚心理基础。同时，纳尔逊幼年丧母，爱的缺失使一种不安全感时刻萦绕身边，为了消弭或仅仅减轻一些这种感受，他自然会去身边的师长、上司那里寻求更多的认可。这种不安也是一种强烈的心理驱动力，让纳尔逊自我表现欲望强烈，在战时冲在第一线，在平时积极向人们展示自己及同仁、下属的战功。另外，纳尔逊和拿破仑类似，个不高，一米六七，很难在当时的普遍认知中形成高大伟岸、高不可及的领袖形象，而在战斗中身负伤残，反而特别容易在身边将士心中唤起同情心和护卫的欲望。杰维斯看重的恐怕正是纳尔逊这种极度的个人英雄主义色彩，这在真正需要赌上舰队司令性命的大决战中能发挥作用。他这种不被传统惯例束缚的个性，似乎最能将英国海军巨大的人员素质优势发挥到极致。实际上，到18世纪后期，英国皇家海军整体素质之高，和法国、西班牙放在一起，简直就像老水手遇到旱鸭子。

1771年，纳尔逊在舅舅的安排下进入海军充当实习生（Midshipman），接下来的6年里，他在本土、西印度、东印度的战舰、炮艇和武装商船上都实习过，甚至参加了一次寻找传说中"西北航路"的北极探险，他们的探险船进入到北纬80°以北，纳尔逊据说还追赶过北极熊。有了这些历练，1777年18岁的纳尔逊经舅舅作为评审专家之一的委员会考核后顺利获得副官（Lieutenant）官阶——此时

---

① 教区延续自中世纪，是近现代民政管理机构完备之前，依靠教会管理民众日常生活的一种基层建制。到了18世纪教区教长仍然是当时西方社会地方上的要职，可见纳尔逊家族是有一定社会影响力的。

纳尔逊的舅舅已经官至海军事务局（Naval Board）的审计总长（Comptroller of the Navy），可以说控制着海军日常运行的财权，其话语权应该是相当充分的。此后纳尔逊登上一艘巡航舰（Frigate）充任第三副官——这种战舰比较小，人员总数一般在两百上下，所以配套军官较少，舰长之外只有3个副官。

在这里，纳尔逊遇到了舅舅之外的第一个贵人——该舰的舰长威廉·洛克（William Locker），后来他被纳尔逊称为"老爹"。洛克作为舰长，从业务素质和接人待物等诸多方面给了年轻人很多关照。在洛克船上做副官时，纳尔逊就争取到独自领导部众的机会：指挥一艘小艇对附近岛屿的自然风物进行了科考工作。

不久，洛克将纳尔逊推荐给舰队司令彼得·帕克（Peter Parker）。1年后的1778年，纳尔逊直接从副官荣升临时舰长（Master & Commander），指挥一艘双桅杆炮艇在中美洲海岸游弋。1779年，他返回皇家港（Port Royal）后被提升为舰长，时年20岁。这么小的年纪就成为舰长，除了个人能力确实比较过硬之外恐怕还有其他因素，毕竟很多人最终以副官身份退役，还有很多人在中年之后才能熬上舰长位阶。此后直到1787年的8年多里，作为年资较浅的少年舰长，纳尔逊多指挥只装备9磅炮的28炮巡航舰这种最小号的正规战舰，在西印度活动。期间纳尔逊曾自作主张发起登陆突袭行动，结果失败并造成相当的人员损失，但上司胡德爵士（Lord Hood）予以宽容。1787—1792年，太平世间，纳尔逊待在岸上领半饷。在1792年英法重新开战以后，胡德又担任了纳尔逊的上司很长一段时间。1794年，纳尔逊指挥了占领科西嘉的海陆协同行动。因为每次作战都和士兵一起，登陆前进指挥，他不免暴露在敌人的炮口下，结果被破片击中右眼而损失了右眼视力。1792—1797年的5年间，在科西嘉与热那亚之间，纳尔逊坐镇他后来自称最爱的战舰、64炮战列舰"阿伽门农"号（HMS Agamemnon），参与了大小多次支持热那亚陆上抵抗的行动，无奈法兰西大军在拿破仑的带领下不可阻挡，英国终于在整个地中海内失去可靠的盟友港口，仓促撤回直布罗陀。1796年，纳尔逊遇到了帮助他一步步封神的杰维斯。1792—1797年这几年间，纳尔逊的表现可圈可点，作为一名战列舰舰长在成熟的业务素质上展现出非同常人的蛮勇，尤其是前文提过的1797年对西班牙的圣文森特角大胜中，他起到了关键作用。

就这样，在1798年4月的春寒料峭当中，已经独臂独眼的纳尔逊少将来到斯皮特黑德（Spithead）报到，准备登上他这次任务的旗舰——"前卫"号（HMS Vanguard）。

时势造英雄，由杰维斯推到前台、敢于和命运赌博的纳尔逊，从 1798 年开始带领皇家海军从一个压倒性胜利走向下一个，直到 1805 在特拉法尔加决战中完全摧毁法国和西班牙挑战英国海权的决心。这人事任免上的巨大成功，当然在 1798 年 4 月还看不出一点征兆。纳尔逊越过资历比他老的两个少将，被任命为一支分遣舰队的指挥官，这个决定在当时的军官团中有没有招来微词，今天也不得而知了。但这个团体是英国保守刻板印象的典型代表。英国海军军官一般出身于中产阶级，属于"绅士"老爷，受到良好的教育，家里跟海军有一些裙带关系，通过亲朋保举而加入海军，然后通过个人战斗素养的不断提高，以及海军内外的背景和裙带关系，逐渐沿着官阶的天梯往上爬。纳尔逊就是这套体系中关系强硬、自身又奋力前进的典型成功者。这套晋升体系虽然今天看起来还是不对普通人敞开的"特别通道"，但比起陆军里贵族通过明码标价的买官方式获得官阶，还是要合理得多——可以说英国海军是中产绅士们的海军。海军军官的晋升和陆军比起来，更看重个人素质。甚至可以说个人素质若不过硬，裙带关系再通达，也没用。否则由于决断能力不足，在自然灾害和敌人面前出了洋相，不仅一船人的性命不保，更污损了皇家海军和国王陛下的尊严，到时候轻则辞退，重则军法处置遭到枪决。在这么看重个人业务素质的评价体系里，一旦一个人评上舰长（上校），就意味着他的各方面素质已经得到了业界的肯定，可以独当一面。从此，除非出现失误，他的地位就不可动摇了，可以说，就占了海军一个"编制"（Post），以后的晋升道路，即使是在战时，也完全靠年资顺调。假设整个海军有 400 个舰长编制，有合计 50 个少将、中将、上将编制，只有年资最高的 100 岁高龄的"全国海军名誉总司令"（Admiral of the

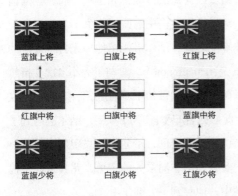

▲ 英国海军晋升极为缓慢，将官共有9级，而不是简单的少将、中将、上将

Fleet）归西，现年 98 岁的第二老才顺调，跟着，其他所有将官顺调一下，终于在将官编制金字塔的底层空出一个实缺，现年 55 岁的全国最年长舰长荣升蓝旗少将。实际上，纳尔逊舰长在 1797 年立了那么璀璨的大功，提升为海军少将也并不是累功晋级，仍然是恰好有顺调的机会。

揭开迷雾

斯皮特黑德水道内，早上 8 点的海雾正在慢慢消散，昨天傍晚涌起的大潮正在汹涌地退去，被退潮裹挟的一只小舟里，头戴两角帽、一根袖管空荡荡的纳尔逊少将正沉静地坐在小船尾部，他头顶是遮阳的凉棚。小舟上，14 个水手正在拼命地划桨，每舷 7 个水手。为了省力，水手们都是倒着坐，背朝船头，而且左边的水手划的是右边的桨，两边交替。随着强劲的退潮，这艘细长的划桨通勤艇，缓缓朝远处一艘战舰驶去。

"前卫"号 3 根 30 多米高的桅杆，远远就可以望见，一些矫健的身影沿着桅杆和挂帆的横桁上下来去攀缘，像猴子一样灵巧。到了百米开外，舰上忙碌的人影已经分明可见。战舰长 50 多米，整个舷侧是两层半楼高的厚重木墙，墙上规则排列着两排炮门，炮门盖全都整齐地打开着，可以望见里面一尊尊大炮黑洞洞的

◀军官通勤艇模型

▲ "前卫"号模型

炮口。有不少大炮被人影遮挡住了，那是水手正抱着胳膊那么粗的粗大绳子头和大通条，在清理火炮内膛。

通勤艇驶到切近，全船上下的水手停下手里的活，齐声欢呼三次。小艇停在"前卫"号的右舷舯部，这里，近7米高、几乎垂直的舷墙上安装着一道道梯级。十来个精壮的20岁上下的小伙子，从露天甲板到水线附近，在梯级上站成一道垂直的人链。将他们彼此相连的，是一条胳膊粗的缆绳，他们用右手攥住缆绳，并将它结结实实地夹在右边腋窝下。这就是纳尔逊登舰的人肉扶手。

纳尔逊只剩下左臂，但幸好双腿还健全，不用像吊装上船的生猪等一样坐着箩筐用滑轮绳索拉上来。纳尔逊伸出左手，在他左边站成一列的青年水手们一次次伸出左手拉住他。就这样，战舰随着退潮缓缓摇曳，纳尔逊少将顺利登上了露天甲板。

纳尔逊在后桅杆前面宽阔的露天甲板上停下来。左舷一侧，旗舰舰长（Flag Captain）携一众副官、随员脱帽向舰队指挥官轻轻行礼。纳尔逊也脱帽还礼。纳尔逊在右舷，下属在左舷，这倒并不是因为以右为尊，海上的风向随时变化，一会从左舷吹来，一会从右舷吹来，所以海上以风吹来的方向为尊。这时候风碰巧从右舷吹来，所以纳尔逊才从右舷登舰，并站定在后甲板右舷一边上。

不管是纳尔逊、旗舰舰长，还是副官们，都穿着常服，也就是蓝黑色的外套，搭配两角帽或者三角帽——据说戴两角帽的就是贵族，在此时的法国是要上断头台的，所以也有人戴三角帽。旗舰舰长爱德华·柏利（Edward Berry）几乎比纳尔逊小一旬，时年才30岁，而他身边的副官有的却显得比舰长还要老成。不论是谁，在舰队指挥官面前都庄重不失仪态。脚下洁净的木地板，四周散发着松香的缆绳，还有刚才严整有序、充满仪式感的登舰过程，一切都令纳尔逊感到满意——这是一艘整装待发、上下纪律严明的战舰。

战舰就是一个四海漫游的小社会，而且几乎没有女性乘员，又是在战争时期，舰上等级森严的上下秩序，就更是当时社会形态的强化翻版了。18世纪时，英国社会可以说是等级森严的纵向架构。对于平民老百姓来说，能够学一门手艺混进同业公会，就接近了中产；之后勤俭持家，善于经营，儿孙辈就可能成为地方上崭露头角的缙绅，但再往上去就基本没有可能了。这样，一般平民就被称为"群众、老百姓"（The People），而位列缙绅，甚至在地方议会占有一席之位的人，则被称为"绅士"（Gentlemen），老百姓见了绅士要脱帽致敬，口称"Sir"——其实跟清朝那会儿叫"老爷"差不离。在战舰上也是一模一样，水手是从几乎不识字的老百姓中募集的，所以舰上水手在军官日常文牍中也被称为"群众、老百姓"，而凌驾于战舰上三四百号水手之上的，就是十几个人组成的军官团，他们几乎全部出身中产缙绅之家。

此刻，"前卫"号的这些绅士军官们，就站在后部露天甲板上，聆听纳尔逊宣读海军部的任务书——当然是目前阶段可以解密的那部分任务，也就是南下到达地中海的入口、英国控制下的直布罗陀。简短的任务书很快就读完了，这恐怕也是纳尔逊整个任务期间唯一一次面对旗舰上舰长以下的全体军官了，因为作为舰队司令，他的威严必须靠距离感来向全舰和全舰队宣告。马上，他就要循着后甲板上的军官专用楼梯进入司令大舱了，他的视线再次扫过这几位十几岁到三十几岁的青年军官。"看看这次又会有谁幸运晋升吧！"他心里暗自说道。几个月前在圣文森特角外海，奋不顾身带队冲上西班牙"圣尼古拉"号的时候，情绪无比兴奋的他就大喊："要么西敏寺①，要么光辉胜利！"。大将难免阵头亡，战斗结束后就是两个结果，要么晋级，要么"光荣"——而他"光荣"的时候，也就是这些年轻人升迁的时候。当时僵化的升迁机制，一个萝卜一个坑，也只能如此。

这群出身缙绅的年轻人，站在"前卫"号这四百多号人组成的权力金字塔顶端，现在则在纳尔逊面前一字排开，似乎是在提醒他曾经走过的那些岁月，提醒他肩上也负有带好这帮青年的责任。离纳尔逊最远的那几位少年，小的只有12岁，大的也不到20岁，他们身后站着身着黑袍的舰上牧师。这几位少年是军官实习生，纳尔逊12岁时也是以这个身份进入海军的。按当时规定，满12岁就可以登舰，一般家里都有亲朋正在海军担任舰长，然后通过该舰长的保举，经海军部批准登上该舰长正在指挥的战舰，跟随一起出海，直接在实践中学习。作为实习生，国家虽然拨付一定的费用，但是远远不够支付在舰上的食宿衣着、购买文具及导航仪器，所以实习生阶段基本可以认为是自费。有些舰长趁机虚造名目，贪墨国家对实习生的那一点点补助，于是后来海军部严格规定了舰长可以接纳的实习生人数，但无奈前来投奔的亲戚家子弟实在太多，超额的实习生只好作为舰长私人雇佣的仆人登记造册，即所谓"侍应生"。

▲ 实习生上舰前要预备各种东西

实习生在这期间要跟着船上牧师继续学习文化课程，同时跟着舰上的航海长（Sailing master）学习导航、测量方位、航程推算（Dead reckoning）等航海必备知识。实习生也作为舰上最年少的军官

---

① 战时殉职可以归葬西敏寺。

参与到日常值勤管理当中，一般负责在每根桅杆下面，甚至爬上桅杆去传递值班军官的命令，监督水手们的操作。平时操炮演练和实际作战时，实习生在炮甲板艏部站定，那里有他们负责监督的一两门炮，因此英文中实习生的字面意思就是"在船艏部的人"。

比实习生们离纳尔逊更近一些的，就是柏利舰长的四五位副官，他们大都在20到30岁之间，也有一位似乎特别老成，好像经年累月在海上经受风霜，他眼神沉稳，不卑不亢地站定在那里。不过纳尔逊这样年过40的"老人"一望便知，这位看上去最有气场的舰长副官并不是什么舰长副官，而是"航海长"。这两个称谓可不仅仅是名字的区别。当上了舰长副官，未来就有可能晋级舰长；当上航海长，就只能一辈子在基层了，而且头顶会不时出现柏利甚至纳尔逊这样非常年轻的上司。

这种尴尬局面的形成并不意外，因为实习生的实习期只有6年。这期间，实习生不定期接受舰长及其副官的考核检查。一次任务巡航结束之后，舰长在该实习生档案文件中写入考评意见与建议，然后实习生再寻找下一次机会参加航行，积累更多经验。原则上攒够大约6年时间的海上巡航经验后，就可以报考海军部的副官晋升考试。"Lieutenant"这个单词，今天一般对应翻译为尉官，但当时英国实行的并非军衔制，而是岗位制——有空缺才能晋升，并不是单纯积累资历与素养就可以的；而且从最底层的低年资副官直到作为副舰长的第一副官（First Lieutenant），全都叫"Lieutenant"，作用都是在不同程度上指挥舰上的日常工作，所以笔者觉得翻译成"副官"比较合适。

报考副官晋升考试的人数相当多。这项考试包括口头问答和实践测试两方面，是对知识、随机应变能力、体能的全方位考察。一旦考上了，便享受副官待遇，也就是整艘战舰上数百号人当中仅次于舰长和纳尔逊的待遇。

"僧多粥少"的结果可想而知，要想通过考试，除了必需的技能素养考核外，裙带关系（Patronage）也就渐渐必不可少了。纳尔逊的舅舅不仅担当海军内的财务主管，更是直接充当纳尔逊副官考试的考官，裙带关系的露骨可见一斑。这样一来，出身不高、缺少支撑的人便会落选，他们的出路就是充任"航海长"——负责战舰日常导航、海图、航速测量等等，是战舰能安全航行的保证。因为没能通过副官考试，他们这辈子都不可能拿到有国王签字的海军部任命状（Commission）

了，只能和从水手晋升上来的那些目不识丁的普通老百姓一样，拿到海军事务局的终身聘书（Warrant），所以航海长地位非常特殊——有非常丰富的航海知识和经验却不是军官，而是士官。但是英国社会还是看出身，既然是"绅士"出身，哪怕只是士官，仍能够和副官、舰长一起管理整个战舰，能够通过军官专用楼梯走上后甲板。此刻，在纳尔逊面前，航海长和副官身着同样样式的常服。

除了这位晋升无望、可以踏踏实实做好眼前工作的航海长，柏利舰长的4位副官都胸脯拔得高高的，一团尚武的气息，等待首长检阅。这4位的心里都打着小算盘，无非还是围绕着"裙带关系"四个字。柏利舰长是纳尔逊的旗舰舰长，通过纳尔逊的保举，他就是下一个少将。而在柏利和纳尔逊面前积极表现，副官就有望直升舰长。实际上，历来舰队旗舰的舰长和副官都是已经和舰队指挥官有某种纽带的人了。况且纳尔逊素来善待下属，每每主动上书为下属争取功名，就更让这些二三十岁的储备人才满心期待了。毕竟，谁不想早日晋升呢？想当年，纳尔逊凭着舅舅的庇护，18岁时按照正常节奏升任副官后，仅仅走形式当了一年副官，20岁就成了舰长，可算是绝无仅有。对于更普通的人来说，当上副官后就是慢慢熬资历，一艘主力舰上一般有3—5个副官，分别论资排辈排成第一、第二……第五副官。升级仍然类似实习生阶段，每次任务结束后获得舰长的推荐，最后由海军部做人事决定。从考上副官到当上舰长，往往需要10年时间。

紧挨着柏利舰长的第一副官，已经是三十多岁的人了，他其实已经等同于副舰长，能够和舰长一样每天不需要值班。其他几个副官都要值班，因为战舰航渡和索敌期间什么情况都可能遇到，时刻需要一个拿主意、做决定、承担责任的人。在舰长和第一副官休息的时候，这些低年资的副官就轮流站在后甲板上舵轮前面，也就是作战时舰长的战斗岗位上，代替舰长监视全舰事物。副官一般三班倒或四班倒，4个小时一班。每班副官从军官专用楼梯登上后甲板，和前一班副官交接。然后他会拿出自己的航海日记，在实习生、"水手长助手"、"舵公助手"等高级水手的帮助下，监督战舰的航行，随时接收风向、风速、航速及预定航线的信息，然后按需做出适当调整。除了副官个人的航海日记，还有属于本舰的日记，这本日记由航海长负责记录，可能有作为书记、秘书的实习生帮助誊写。每班副官结束值勤时，要在战舰的日记上签字。像纳尔逊的登舰、进入大舱这些行动，都会记录在战舰的航海日记上面。其实，不只副官有个人航海日记，船上每个军官都有一份航海日记，包括实习生们。每执行完一次任务，军官们离船复命，都要签字上交各自的航海日记，通过这些日记的彼此对照，就可以将军官们相互串供牟取私利的可能性降到最低——并不是所有副官、航海长都是舰长的裙带关系，出发前海军部往往会在这趟任务的人事布局上安排比较中立的眼线。

话说回来，从第一副官升任为舰长，比起实习生考上副官，更像是翻越了一道分水岭。对于纳尔逊和柏利，这不是问题。就像纳尔逊追随了杰维斯一样，柏利是纳尔逊的忠实门徒。1797 年那场大战中，暂时没获得任命的柏利仍然留在纳尔逊旁边。纳尔逊作为英雄舰长回到英国，接受乔治三世接见的时候，也把柏利带在身旁，直接在圣驾面前为柏利要到了舰长职务。

显然，大多数人不会遇到这样的机遇，很多人必然只能担任第一副官直到退役。为了满足大家当舰长、独立指挥战舰的虚荣心，也为了暂时等不到实缺的高年资第一副官能够积攒更多经历，英国将备炮 20 门以下的最小型战舰——分级外轻型炮舰（Sloop-of-War）交给这些实际上是冗员的第一副官指挥，这时他们就成了临时舰长（Master & Commander）。这个容易引起误解的称谓中，Master 是指前面的航海长，Commander 就是不够资格的临时舰长。

柏利初次出任舰长就坐镇一艘主力舰，一般人荣升舰长后，原则上还要经历 3 年海上服役的"实习期"——此时还不占据海军的编制，相当于人事代理的冗员地位。这期间只能指挥搭载轻型火炮的"巡航舰"，作为主力舰队的眼线耳目，最容易出业绩。三年期满才能转正，成为占编制的正式舰长（Full Captain, Post Captain）。

既然成了舰长，即使是巡航舰的舰长，在每趟任务执行期间，就代表国王和海军部，对这艘战舰上所有人的行动有绝对支配权，同时承担这艘船一切行为的全部责任。当然在英国，除非发生重大违纪事件，舰长并不能判处任何人死刑，必须整个舰队在任务结束后召开军事法庭，弄清事情原委后再予决断。

舰长为了保持他的这种威严，必须时刻和其他人保持距离，所以舰长在战舰最高处、通风最好的位置——后甲板和艉楼甲板之间拥有全舰最大的独立起居舱室。舰长通过军官专用楼梯登上后甲板时，所有人需要脱帽致敬，一般人如非工作执勤需要，不得站立在舰长的上风舷侧。只不过，现在柏利舰长的顶头上司纳尔逊也在舰上，他自己当上舰长又完全凭这位导师的一句话，于是"前卫"号上的尊卑秩序和一般的主力舰就不太一样了。柏利舰长恭敬地陪同纳尔逊从战舰后甲板上消失，"前卫"号各个岗位上的军官和水手们继续有条不紊地忙碌着。

出战前的紧张忙碌的整备工作，早在纳尔逊登舰一两个星期以前，就紧锣密鼓地展开了。

和今天的常备海军不太一样，当时即使是保有世界上最大规模舰队的皇家海军，舰艇也不是时刻保持整备、经常在海上巡逻的，因为那样财政将无法负担。战舰在海上活跃了一段时间，完成了几趟短则半年、战时可以长达两三年的任务后，舰长和他的副官们就离舰到海军部复命，战舰则进港进行必需的修缮维护，然后为了节约经费，被封存起来，静静等待海军部指定的下一任舰长、下一次任务的到来。

收到海军部的任务书后，柏利舰长就先忙碌起来，为老师登舰做好各种准备。"前卫"号停在封存泊位时，它的桅杆、火炮和其他后勤物资都挪到岸上仓库里存放，而且要操纵这么一艘大船，还需要几百号人。不论物资和人员，都需要柏利舰长自己来和港口交涉、安排。其中，物质方面的各种事物似乎都比较好处理，比如桅杆、缆绳、火炮和其他相关物资，都在"前卫"号的专用仓库里一直存放着，随时准备将"前卫"号装备起来出海。而且，在"前卫"号封存期间，舰上仍有3个军官带领一班助手，轮流值班，以防火灾等意外情况。这3位军官是水手长（Boatswain）、木匠（Carpenter）、炮长（Gunner），他们是过去十几年甚至二十多年一直吃海军这口饭的忠实老水手，因此获得海军留用，相当于今天的"兵王"、士官长。由于他们年龄可能已经比舰长还大，作为"绅士"老爷的军官们，对他们的态度也要像面对自家多年忠心耿耿的老仆人一样有一定的尊重。他们仨又被称为一艘军舰的"常备军官"（Standing officer），在这三人的指挥下，船厂劳力将"前卫"号装备起来。水手长负责吊装桅杆、挂帆和绕走缆绳；木匠负责安装维修船体内部的甲板、舱盖，以及船体内外的粉刷涂装；炮长则负责把岸上仓库里保存的大炮吊装回战舰上，并给大炮装好炮架，连接好操作用的缆绳。

"前卫"号整备中最要命的是人手问题，因为这三百多名水手，全都要像电影里演的那样，到港口的大小酒馆里贴广告招募。当时的海军并没有"水兵"，实际上，海军和商业航运共享同一个水手"人力资源库"。这些水手没活干的时候就在港口酒吧里等活，和哪个商船老板谈妥了，就上他的船。一趟跑下来，到了约定港口或者其他什么合适的地方下船时，当场结清薪水，水手和船长就两讫了。所以严格地说，18世纪的水手实际上不属于海军，而属于临时雇佣他们的舰长。在水手看来，商船和军舰上的工作各有利弊：商船上管理松懈，但是为了节约人力成本，一个人得干几个人的活，食物也更加没保证；战舰上节奏严格，活不见得更重，吃得却更加有保证。因此战舰本来还是很有吸引力的，然而到了尼罗河口之战的18世纪末，连年海上征战让英国海军的人力资源接近枯竭，不得不靠大量抓壮丁的方式凑够人数，结果很多不习惯海上生活的旱鸭子苦不堪言。一艘战舰半年一趟的任务执行完，靠岸，按照商船上的习惯，就要就地解散、发给薪水，然而为了保存好不容易训练了半年、懂得相互配合作业的一整船水手，海军这时不靠岸，直接全员通过跳板被驱赶到另一艘战舰上继续服役。加上战时物资紧缺，吃饭出现了问题，1797年甚至爆发了两场大规模事变。

　　这样看来，柏利舰长仅凭他自己和几个副官，外加3个"常备士官长"，似乎是很难在短短几天内募集到几百号人的，而且要想把他们训练成高效配合的一个集体，更不是短时间能做到的。其实，围绕着纳尔逊和柏利舰长，已经形成了一个忠实跟随他们的"核心团队"。虽然每次任务结束后大家都会散伙，但是这一小部分人会在长官找到下一个任务任命的时候再次聚拢回来。这帮人也都是出自社会底层的普通水手，他们的数量一般在几十人到上百人，领头的几个人除了那3个"常备士官长"外，还有帆匠（Sail Maker）、艄公（Quarter Master）、箍桶匠（Cooper）、厨师（Cooker）、风纪长（Master-at-arms）等等，和位阶最高的那3个"士官长"一样，这些"士官"（Warrant officer）也持有海军事务局开具的终身聘书，可以认为是有了铁饭碗的海军终身聘用员工，所以这些不见得认字的普通人也被尊称为"士官""准尉军官"。

　　一个水手要想成为士官，首先要成为这些士官的助手，而助手的指定完全在舰长。一旦一次任务结束，水手解散，能不能下次继续在海军中充任助手、领取高于一般水手的工资，就要看能不能继续跟着之前的舰长了。所以许多善于任用人才、性格比较容人、愿意为下属说好话的舰长，譬如纳尔逊，在获得新任务的时候，都会有一批这样业务素养较高的核心海员追随，从而在任务开始不长的时间内，就能让全船人员快速进入状态。

不管怎样，纳尔逊预定到岗时间的前几天，"前卫"号终于准备停当，缓缓由港口顺流而下，最后搭载上火药这种最为危险的战备物资后，进入靠近外洋的锚地。紧张而节奏严明的海上服役生活开始了。纳尔逊登舰后，"前卫"号正式出发，此次任务的其他增援力量还在整备和集合当中。

"前卫"号南下直布罗陀的第一步是到达里斯本。由于盛行风的影响，这段航程通常会很波折。大西洋上吹来的西风总是要把战舰推回到英吉利海峡去，战舰只好花费漫长的时间，逆风前进。

逆风航行听起来似乎违背了科学道理。确实，帆船当然没法正面朝着风吹来的方向前进，不过经过数百年的发展提高，18世纪的风帆战舰虽然重达上千吨，看起来很笨重，却仍然可以大致上朝风吹来的方向前进。当然朝各个方向前进的

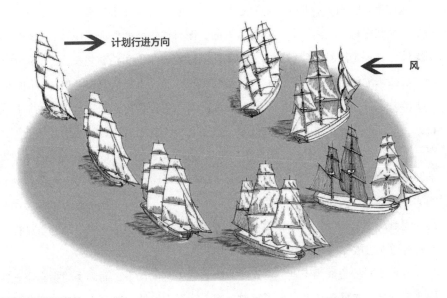

▲ 风帆战舰逆风航行

速度不可能一样。跟风向呈小于 90° 角航行的时候，航速会很慢，因为风力很大一部分是用不上的，特别是拼命和风只呈 67° 到 70° 角航行的时候。这是对风帆战舰机动战术最关键的航行角度，称为"贴风航行"（Sailing by/on the wind），比这更小的角度，船就要开始失速最终停死在水中了。反之，顺风航行的时候速度会快很多，但是风从正尾方吹来时的航速没有风从船尾侧面吹来时快。因为 3 根桅杆上的帆会相互遮挡。但就算在速度最快的情况下，风帆船的航速以今天的标准看也非常低，最高可能只有 10 节，而且无法维持，因为强风下高速航行久了，木制的桅杆可能弯曲变形甚至折断，故一般只能以相当于人步行的速度航行。

"前卫"号就这样以步行的速度逆风航行，一会朝风向左边偏，一会又调头朝风向右边偏，划出"之"字。这样一昼夜，也许战舰已经航行了 100 海里，但朝着预定的目的地，实际上只推进了不到 30 海里。

这种逆风航行是最考验技术的，全舰上下的水手们需要紧密配合。

战舰舰首的露天甲板"首楼"（Forecastle）上竖立着前桅杆，许多身形矫健、十几岁到 20 岁的小伙子在爬上爬下。他们是上等水手（Able seaman）。他们不仅身形矫健、耳聪目明，而且脑子灵光，知道战舰上方那总长数海里、为数上千根的缆绳该如何操作，是帆船操作的顶梁柱。他们的领班，工作时总是在甲板以上十几米处的桅盘里，所以被叫作"桅盘长"（Captain of the Top）。和高高在上的桅盘长相呼应的，是露天甲板上的"首楼长"（Captain of the Forecastle），他们厉声吆喝着，指挥甲板上的水手拉绳子。这些人岁数大了，体力不行了，身材也开始发福，桅杆爬不上去了，只能在露天甲板上充任 3 根桅杆中某一根桅杆的操作总指挥。这些"长"，都是水手中工资最高的少数几个岗位。从这几个人里面，水手长选出自己的助手（Boatswain Mates），负责日常跟水手长倒班监督整个船上的帆装布置情况，随时根据值班军官的命令，吹响口哨发出号令，组织值班水手操作风帆。自然，水手长的接班人也从其中产生。

战舰露天甲板上大多数水手都是临时征募的，缺乏风帆操作经验，只能干一些拉绳子、转动绞盘等体力活。为什么需要这么多人呢？因为风帆战舰是工业时代以前最复杂的人造机械体系。战舰有头顶的桅杆、风帆、缆绳等"推进系统"，以及甲板下面一排排大炮构成的"武器系统"，另外还有底舱里存放的大量食物、饮水以及弹药等。此外战舰进出军港需要抛锚、起锚，日常清洁卫生也需要处理。从桅杆到底舱，这些工作在没有动力机械辅助的情况下，全都需要依靠人力搭配滑轮、绞盘等简单机械来完成。这样，战舰就必须有很多人才能操纵，各个人员之间的分组配合对于复杂操作的完成更是至关重要。舰上消耗人力最大的工作是战斗。"前卫"号每门大炮都有上吨重，要在2分钟内完成一次装填、发射操作，总需要10人左右的班组才能胜任。比如，"前卫"号上最重型的火炮是那28门32磅炮，每门重达3吨以上，需要14个人分成三四个步骤，每个步骤中每人干好不同的事情，才能配合完成操作。可见军舰上不仅需要很多人，这些人还需要长

▲ 桅杆上的桅盘

时间的训练、磨合才能充分发挥出战斗力。

好在从英国本土到里斯本,再到直布罗陀,一路几乎都是逆风"之"航慢慢前进,需要一个多月的时间,给全体船员训练、磨合留下了充分的时间。这种训练是在严格的秩序下进行的,因为战舰在航渡、索敌、战斗等不同情境中,全舰上下都各有数百个不同的岗位,而水手又多是目不识丁、脑力并不出色的普罗,要让他们协调配合,只能靠严格完备的秩序。秩序就在水手长的花名册上,他在征召这些水手的时候,就根据他们的年龄、健康状况以及技能,把他们划分成新手、一般水手和上等水手几个等级,然后把每个人在值班、作战、操作风帆时的具体任务指令给他们。这些任务一般都极其简单,比如在逆风航行时,在首楼上"拉帆脚索"(Walk away with the Sheet)。这样,当这名新手海员被水手长助手哄上首楼后,他就只需要竖起耳朵,当听到首楼长和水手长助手们大叫"拉帆脚索"时,就猛拉手里那根绳子即可。

▲ 六分仪

水手每天的生活处在严苛的时间管理之下。英国战舰上实行 12 小时两班倒的严酷工作制。当然连续 12 小时进行繁重体力劳动是不可能的,所以实际上将一天 24 小时分成 6 份,两班水手交替工作 4 个小时、休息 4 个小时,但这样一来,水手能够连续睡觉的时间就只有近 4 个小时了。

▲18世纪的精密航海钟,价格昂贵而没能普遍装备

两班倒的日子，每一天的开始是在正午12点。那时候没有今天电子设备上的数字钟，确定时间的办法只能是太阳上到中天的时候舰长带领军官们拿着六分仪连续测量太阳高度角，达到最高时方为这天正午12点，这时候赶紧拿过沙漏来——这种30分钟漏完的沙漏比18世纪什么样的机械钟都更准确、更不怕海上的颠簸。这样每30分钟沙漏倒过来一次，同时海军陆战队打鼓或者吹喇叭，这就是"打更"。8次后，敲响船钟，这班水手就可以回到甲板下休息，换另一班上来工作值勤。这样船上水手就要平均分成两班，分别称为"左舷班""右舷班"，但这只是称呼，每班水手登上露天甲板操作风帆缆绳的时候，当然还是左右舷按需分配人员。

　　下面按照今天的时间习惯介绍下一个水手两天当中倒班工作的情况。假设一名水手先上"早班"，在甲板下从0点睡到4点，4点海军陆战队的值班队员打起军鼓，于是他在水手长助手的刺耳呵斥声中从甲板下的吊床里下来，赶紧拆下吊床抱着它跑到甲板上点名。同时，刚才抱上来的吊床也要叠好，堆码在战舰船帮四周像城垛子一样。战列舰上居住空间有限，舰长和军官们就占了很大的空间，结果全船300多名水手，每人只有2米长、0.5米宽的睡觉空间。即使这样，一层甲板也只能安排100多个吊床，所以水手们必须两班倒，才有地方睡觉。然后4点到8点这个时段内，做舰面的清洗工作，也就是趴在地上撅起屁股，手握海浮石打磨甲板（Sanding）。8点值班结束，与这4个小时在甲板下睡觉的另一班人马一起吃早饭——一些煮烂的饼干、燕麦糊糊和咖啡。吃饭时间半小时。然后这班水手继续从8点半一直休息到12点。可以选择打盹，有追求的年轻水手则会跑去战舰底舱帮忙。那里有负责物资整备保养的各种专业技师，也就是前文提及的各种士官长和士官，即木匠、缝帆缆匠、炮长、箍桶匠等等。

　　到12点，按照当时的习惯，新的"一天"就开始了。首先吃午饭半小时。午饭是一天中热量

▲ 水手吊床

最高的一顿，一周 7 天有 4 天会有肉吃，剩下几天用咸鱼、咸菜对付，这些都是国家供给的，虽然食物质量在今天看来让人难以下咽，但热量和蛋白质充足，比当时一般穷苦大众饥一顿饱一顿要好很多。然后在剩下的 3 个半小时下午班里，水手会进行各种操作训练——甲板上操作风帆训练，甲板下进行火炮装填训练。火炮训练并不发射火炮，因为国家没有为日常训练留出火药配额。这班结束后到了 16 点，英国海军将 16 点到 20 点的时间再分成两半，称为"第一狗班""第二狗班"（Dog Watches）。两个"狗班"之间 18 点吃晚饭，晚饭比早饭好点，但也赶不上午饭。然后 20 点到 24 点休息。

通过 16 点到 20 点的"狗班"，将两班值勤的顺序对调，这样举例的这名水手所在的班就开始值"子夜班"了。从 0 点到 4 点，非常辛苦，主要是负责瞭望，如果远处出现白浪，说明有暗礁，需要赶紧将甲板下睡觉的人也招呼起来，大家紧急操作风帆避让。一般来说夜里战舰都保持最低速，海风轻轻吹，海浪慢慢摇，让不值班的水手在甲板下好好睡觉。子夜班结束后这名水手能够从 4 点睡到 8 点，起床抱着吊床上甲板点名，吃早饭，然后 8 点到 12 点进行训练——和午后另一班人错开。然后 12 点到 16 点在甲板下打盹或者进入底舱帮工。16 点到 18 点值勤"第一狗班"，吃晚饭，20 点到 24 点值班，其实也是夜班，只是比子夜班稍微轻松些，夏天能见度还比较好，然后 0 点到 4 点睡觉。如此周而复始。

一个普通水手，他不可能成为军官，他又想要脱离这种严苛的作息制度，只能在他倒班休息的时候，去给那些士官长和士官帮工打杂。时间长了，学到手艺，逐渐成为上述这些人的助手（Mates），最后也有希望自己当上士官甚至士官长。所有这些士官及其助手都享受高出上等水手的工资待遇。更重要的是，这些木匠、帆匠、箍桶匠等因为随时可能需要他们，不用去甲板上值班，成了所谓的"闲人"（Idler）。

虽然成了士官和士官助手，但还是水手，还是普通老百姓，吃住条件依然是那么回事。士官们不用和其他水手一样，一百多号人拥挤在三十多米长、十二三米宽的空间里。他们住在船底附近，和各种储备物资为伍，这里靠近水线，四周都是厚实的船壳，没有炮门、没有窗户，白天也要点灯。但比起水手们臭烘烘挤在一起，还是要好多了。

▲ 直布罗陀的巨岩,这艘船是"马尔博罗"号
(HMS Marlborough)

为了培养吃苦耐劳的作风,军官实习生要和水手们同甘共苦,这些实习生还在长身体,吃得比水手好,但是跟士官们一样,住在得不到太阳光的底舱里。

一旦实习生考上副官,在熬成舰长之前的漫长岁月里,所有副官和航海长、船上医生、牧师、会计一起,在舰长舱室下面一层的军官统舱(Ward Room)里生活起居,统舱中央在饭点可以搭建大餐桌,统舱四周火炮之间是各个副官的小隔间,船尾两个大隔间留给第一副官和航海长。所有这些军官一起凑钱搭伙自费吃饭,舰长也是自费吃饭,但为了保持距离他一般不和下属们共进晚餐,而是闷在舰长大舱里。

虽然衣食住行和礼仪都毫不迟疑地时刻提醒着舰上所有人要懂得上下尊卑,但不管是普通水手、"闲人",还是军官老爷,都是战舰这个庞大战争机器上的一个小小零件。在所有零件的流畅配合下,"前卫"号顶着西南风奋力南下。从本土起航十几天后,4月底,纳尔逊和"前卫"号抵达了里斯本。为了尽量方便和纳尔逊之间保持联系,杰维斯也移驻里斯本,作为后方伦敦的前进指挥。从里斯本起航,又过了十几天,纳尔逊与"前卫"号到达直布罗陀,在那里正式指挥由3艘战列舰、3艘巡航舰组成的侦查舰队,进入英国人已经一年多没有进入的地中海,方向东北,指向土伦。

海上《三岔口》

5月17日的土伦港,"东方"号宽阔的后甲板上站着年轻的拿破仑,他身边围绕着法兰西科学院的各位专家。太阳就要升起,点点繁星正渐渐湮没于东方的鱼肚白。

拿破仑这次率领的远征大军包括3万多名步兵、1200多名骑兵、170多门野战炮和攻城炮,担当护卫的是布吕埃海军上将指挥的13艘战列舰,以及七八艘作为

舰队耳目的巡航舰。这种小战舰只搭载轻
型火炮，船身也用比较轻薄的木料制成。
这样，巡航舰就成了那个时代跑得最快的
大型战舰，上面搭载的火力足以压制一般
的炮艇和武装商船，面对敌人的战列舰，
也可以利用航速优势且战且退，因此是当
时任何一支战列舰舰队都不可缺少的前出
侦察力量。早晨 6 点，能见度良好，旗舰
"东方"号和其他 12 艘战列舰、几百只
运兵船同时拔锚起航，乘着这个纬度盛行
的西风，向意大利北部热那亚方向驶去。
在舰队前头开路的是那七八艘轻盈的巡航

▲ 布吕埃

舰，作为舰队的眼线提前警戒可能的英国拦截行动。

　　这埃及远征计划其实早在 20 多年前的路易十五时代就已经提出，到了1798年，
当时革命政府的外务长官再度提出。时年只有 28 岁的拿破仑怀着满心的浪漫畅想
拥抱这个决定——埃及是上古文明的发端，由埃及至克里特岛再到希腊，现代西
方文明的根在那里的漫漫黄沙之中，作为人权革命的指导者，法国应该将文明重
新播撒到那片土地上，为那里带去秩序和民主。于是，拿破仑这趟远征带上了一
大群法国科学院的考古学、历史学、天文学、博物学专家，打算在埃及攻略成功后，
在那里建立一个文明的新国度。

　　虽然布吕埃的护航是埃及远征行动成功的基础，但在陆权至上的法国，刚刚
在意大利大胜、人望如日中天的拿破仑是不可能把舰队司令布吕埃放在与他平起
平坐的位置上的，更何况布吕埃还是陈腐的旧贵族，本该上断头台或者逃亡外国。
因此"东方"号的主人显然是拿破仑，舰队司令和整个舰队的行动都在拿破仑的
直接指挥下。手脚受到束缚，这为布吕埃的结局埋下了伏笔。

　　拿破仑出发 3 天后，5 月 20 日，纳尔逊到达土伦外海，麾下的 3 艘巡航舰立
刻散开来搜寻拿破仑舰队。与此同时，拿破仑舰队已经在意大利靴子跟的西北部，
和来自热那亚、科西嘉岛的另外数百艘运兵船以及一些意大利战舰会合，折向南方，

沿着西地中海中的科西嘉、撒丁尼亚两大岛东海岸南下。两大岛挡住了从大西洋吹来的一阵强劲西北风，而此时仍然位于两大岛西边的纳尔逊舰队可遭了殃——6艘大小舰船被大风吹散。大风从21日一直吹到23日——海上和陆地上不同，没有山峦阻隔，在某种大气构造的持续控制之下，可以形成非常狂暴的大风大浪。

23日14点，纳尔逊的旗舰"前卫"号折断了主桅杆，不久，前桅杆和后桅杆也折断了。纳尔逊坐镇的"前卫"号还出现这样的重大事故，似乎不可思议。遇到大风和风暴，早就是有一整套规范化应对方案的。首先，在风势增加时要及时收帆，一般是先收最高处的帆，因为高处的帆和桅杆材料都非常轻便、不牢靠，禁不住大风的考验。如风浪进一步加大，战舰桅杆也要放倒。战舰的桅杆是上中下三段拼接成的，所以可以把上段、中段放倒，固定在露天甲板上。相对的，战舰的下段桅杆直插到龙骨，也非常粗壮结实，只要高处桅杆及时放倒，下段桅杆是很难被大风折断的。

想来"前卫"号是没有及时放倒桅杆。这种事故在巡航舰上常常会遇到，因为巡航舰的舰长一般都是刚刚升任舰长未满3年的"实习"舰长，当然纳尔逊的门徒柏利例外。这些青年舰长急于找到敌人邀战，所以遇到大风也常常冒险前行。

▲ 大风时降落桅杆

而战列舰务求稳重，风力猛增时一般都要做好上面说的各种安全准备的。"前卫"号却在这种情况下出了事故，是柏利终究缺乏历练，还太年轻呢；还是纳尔逊求战心切，鲁莽的性格支配了他的指挥呢？不管如何，面对已然折断的桅杆，这时候必须赶紧砍断木料和相连的缆绳，让桅杆掉落到舷外海中，否则倒向一边的桅杆、帆布和缆绳不仅干扰战舰的转弯，而且还会缠绕其他完好的帆装缆绳。

劲风吹得纳尔逊麾下这6艘船七零八落，舰队队形已经无法保持，各舰只能各按所能，自求多福。就算"前卫"号谨慎行事，及时放倒桅杆、收起风帆，此时也只能在风浪的裹挟下被动地往前漂流(Scudding)。这时候如果下风方向有海岸、礁石甚至暗礁，那船就可能要罹难了。此刻的"前卫"号正是陷在这样的绝境中，这艘船桅杆折断、完全丧失动力，被大风裹挟着，无助地漂向撒丁岛礁石林立的海岸。纳尔逊的生命和名誉都面临前所未有的危局。关键时刻冒险来救的是麾下一艘战列舰，幸亏该舰伸出援手，"前卫"号被成功拖带，避免了在礁石上撞个粉身碎骨的命运。

经历了这场强风的摧残，纳尔逊麾下只剩下3艘战列舰了。3艘战列舰在撒丁岛西南角海外的圣·彼得洛小岛暂避风雨。经过两天的应急抢修，"前卫"号搭建起临时桅杆，可以再次出航了——那个时候的战舰都随船携带备用桅杆、帆桁材料，修补起来并不是困难事。

至于那3艘巡航舰，他们认为纳尔逊肯定会返回直布罗陀去维修这么严重的损伤，于是擅自返回了直布罗陀。这下纳尔逊完全损失了舰队的耳目，造成他在接下来1个月中反复无果地追寻，但这倒也避免了法国人过早发现英国人在搜索他们。

纳尔逊实力不足的小舰队就这样在西地中海待到6月7日，此时拿破仑舰队已经向东经过了西西里岛（也就是意大利最南端），目标直指马耳他。这一天，在土伦外海，杰维斯后来追加的10艘74炮战列舰组成的增援舰队，在特鲁布里的统领下，前来与纳尔逊会合，并把总指挥权交给纳尔逊。

回顾纳尔逊进入地中海以来这快要1个月的行动，似乎乏善可陈，就是卷入了一场风暴，然后不得不临时抢修，并且还失去了舰队侦察力量。大风暴的客观自然条件，在当时是海军部乃至国家决策层承认的不可抗力，可是当"前卫"号折损全部桅杆的时候，僚舰却仍然有一定的自由机动能力，看来前来搭救的僚舰的桅杆应该没有完全被风吹倒。这就不得不让人更加怀疑纳尔逊和柏利当中有一个人，对"前卫"号的指挥存在问题，可能是一时冲动了。特鲁布里在这时到来，不能不让人叹服杰维斯用人和指挥上的严谨，特鲁布里作为纳尔逊麾下最年长的舰长，可以起到平衡作用。

麾下有了 12 艘 74 炮战列舰和 1 艘 50 炮准战列舰，纳尔逊与拿破仑的《三岔口》开始上演。

6 月 9 日，拿破仑大军到达马耳他。马耳他从数百年以前开始，就处在圣约翰医院骑士团（Knight Hospitaller of Saint John）的统治下。别看马耳他弹丸之地，却是从意大利去往北非突尼斯的重要中继站、跳板，是地中海南北两岸最相互接近的一点。医院骑士团每年还组织去往北非、希腊甚至中东的圣战，几百年间通过劫掠和奴隶贸易积攒了不少财富。马耳他民众本就对宗教集团陈腐过时的管理制度心存不满，而加入骑士团的骑士们也不乏法国人和西班牙人，再加上法国早已渗透进去的内线，马耳他虽然有 10 个要塞、300 多门火炮，其实并不像看上去那么易守难攻。当拿破仑知道骑士团的大团长（Grand master）只允许他的战列舰两艘两艘地进港补给后，他直接卸载部队展开入侵行动。骑士团当然不知道英国舰队的存在，正式战斗持续了不到 24 小时，6 月 12 日骑士团就投降了，几百年间积攒的财富大部分落入拿破仑手中，他麾下的大军更加强盛了，"东方"号也成了一艘底舱装满财宝的运宝大帆船。待了近一个星期，6 月 19 日大军才再次拔锚，在西风的推送下，不紧不慢地朝着克里特岛方向（即东方）进发，留下 4000 人的守备部队。

与此同时，纳尔逊舰队几乎沿着与法国人之前南下航迹相平行的路线，从意大利西北沿着靴子形半岛的西海岸南下，到达那不勒斯后通过英国驻那不勒斯大使威廉·汉米尔顿（William Hamilton）向那不勒斯国王索要桅杆等补给材料以及巡航舰。对于第一项要求，那不勒斯国王痛快地答应并拨付了，对第二项，因为害怕法国人上门来算账，不敢答应。结果纳尔逊还是处在两眼瞎的状态。

英国舰队就这样沿着意大利西海岸一边南下，一边尽量打听法国舰队的情报，终于在 6 月 22 日，也就是拿破仑舰队出航 3 天后，从来自北非和希腊的小商船那里探听到了情报，说拿破仑已经占领马耳他，并于 6 月 16 日拔锚向东。这误报比

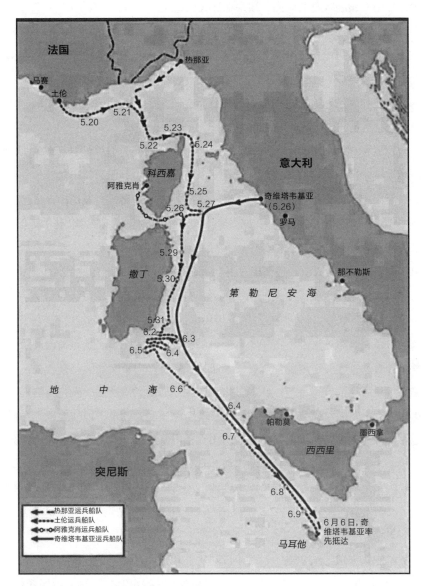

▲ 拿破仑舰队从土伦出发直到攻占马耳他的航迹

实情整整早了 3 天。纳尔逊再也坐不住了，他当机立断："他们一定是去往亚历山大港！"率领舰队急追而去。结果在这天，也就是 6 月 22 日的深夜，就追赶上了 19 日才起航的拿破仑舰队。但是深夜能见度不高，冥冥中还正好降下一道浓雾，让相距只有几海里的两支舰队相安无事错身而过——英国舰队向东南一路飞奔，朝亚历山大港开去。法国舰队护卫了数百艘运输船，整个大军散布在几平方海里的海面上，如果纳尔逊有巡航舰，历史肯定会改写——即使有浓雾的阻隔，发现法国大队也只是几个小时的时间问题。

航行了一周，6 月 28 日纳尔逊舰队到达亚历山大港，但这里只有空空如也的港湾和被纳尔逊问得满腹狐疑的当地土耳其官员。纳尔逊于是得出结论——法国人是一路向东了，不是去了中东，就是去了土耳其。这样，在亚历山大港待了没有 24 个小时，纳尔逊舰队于 6 月 29 日晚拔锚离港朝东地中海的北岸土耳其开去。过了仅仅几个小时，凌晨的微曦中，布吕埃的巡航舰作为舰队的先导，进入了亚历山大港。纳尔逊又再次错过了出其不意逮拿破仑个正着的机会。

这下拿破仑终于确认了英国人在追赶他，这决定了布吕埃舰队的结局。拿破仑张皇卸载陆军，于 24 小时内占领亚历山大，并最终在 7 月 21 日，在金字塔下大败马穆留克，跨过尼罗河占领了开罗；另一方面，拿破仑严禁布吕埃舰队离开埃及——埃及并没有避风的深水良港，布吕埃当时提出带着舰队离开，去往伯罗奔尼撒半岛西岸的合适港口，从那里也可以到亚历山大港活动，阻止英国人封锁亚历山大港、斩断拿破仑的后路。但是拿破仑深知上帝赐予了他陆地就不会再赐予他海洋，他要求布吕埃必须留在亚历山大港内。可经过水文测定，亚历山大港水太浅了，尤其是出口水深足够的水道非常狭窄，不够两艘战舰并排出入，假使法国舰队在港内锚泊，就只能一艘一艘地出港，这样一来恐怕英国人只要待在港外就可以将出港的法军各个击破（destroy in detail）了。这时是 7 月 1 日，拿破仑的大军完成了卸载。

英国舰队那边，纳尔逊于 7 月 4 日到达土耳其，无果，只好折回意大利。只是由于逆着西风航行，航速非常缓慢，花了半个月时间才于 7 月 20 日返回西西里，此时离拿破仑金字塔下之战只剩不到 2 天了。在西西里仍然没有什么可靠的情报，纳尔逊近乎绝望，写道："恶魔的宠儿总有恶魔般的运气，我要是死，就死在没

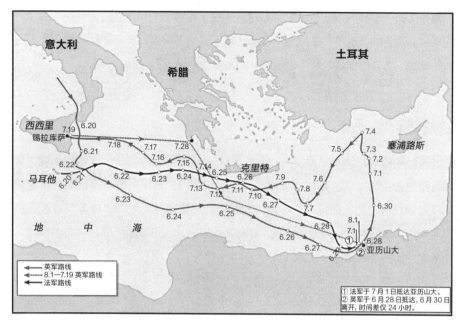

▲ 越过马耳他后，英法双方在东地中海里的行动路线

有巡航舰上！"没有办法，他只好再次东去——因为盛行风是西风，法国人肯定
在东地中海。7 月 24 日纳尔逊舰队拔锚驶往希腊的伯罗奔尼撒半岛，7 月 28 日在
那里得到了当地土耳其统治者的情报——他们控制下的埃及已经落入法国人手中，
纳尔逊这才乘着西风继续直线向东南开去，终于在 7 月 31 日到达了尼罗河口外海，
纳尔逊舰队前卫的两艘战列舰率先望见了布吕埃舰队的桅杆。

　　就这样，从 6 月中旬到 7 月底，纳尔逊舰队在东地中海来来去去，航迹遍及今
天的意大利那不勒斯、埃及的亚历山大、土耳其、希腊伯罗奔尼撒半岛，时而被捕
风捉影的情报拉着鼻子走，时而又像没头苍蝇一样，根据风向推测拿破仑舰队可能
的动向，在大海中游弋碰运气。两支舰队相距最近的时候只有几海里，要是在能见
度良好的大白天，拿破仑的命运和整个欧洲的局势将会改写。两支舰队在时间上最
近的距离则只有几个小时，要是纳尔逊不那么行动派，更加老成持重一些，多在亚
历山大港停留几个小时，拿破仑的命运和整个欧洲的局势又将在 7 月 1 日早晨改写。

然而命运的天平倾向拿破仑，上帝保佑这头陆上雄狮安全到达他的舞台——埃及。为了安心预备陆上战事，拿破仑严令布吕埃不得离开埃及，又要他尽量避免和英国舰队交战，为自己守住后路。进退维谷的布吕埃将怎么办呢？

铁桶阵百密一疏

布吕埃就近选择了尼罗河的一个入海口——阿布基尔湾，将 13 艘战列舰尽量靠近岸边的浅滩下锚，排成右舷面对大海的一字阵，黑洞洞的一排排炮口看起来足以遏制任何贸然上前挑战的敌舰，同时还占据了浅滩的地利，使英国战舰无法突入到法国战列舰靠近陆地的一侧。看起来法国战列线可以牢固守住阿布基尔湾，为拿破仑留一条退路。

布吕埃是出于哪些考虑，摆出这么个以静制动的阵形呢？其实，任何指挥官

▲ 法国战舰排成战线，英国战舰从远方冲来

都只能将手头现有的人员、装备，依据战场的自然地理形势，发挥出最大的效能。布吕埃手下是革命热情高涨的新募水手，他们在战舰操作上缺少熟练配合，但高涨的热情如果用在操作舰炮上，法国相对于英国更重型的火炮不见得发挥不出应有的效果。布吕埃麾下的战列舰虽然大多是能够经受炮火反复轰击的主力战舰，但也有个别年久失修的贫弱老舰。布吕埃不得不停靠的阿布基尔湾，自然环境难称上乘。战列线身后的浅滩，虽然可以作为地利阻挡英国战舰的贸然进犯、包抄，但同时也让舰队远离陆上干净的淡水水源。由于拿破仑大军卸载时一并带走了绝大部分食物和淡水补给，在阿布基尔湾锚泊的舰队就只好自食其力派水兵每天上岸打水了。而当地人并不服输，在拿破仑占领后依然持续着小规模零星抵抗，这让布吕埃不得不派出相当规模的荷枪实弹的陆战队去打水。总之，阿布基尔湾的自然形势让布吕埃舰队的人手捉襟见肘。基于这个现状，再考虑到法国海军临时

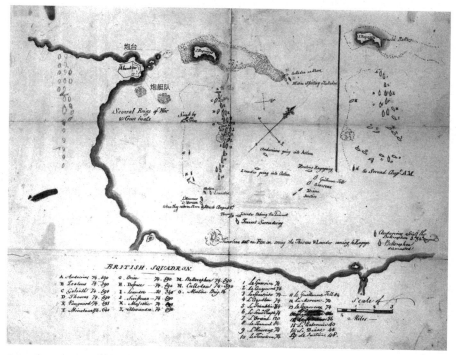

▲ 英国格林威治博物馆收藏的阿布基尔湾地图

拼凑、训练不足的情况，以及去年（1797年）西班牙舰队训练不足、队形松散，结果在圣文森特角折戟的惨状，布吕埃直接放弃了率领舰队出海寻找英国舰队决战。在港内贴着浅滩下锚组成静态的战列线，可以将有限的人力充分分配到面朝大海的右舷炮位上，仰赖浅滩保护战列线，阻止英国舰队冲击、包夹。这个决策的附带后果是同时放弃了战略和战术侦察，尽管布吕埃麾下有接近10艘法国和意大利的巡航舰。那个时候通信手段极其原始，朝各个方位撒出去10艘巡航舰也不见得能够正巧遇到英国舰队，而阿布基尔湾就在亚历山大港附近，英国人很容易找到。这10艘巡航舰在海上游弋，不仅会占用大量人力和本就不太充裕的后勤补给，倘若这种情况下港内的战列舰被闯入的英国舰队逮到，可能连操作火炮的最小人数都凑不全——后果不堪设想。

于是，受到人员和自然情况的限制，布吕埃以静制动，并自废武功和纳尔逊舰队一样无舰队侦察，实乃迫不得已。接下来布吕埃能做的就是精心布局这个铁桶阵，尽量让它坚不可破。

首先是充分利用浅滩条件，尽量挨着浅滩下锚，这样英国战舰就不敢绕到法国战列线的左舷了，布吕埃这种期望在前文的油画中表现得也很清楚。而且从前文的地图上可以看到，靠近浅滩还能得到岸上简易炮台和浅滩内停靠的小炮艇的火力支援，尽管炮台到深水区最短有一公里多的距离，以当时的火炮精确度，只能是"以壮声势"。

此外，阿布基尔湾三面没有高山环抱，地形敞开，地中海在这个季节盛行的西风会从海上毫无遮拦地吹进海湾里。这样乘风而来的英国舰队最有可能一路向东南前进。于是布吕埃将舰队由西北向东南排成战列线，船头朝向西北，旗舰和其他重型战舰全靠东南，也就是战列线的中后部摆放，西南的"排头兵"则由一些年久失修的老舰担当，毕竟它们还能得到海岸炮台和浅滩炮艇的支援。

这确实是一个构思全面稳健的阵形。因为盛行风是朝西吹，英国舰队想要分割插入和包围法国战列线，最现实的方案是从靠近岬头和浅滩的上风前卫分队下手，如果想从下风分队那里突击法国战列线，英国战舰则必须逆风做复杂机动。不管哪种情况，英国人都不得不迫近浅滩，可是这里的水文条件很危险，一旦搁浅，那他们就万事休矣。这个阵形如果维持得住，就可以强迫英国指挥官放弃突击包围的冒险战术，而只能和法国战列线对轰，这样法军至少能站稳脚跟，纳尔逊就实现不了杰维斯想要的决定性歼灭。

这个阵形最关键处显然是上风那些排头兵，这些战舰必须奋力贴近浅滩。法国海军人员训练水平低，在海上操纵战舰，斗不过英国，静止停泊的情况下，能否维持住守势呢？很不幸，法国海军就算离开了风云莫测的海上，进入到港内下锚，都会犯下错误，给纳尔逊以可乘之机。

▲ 上：风帆战舰的大铁锚；下：锚躺在海底的情形

法国人下锚出了什么失误呢？首先来了解下风帆战舰的锚如何使用。

这种锚和现代锚的原理是不一样的。锚上的木制大横杆横卧在海底，一个锚爪会插入海底起到固定的作用。显然，只有锚缆放出去很长，从而使锚缆大致横向拉动铁锚，锚爪才能起到固定作用；如果需要起锚，则不断收起锚缆，直到锚缆从接近垂直的方向上牵动铁锚时，稍稍用力就可以将锚爪拉出海底底质。

这样，下锚时抛出锚缆的长度需要根据各种天气、水文条件随时调整。如果海底是特别细腻的软泥或者粗糙的砂石，锚爪抓地力不强，锚缆要放出长一些，达到水深的三到五倍。在海上刮起大风、涨大潮、退大潮以及河口水流冲涌的情况下，也需要放出更长的锚缆。总之，锚缆必须保持时刻绷直。如果大潮已经退去，没有及时收回多余的缆绳，绕弯的缆绳就可能缠在锚竖在海底上的另一个锚爪上，等到下次锚缆绷直的时候，就可能把锚从海底拉起来，此即"走锚"。对于没有动力的风帆船，这是非常危险的情况，会像前文的"前卫"号一样，被风和海潮推向附近的浅滩、海岸甚至是礁石，失事。

为了防止这种意外，人们摸索出了两种下锚的方式。一是下单锚，这时候为了确保锚缆时刻绷直，船就必须时刻根据风力、海潮的变化，保持帆装、锚缆、舵三者之间力量的动态平衡（"Sheer"），在风和潮方向改变、强度增减的时候，战舰就不得不绕着锚转圈，同时适当收放锚缆，保持紧绷。所以下单锚的时候战舰是无法保持固定泊位的。第二种更稳妥的办法是下双锚，战舰首先努力逆着风或者海潮抛锚，然后乘着风或者海潮慢慢远离这个锚，再下第二个锚，然后一边回收第一个锚的锚缆，一边放出第二个锚的锚缆，直到战舰位于两个锚之间。这样不论风向、海潮怎么变，战舰都可以保持在两个锚之间中点附近不太远的范围内。因此下双锚可以使战舰保持比较固定的泊位。可是法国人图省事，下了单锚，结果风力增大后，战舰绕着锚，被风带着朝东南方向运动，这样就在战列线和浅滩之间空出了很大位置，给了英国舰队钻入的空子。

"给了英国舰队钻入的空子"，这说法听起来好像纳尔逊就是一个开了上帝视角的战神，开战前就已经从半空中将布吕埃的布局、阿布基尔湾的水文情况侦察了个清楚。实际上当然不是这样。1798 年 7 月 31 日 14 点，在亚历山大港看到法国运兵船后，纳尔逊舰队就马不停蹄地奔来阿布基尔湾，望到了港内严阵以待的法国舰队。海上风力并不强，英国战舰以步行的速度缓缓接近，到能够接敌开战，还需要几个小时，那时天就黑了。不仅如此，纳尔逊和他麾下的将领们并不熟悉阿布基尔湾内的水文地理，对法国战列线后面那些致命的浅滩可能也没有概念。但这时纳尔逊没有经过太多权衡，决定立即开战，即使夜间能见度很差，混乱中可能敌我不分造成误伤。其实，趁敌人逃跑出港之前歼灭之，才是英国舰队完成此次作战任务最保险的办法。

面对这种知己却不知彼的局面，纳尔逊就敢往上冲，他这个决定将要影响未来 10 年的英法战略形势，现在竟然下得如此轻率，他真的感觉不到自己肩膀上此刻承载着什么吗？他肩膀上承载着的，是皇家海军过去 150 年的胜利和荣耀。过去的 150 年里，皇家海军面对荷兰、法国和西班牙，几乎百战百胜，胜利的传统在全军上下铸成了几乎不可违抗的巨大传统惯性。他这个即刻开战的决定，就是在挑战传统的惯性，显得十分突兀。

为了解释这种历史的突兀感，一种说法是，对于怎么对付法国人，在从希腊直奔埃及的航程中，纳尔逊已经和属下舰长做了一些计划。对于法国人可能采取的静态抛锚战术，纳尔逊可能也不会做出具体的预测，但法国人怯战、避免交战的消极态度是可以预见的，所以纳尔逊的指令很宽泛、很灵活，只是要求尽快接敌，然后在近程炮战中摧毁敌舰。在攻击的方向上，纳尔逊特别强调了先集中兵力在法国舰队的一部分，再吃掉剩余的。

这种纳尔逊式战术套路，总结起来就是先冒着炮火快速接敌，再在贴身肉搏中集中消灭一部分敌人，从而突破局面。凭借这个思路，在阿布基尔湾，纳尔逊在一夜之间让势均力敌的法国舰队几乎全军覆灭，只给对手剩下 2 艘完好的战舰逃离战场。而 1805 年在特拉法尔加，这种彻底的摧毁又再次上演，从此纳尔逊强调进攻的战术思路就被奉为圭臬，20 世纪初催生了无畏舰的费歇尔以及他所钟爱的战列巡洋舰，就是这种进攻思路的代表，其精神内核是永远在进攻的"纳尔逊精神"。然而 1798 年时，拱卫皇家海军百余年海上优势的还是 17 世纪 60 年代开始发展形成的保守防御战术，即所谓的"战列线"战术。

战列线战术是 17 世纪后期英国和荷兰在英吉利海峡争夺制海权时逐渐摸索形成的，而这种战术的基础还是当时战舰的结构决定的。进入 17 世纪以来，经历了之前 2 个世纪的地理大发现、大航海之后，大型战舰和远洋武装商船的结构布局

▲ 风帆战舰排成战列线对轰

已经基本固定下来，之后的 200 多年基本没有改变。这种布局就是战船有一层到三层完全贯通的甲板，甲板上两侧布置很多加农炮，从侧面炮门里伸出去射击。这种沿着舷侧搭载火炮的特点，很自然地决定了战舰必须组成单纵队"战列线"，然后敌我两条火力长龙对轰。因为战舰首尾方向基本没有配备火力，首尾面向敌人只能被动挨打，而排成长龙，那么本舰首尾都能得到前后队友的保护。具体地说，这种阵形是 17 世纪 50 年代还并不特别强大的皇家海军，在荷兰人的猛烈攻势面前，为了站住脚跟而创造出来的，可以说战列线战术就是为防御而不是进攻而诞生的。

进入 17 世纪以来，荷兰承运整个西北欧海上转口贸易，被称为"海上马车夫"，从而国运亨通，一时成为当时西欧海上霸主。荷兰人常年海上作业，业务娴熟；荷兰近海水浅，因此船只大多不得不注重轻量、灵活。于是荷兰人顺势而为，在与英国人的交锋中通常采用你中有我、我中有你的混乱穿插战术，不断造成局部数量优势，多艘荷兰战船围攻一艘英国战舰。荷兰人这时就好比 100 多年后的纳尔逊，面对操作水平很差的对手，敢于玩这种进攻战术。

面对荷兰人技高一筹的操作艺术，英国人依靠自身港口水深优势，打造大型战舰。虽然身躯笨重，不能快速转弯，但是火炮口径比荷兰人的整整大出一圈，舷墙高耸，好像海上堡垒一般，荷兰人远距离炮战不能得胜，冲击到近前展开接舷战也没法轻易得手。

于是很自然的，为了保护好自己的大船，阻止荷兰人驾船冲击到切近，英国在 17 世纪 50 年代末的第一次英荷争霸战中，率先开始采用战列线战术，大船排成一字长蛇阵，舷侧的火炮构成一道火力长城，将敢于冲击上前的荷兰小分队彻底粉碎。如此，荷兰也只好奉陪。

一旦排成这样的炮火长龙阵，大型战舰的优势就得以充分体现出来。小型战舰和临时凑合的武装商船，因为火力不足、船体脆弱，根本没法在战列线中生存，反而会成为软肋、短板，最先在交火中被击溃，不得不脱队，结果战列线中出现了空缺，给敌人以可乘之机，最坏的情况下会被敌人分割包围而歼灭。于是从 17 世纪后期开始，主力舰发展成能够吸收大量伤害、配备大量火力的"战列舰"，比如这次尼罗河口之战双方各 13 艘主力舰，都可以称为"战列舰"。

战列线战术要想真正成为风帆海战的不二法宝，还需要将一些更加传统的战术兼收并蓄进来。毕竟，在战列线战术出现前的大航海时代里，葡萄牙、西班牙、英、法、丹麦、挪威等等积极开辟海外贸易的国家，已经用搭载火炮的大帆船战斗了200年。风帆船依靠风帆航行的机动特点，逐渐被人们掌握和利用，形成了两大传统战术：其一是抢占上风（Weather Gauge）；其二是抢 T 字。

抢占上风对于风帆战舰交手的意义，与飞机空战狗斗当中抢占高处的意义一样。飞机的升限有限，谁先飞到高处就占有机动的主动权。类似的，风帆战舰逆风航行的能力非常有限，谁先贴风航行了，本来顺风航行的对手要想靠近或者逃离，都可以被贴风航行的一方随意左右，因此贴风航行的一方就占据了战术机动的主动权。

这其中的空气动力学道理是乱流和涡流。风流经过上风处战舰的帆装、桅杆、索具后，就"脏"了，在其下风几个船身距离内造成乱流区。风帆战舰的交战距离非常近，结果下风战舰正好处于乱流里，机动性难以发挥出上风战舰那样的水

▲ 下风战舰处于上风战舰的涡流里

平。这时候如果上风战舰已经贴风航行了，下风战舰想要缩短距离，也必须贴风航行，其航速因为乱流不如上风战舰，能够维持原有距离就很不容易了。而如果下风战舰想要转向顺风航行逃跑，上风战舰只要也转向顺风角度航行，航速就会超过自己下风乱流里的敌舰，很快追回到标准交战距离以内。所以说抢占上风就获得了战术机动主导权。

▲ 战舰受风时典型的横倾景象

　　再来看看抢占上风对炮战的战术意义。上风战舰发射的炮弹容易朝下去，更容易击中下风战舰水线处的船壳，让其漏水，增加损管压力；同时也容易击中敌舰下层炮甲板，让敌舰的重炮更早丧失战斗力。相对的，下风的战舰发射的炮弹更容易走高，从上风敌舰桅杆、帆布之间漏过。

　　这种炮术优劣势的成因是船体会随着风而横倾。可以想象，上风战舰船体会向下风方向倾倒过去，同时下风战舰迎风这一侧会高高跷出水面，露出水线附近的船壳。同时，随着甲板的横倾，炮架也倾斜，这样一来上风战舰朝下倾斜的背风交战侧火炮自然朝下发炮，下风战舰高高扬起的迎风交战侧火炮当然朝上发炮。

▲ 火炮发射产生大量硝烟

　　此外，上风战舰炮口的火药烟气被风带往下风对手处，和他们自己的火药

▲ 战舰尾部没有密集的肋骨

烟雾混合在一起，遮蔽他们的视野，灼烧他们的咽喉，下风战舰的射速越来越慢，让上风对手尽情炮击他们。

再来说说抢 T 字。风帆战舰结构设计上存在的缺陷激励舰长们抢 T 字。战舰首尾的防护脆弱，战舰舷侧都是密集肋骨排成的厚重木墙，而首尾能够抵挡炮弹贯穿的只有稀疏的几根框架，华丽的船尾其实是不堪一击的绣花枕头。同时，战舰首尾的火力也脆弱，因为首尾位置不适合布置火炮。火炮虽然只有几吨，但是在水线以上大量布置就会造成首尾局部重心过高、重量集中，战舰纵向摇摆（纵倾）太严重，严重的上浪拍碎在船头上，造成航速的极大降低。这样，风帆战舰尽管两侧攻防无懈可击，首尾却无防护也无炮，完全任人宰割。自然，不论是两艘战舰单打独斗还是两支舰队，都想要抢 T 字，从敌舰首尾"软肚腩"上突破，敌人不仅无法还手，炮弹还会纵贯敌舰全舰，将沿途一切人脑袋、缆绳、木料全部打烂。

从 17 世纪末到 18 世纪初，欧洲各国的海军将领和战术专家们，把抢占上风和抢 T 字这两个古老战法和战列线战术结合起来，战列线战术就成了看似攻守进退全部涵盖在内的全能战术，成了海战的不二法门。根据这一理论体系的论述，

▲ 战列舰排成整齐的上风长龙阵

为了首先保证我方的战场生存，就要防止敌方冲上来抢 T 字，我方必须占有机动优势，要贴风航行，要占据上风。于是"战列线战术"就不仅仅要求战舰们排成一个长龙，而且整条长龙还要占据上风，也就是沿着风向或左或右 67° 角的方向延伸出去。比如风从北方吹来，战列线就是朝东北或西北方位和北方呈 67° 角的直线，只有当所有战舰都在这条线上排出长龙、占据上风，指挥官才愿意开战。因为这样敌舰队的任何船从任何位置都没法随意冲上来分割包围我方长龙。

如果开战，上风舰队虽然占据主动，可这也是破釜沉舟、背水一战，逼得各位舰长不得不拼命。因为上风舰队的战舰要想脱队逃跑就只能朝下风跑，就会跑进敌人舰队中被围殴致死。上风舰队为了保持己方阵形完整，也严禁舰只脱队去下风追赶下风舰队的逃兵，因为同样会落入下风舰队的包围中被群殴致死。所谓置之死地而后生。

也许有读者要问：风帆战舰全靠风来航行，真能维持这么整齐的队形么？其实，风帆战舰航速很慢、船体宽短，所以转向半径并不大，因此让风帆战舰全部保持一条直线队形还是相对容易的。队形中某一艘战舰如果太快了，它就朝上风转向（Luff up），损失一些风力，降低速度，避免冲撞前船；如果太慢了，它就暂时转向顺风（Bear away），加速航行一段，朝队形一侧偏离出来，再朝上风转向，航速自然下降，又落回到队形里。这样排成的长蛇阵非常壮观，每艘长 50 多米的战舰之间留出 200 米上下的距离（战舰平均的转弯半径）。这样一个由 27 艘战列舰构成的标准阵形有几公里长，从这边的地平线延伸到那边的地平线。

于是到了 18 世纪初，风帆舰队海上对决的形式就是双方发现敌人后一直保持队形机动，随着风向的变化在相互接近的过程中努力使我方长蛇阵处于上风。如果最后情况不合适，则保持队形逃跑，不给对方任何可乘之机。结果可想而知，如果不是我方比对方占有 3:2 以上的数量优势，我方就算占据上风，也很难达成梦寐以求的抢 T 字、侧翼包抄、分割包围、靠局部数量绝对优势击垮敌方舰队等理想战果，尽管这些战术预想是各国指挥官们都在努力追求的。因此 18 世纪发展完全的战列线战术，仍然是一种守成的战术，不可能打出歼灭战、改变战略大局。

这种守成的战术显然不会是纳尔逊的选择。实际上他没有选择。杰维斯的指令明明白白地写道："歼灭敌人。"这其实是为纳尔逊量身定做的命令，因为杰维斯明白，他和纳尔逊这对"师生"之间已经存在一种默契、一种互信，即"战列线战术已经不能取得决定性战果"。几个月前的圣文森特角海战，是这种互信建立的契机。在杰维斯看来，作为舰长的纳尔逊已经成了敢于抛弃传统战术的吃螃蟹的第一人，现在他就是继续实践新战术、实现自己政治抱负的不二人选。

其实不难发现，杰维斯的点将、纳尔逊的战前下令，都体现出通信技术落后对指挥官的掣肘：纳尔逊进入作战海域后，杰维斯就基本丧失了战场感知，因此他能做的只是任命舰队指挥官。同样，一旦开战，硝烟与混乱中纳尔逊就无法再有效控制麾下的各艘战舰，他能做的只是战前召开作战会议，让各位舰长明确杰维斯和他要什么，然后就是各位舰长自由发挥了。这种战场感知、战场控制力的缺失，其实正是战列线战术诞生的原因之一。海上的风力与海况瞬息万变，无论是攻是防，为了不自乱阵脚，都要组成战列线阵形。这样就可以保证战术上不出重大失误而遭到全歼。其实，基于同样的逻辑，从上古到中古时期，陆上战场上摆出各种阵形早就是一种成例了。一句话，通信技术是关键制约因素。

在海上，通讯的障碍远比陆地上突出得多。海上风大浪急，两艘距离数百米的船靠喊嗓子没法准确传递信息，重要的信息只能在天气允许的情况下放下舰载小艇，让人员面对面交流。一般海上用的就是旗语、灯和号炮；能见度低的大雾天气和夜间，要保证航行安全不相互撞击，就只能依靠灯和信号炮了。

而要从传递信息的复杂完整性来说，当然是旗语最好。战舰有3根桅杆，每根分成上中下三段，还有很多其他缆绳，按照一定顺序在上面展示旗帜，就能够构成非常复杂的旗语。纳尔逊作为指挥官的18世纪末，这种旗语体系已经发展到了很高的水平。这种旗语实际上

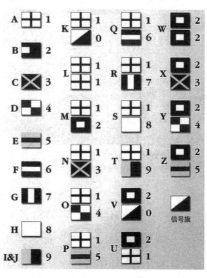

▲ 尼罗河口之战后出现的复杂密码旗语系统

是密码，跟今天海上表示 0 到 9 这 10 个数字的信号旗有共通之处。当时用 3 个数字的定义空间去编订一个 3 位数与常用单词及 26 个字母对译的密码本。这样分别在旗舰前、主、后 3 根桅杆的左右两侧和后方依次升起 3 面数字旗，就组成了 9 个单词的一句话。

在发展出这么明确完备的信号旗系统之前，指挥官们尝试过更基本的办法，比如特定颜色的旗帜在特定桅杆以特定方式悬挂，再和灯光、礼炮组合起来，表示某种事先商定的战术指令，如"打破战列线队形，各舰全力追击逃跑的敌舰队"（General Chase）。显然这种信号指挥方式无法在开战后的混乱条件下清楚地表达指挥官的意思，每个舰长可以有符合自己利益的解释。为了让指挥官的战术意图更加明确，所有舰队指挥官都把编写战训作为接手一支舰队后的首要任务——当时的战术训条除了一些基本原则，比如"在战列线中不能脱队，否则军法处置"之外，具体在各种天气条件和交战环境下该如何处置，都由舰队指挥官决定。

比如舰队正排成一字长蛇战列线规整前进，风向突变，这时候是整个舰队所有战舰同时转向，后队改前队呢，还是大家跟随旗舰顺次转向呢？同时转向虽然完成起来要快得多，但是各船协调不好，很容易破坏好不容易形成的队形。而顺次转向虽然保持住了队形但完成时速度太慢，要像 1905 年对马海战中东乡平八郎那样敌前顺次转向，就需要纳尔逊一样的勇气了。

对这种决定舰队展开后战场走势的重大问题，在通信手段落后的 18 世纪，事前决定就很重要了。万一开战后看不清指挥官的旗语，也可以按照指挥官事先派发的战术训令行事，即使后来出了问题，也可以把责任推到舰队指挥官身上。

随着整个 18 世纪不断爆发的海上冲突，战术训令与指挥通信之间的协调磨合得越来越好。到了纳尔逊时代，可以编码语言的信号旗、指挥官与麾下舰长们面对面的作战会议，让 18 世纪末的舰队指挥官们有了能够跳脱传统死板战列线对轰战术的可能。

此时，守成有余、进攻不足的战列线对轰战术已经不能满足海军的战略目标。比如我方防御敌方朝某个陆上据点进行力量投送，就必须要求完全毁灭对方海军，把制海权牢牢把握在我方手中。这种情况下，产生不出绝对战果的战列线对轰就对力量投送方有利：他们只要用己方舰队拖住据点守卫方的舰队，己方登陆据点就可以开始入侵行动了，至少能为入侵行动本身的成功创造条件。这种战略意图下采用战列线战术导致战略失败的典型案例，是18世纪中叶的七年战争中，英国在西班牙外海梅诺卡的失败。

梅诺卡一战中，约翰·宾（John Byng）上将墨守战列线战术，打旗语用的又是纳尔逊时代之前的那种只能表示固定信号的旗帜，还同时挂出了相互冲突的两种信号——"坚守战列线""打破阵形全速追击"。他本意是让后队赶紧上来增援已经和法国人接战的前队、主队，可后队指挥官看到两种互相冲突的信号之后就陷入了迷惑，最后还是保持不作为——坚守战列线绝没有错，这是最基本的战术原则。要是执行了全速追击命令，给队形带来混乱，最终招致失败，那么责任就不仅在舰队指挥官，后队指挥官乃至各舰舰长也有形势判断失误、麾下人员训练水平不足等罪责了。这场海战打得不温不火的结果是法国人最终登陆美诺卡并占领该地，英国丧失战略要冲，约翰·宾因此被枪决。当时，从上到下恪守战列线战术，不敢越雷池一步是这悲剧结果的成因。

但英国人逐渐认识到，法国舰队操作水平一直比自己低，所以法国人不敢利用英国人的混乱——他们反而担心自己做出复杂机动的时候露出马脚被英国人捉住。这人员素质的差距归根结底在于法国这个陆权国家海洋事业从业者少，年轻力壮的资深水手十分欠缺，结果不管法国数学家在纸上计算的海战机动多么精妙、法国贵族舰长们战术意识多么高，都发挥不出来。于是从18世纪中叶开始，豪（Howe）、胡德等多个纳尔逊的前辈在历次冲突中多次尝试分割法国战列线，侧翼包抄，多点突破，以局部绝对优势压垮敌前卫、后卫分队，但效果都没有纳尔逊这样明显。主要原因恐怕就是旗语太原始；指挥官没有放下身段耐心地给舰长们做思想工作，让他们能从理智和情感两方面都一心一意地跟着指挥官的战术大计划走，因此指挥官也不敢给舰长太大的战术自由，以免发生重大失误被对手利用。尽管如此，当这些前辈将领进入海军部决策层后，皇家海军军官团自上而下形成了突破传统战术的思想基础。于是，来自高层的支持让纳尔逊在这历史的节骨眼儿上做出了反传统的选择："冲！"

此时纳尔逊麾下13艘战列舰中只有10艘能够立刻参战：特鲁布里舰长的"卡

洛登"号（HMS Culloden）正拖曳一艘战利品小商船，接到信号后赶紧丢弃战利品挂满帆上前追赶；再后面，是被纳尔逊拿来充当舰队耳目的"快速"号（HMS Swiftsure）和"亚历山大"号（HMS Alexander），两舰在前面 10 艘战舰加入战局后不久进入战场。

15 点判明敌我后，布吕埃一面赶紧派人去岸上召回打水的人员，一面从巡航舰上紧急调拨大队人马充实各艘人员不足的战列舰，还召集各舰舰长乘过驳小艇登上旗舰"东方"号，紧急召开作战会议。

布吕埃决定立刻起航，但是人员实在不足，没法同时操作火炮和风帆，麾下舰长们不同意。没过多久，瞭望哨报告纳尔逊的旗舰降低了航速，布吕埃还以为英国人是准备在港外下锚，第二天天亮后再战，就取消了起锚的命令。

17 点，布吕埃终于明确了英国人不畏黑夜开战的意图，赶紧要求各舰整备，但此时法国战舰上人手只够操作右舷一侧火炮的，所以左舷火炮甚至都没有整备、装填。为了防止英国战舰从法国前后两艘战舰之间钻过来，布吕埃要求各舰首尾之间用粗缆绳连接起来，但这个命令没得到有效执行。

经过 2 个小时的航行，18 点，英国舰队进入港湾，"歌利亚"号、"热心"号开始接近法国战列线。据说，"歌利亚"号的舰长通过不断地用铅垂测量水深，推测法国舰队首位战舰和潜在的浅滩之间可能存在很大空隙，于是他决心放手一搏，下令朝上风摆头，朝着法国首舰陆地一侧插进去。各位法国舰长还没来得及离开布吕埃的旗舰，"歌利亚"号从法国首舰船头横过时的火炮齐射声已经震动着他们的鼓膜。

杀戮盛宴

在开战前，让我们先对双方舰队的规模和实力做一点深入比较。

一个标准舰队（Fleet）要由 27 艘战舰组成。舰队内部分成前卫（Van）、主队（Main）、后卫（Rear guard）3 个分队（Squadron），每个分队再分前、主、后 3 个小队，每小队 3 艘战舰。小队的 3 艘战舰里，中间那艘是旗舰；分队中，主小队的旗舰是整个分队的旗舰；主队的旗舰就是整个舰队的旗舰。小队旗舰舰长一般是高年资舰长，分队旗舰上搭载的分队指挥官一般是少将，舰队指挥官一般是中将。而此时双方"舰队"，舰只数都还没到27的一半，严格意义上只能算分队。纳尔逊坐镇的也只是一艘双层甲板战列舰，真正舰队的指挥官需要三层甲板的战舰，就像"东方"号一样。

组成双方"舰队"的，主要都是"三等战舰"（Third Rate）。所谓"三等战舰"，是当时各国对经济适用型量产战列舰的一种专门称呼。这个"三等"的划定，是依据当时各海军强国通用的"战舰分级体系"。

战舰分级体系是伴随"战列线战术"自17世纪后期逐渐发展形成的。即将开战的双方战舰，包括巨大的法国旗舰"东方"号在内，形式上都整齐划一，好像一个模子里面扣出来的。每艘战舰上，3根桅杆挂着大量的帆，好让搭载重炮和大量水手的战舰有能力远航四海；船体用内中外3层橡木结结实实建造而成，能够承受高强度的火力打击；2—3层的火炮甲板上备炮60—100门。

这种标准形式是随着17世纪后期以来英、法、西、荷等国不断进行军备竞赛，不断建造新战舰替换旧战舰，才逐渐在18世纪初期成形的。而这之前，在17世纪60、70年代英荷海上争霸的时候，双方战斗序列里仍然有大量在役军舰是不太符合"战列舰"标准的，但一时也没有机会替换。为了尽量将当时海军高层制定的未来战舰标准与当下海军实际装备情况整合，最高效率地采购、分配船材、物资、武备等资源，并能够尽量按时、公平公正地给海员发工资，英国海军率先开始实行战舰分级制度（Rating）。

据此，针对每一等级战舰，规定必需的火炮、水手定额，从而确定武装战舰所需的各种物资采购数额，以形成预算。到了17世纪末，甚至每一等级战舰的具体技术参数，细化到船上每处的木板必须达到多厚，钉几根什么规格的钉子，都完全死板地确定下来，反映在造舰合同中。到了尼罗河海战的1798年，只有双排炮门的三等战列舰，以及三排炮门的二等、一等战列舰可以担当舰队决战主角的任务，组成一字长蛇阵。

法国、荷兰、西班牙也在17世纪后期陆续采用了类似的海军管理和发展建设制度，只是火炮数量与等级划分上各有区别。

按照英法各自的分级系统，双方战舰可以划分出一个实力等级来清楚地比较一番了。法军旗舰"东方"号备炮 120 门，是双方舰只中唯一一艘"一级舰"。这种战舰造价非常昂贵，数量稀少，大多充当各个舰队的旗舰，是名副其实的"金鱼"。但"东方"号属于当时法国计划批量建造、全面碾压英国海军的大型、量产一等战列舰"海洋级"。与过去整个舰队屈指可数的一等战列舰大为不同，海洋级的陆续服役（前后共建成 15 艘）将英法海上军备竞赛推到新的高度，英国也不得不从 18 世纪末开始批量建造 110 门炮、120 门炮直至 140 门炮的大型一等战列舰。

整个英法舰队大部分的成员，都是当时舰队的主力、数量庞大的量产型战列

▲ 海洋级战舰模型

舰——74炮三等战列舰。

74炮战列舰是18世纪上半叶法国设计建造的一种性价比非常好的主力舰，从18世纪中叶开始就被英国直接抄袭、批量仿造。74炮战列舰比17世纪后期以来英、法、西一直使用的70炮三等战列舰要大得多。法国创造的这种大型化双层炮甲板战列舰，能搭载不少于三层甲板战列舰的火炮——为了不翻船，战舰只有最下层炮甲板搭载3吨半以上的重型火炮，越高处甲板上搭载的火炮越轻。74炮战列舰下层炮甲板，在法国搭载36磅加农炮，重量在4吨上下，发射一枚36法磅重的球形实心铁炮弹，与英国一等战列舰搭载的42磅加农炮不相上下，因为法制单位比英制要大。这样一来，74炮战列舰的性价比就很高了，既能搭载决战用的主炮，又比三层甲板的一级舰便宜很多——三层甲板的大船需要更加粗重的木料构成船体，如此粗壮的树木需要上百年才能长成，寻找、采伐、运输价格都令人咋舌。

英国舰队的13艘战舰中有12艘是74炮战列舰，因此整个舰队的战术同一性非常高，非常适合统一编队机动。但是英国74炮战列舰比法国的小一圈，其下甲板只搭载32磅火炮。此外，法国舰队中一前一后拱卫"东方"号的，是两艘比74炮战舰还大的80炮大型双层甲板战列舰。

这样，如果单纯比较火炮的数量和口径大小，法国对英国有3∶2的火力优势。但纳尔逊仍然大叫："一艘英国战舰顶三艘法国的！""贴上去打，绝对没错！"迫不及待地下令英国战舰冒着法国炮火冲上去贴身肉搏。这真的不是自杀么？看来单纯对比火炮数量和大小，并不能体现出风帆战舰这种蹩脚武器的战术特点。

战术都是随着这个武器的运用，在武器系统的攻、防、机动三大要素的动态平衡中自然发展出来的。风帆战舰和后世的蒸汽动力装甲战列舰一样，也是火炮武器平台，因此风帆战舰上火炮的射击精度、有效射程和杀伤力也决定了风帆战舰的最有效使用方法。在18世纪的英国，当面对人员素质和训练水平大大落后于己的法、西时，最有效的办法就是纳尔逊式的鲁莽冲击、接敌近战。其根本原因在于，当时火炮的射击精度极低，击中敌舰后又只能造成局部、有限的伤害。凭这种火炮几乎没有可能击沉敌舰，只好在近距离上连续轰击对方，通过快速、持续的炮击，才有可能杀伤对方火炮操作人员，破坏火炮操作设施，从而让对方丧失战斗力。一句话说就是那时候的火炮打那时候的战舰，战舰无法被击沉，但可以被打瘫（Crippled）。

当时的火炮准头差到什么地步呢？比如"前卫"号，这船下层炮甲板搭载28门32磅加农炮，该炮炮管仰角15°时可以打出3000米射程，但炮弹会落到哪儿就不知道了。就算把那时候的海军加农炮放在陆地上稳稳当当架设起来，炮弹飞行个几百米之后，都能左右偏离出几十米的距离，而那时候战舰的船身长度也只有50米上下，这决定了那时候"有效射击距离"只有两三百米。

为什么会这样呢？因为炮弹飞出去之后就会因为各种因素而乱飞，飞得越远，离原本瞄准的目标偏差就会越大，即所谓"圆概率误差"。造成风帆战舰的炮弹出膛后乱飞的因素有很多，此处只讲两点。

首先是火炮和炮弹自身设计和质量上存在缺陷。

炮弹是球形的，重心在球心，结果炮弹在飞行中受到空气阻力的影响，随机地朝各个方向翻滚，造成炮弹飞行轨迹非常不规则。炮是前装炮，为了能顺利地从炮口装填炮弹，炮管内径只好比炮弹稍微大一些，留出"游隙"（Windage），结果发射时炮弹后面的火药燃气不断外泄，冲击着炮弹在炮管内随机翻滚。同时，炮管采用内外模具铸造，铸造出的炮管不一定笔直，这样炮弹在炮管内的翻滚更加不规则，出膛时朝哪边飞去只好跟着感觉走了。

▲ 当时海军加农炮的结构

其次是炮架非常原始。

这种炮架完全不允许炮在船体前后左右倾斜摇摆的时候，炮口依然指向敌人，因此出膛的炮弹还带有此刻战舰本身摇摆晃动造成的随机速度，朝哪里飞更加无法预估。

这种随着炮击交战距离拉大，射击精度越来越惨不忍睹的状况，可以直接左右战斗的结果。譬如日德兰海战中，2艘英国战列巡洋舰在1万多米的交战距离上被德国战列巡洋舰打

▲ 当时的简易四轮炮架

穿炮塔顶盖，结果炮塔内和炮塔周围存放的火药被引燃，战舰瞬间毁于殉爆造成的大爆炸。当时所有的英国战列巡洋舰的炮塔顶盖装甲都只是象征性的，而且防火措施都不严密。为什么只有2艘被击毁了呢？显然德国海军的炮术根本不可能在1万米的距离上，以大于90%的准确率，击中炮塔顶盖那样数米尺寸的目标，不然所有英国战列巡洋舰恐怕都要爆炸升天了。回头看风帆战舰，在海上颠簸的情况下，炮弹飞行上百米可以横向偏差几十米。换句话说就是在上百米外开炮也只能保证炮弹一定能落在敌舰上，至于落在敌舰上具体哪个位置，就不能把握了。如果侥幸飞进对方炮门，砸烂炮架让大炮瘫痪，那就跟刚才举得例子一样，属于幸运一击（Critical hit）。

这也可以从概率上解释。虽然炮门很大，有几十厘米到一米多宽，但是战舰侧面的总面积更大，那么按照概率随机打到侧面舷墙的炮弹，大部分都会砸到厚实的船壳上而不会飞进炮门里。这就要求至近距离的快速射击：贴到几十米（即一个船身长度）的至近距离上，然后不管打得准不准，而是跟敌人拼谁在短时间内发炮次数更多，因为发炮次数更多就有更多炮弹有可能飞进对方炮门让对方大炮瘫痪。

炮弹打在船壳上会怎样呢？如果在300来米上击中敌舰水线附近和下层甲板附近厚重的船壳，炮弹可以击穿80厘米到1米的致密橡木材料。因此在100米到几十米的至近距离上决战，炮弹的穿透力是绰绰有余的。只是，穿透了能干啥呢？炮弹是铸铁的实心球，并没有装药。因为那时候设计不出可靠的引言，炮弹在发射时如果在炮膛内爆炸，就会杀死火炮甲板上密集的人员。当然，炮弹击穿敌舰水线处的船壳，敌舰就会进水，但是炮弹也只是造成一个柚子那么大的小破洞。而战舰水线附近有一层最下甲板（Orloop deck），这里有环绕舰体的走廊，船上的木匠会带领他的帮手们迅速跑去漏水处，用事先预备好的半米见方的木板堵漏，涂上松树胶油，塞上麻绳碎絮，做好防水。可见要靠风帆时代的火炮，不管打多少炮，让敌舰进水沉没几乎没有可能，战舰生存力非常高——攻防的天平严重向防御倾斜。

因此，当时炮术的特色就是降低炮弹的出膛速度，比如交战时开场的首次射击，一门炮装填2个甚至3个铁球，这样由于发射药量没有增加，动量守恒，3个弹丸的飞行速度都更低了。这样的炮弹无法穿透对方船壳，但会在船壳背面崩落大量木料破片，造成非常显著的二次杀伤——杀死水手或切断大炮操作用的缆绳。

英国海军善于利用这个炮术特色，在 1798 年尼罗河口海战和 1805 年特拉法尔加决战中都给对手造成相当于自身 10 倍的人员杀伤。

炮弹如果幸运地飞进炮门，打到人体躯干，足够直接腰斩。如果打到大炮炮身，虽然留不下什么太深的记号，但突然的冲击可以震坏炮身下的炮架，数吨重的大炮随着船体的摇曳在甲板上来回乱滚，压碎水手们的脚和小腿，甲板上一片血肉模糊。就算凌空飞过没有打到任何人和物体，处在附近几十厘米内的人也会遭到弹丸后面冲击波的伤害，轻则脑震荡无法作战，重则直接昏迷。

于是，当时战舰最能克敌制胜的战术就成了贴近敌人后以最快的速度射击，比一比哪方先把对手的人员和武器都打得没法继续战斗下去。

虽然战舰要逼近到几十米后开炮才最有意义，但双方的战舰在十几海里之外就可以看见。风帆战舰有 30 米以上的挂帆桅杆，最顶层帆有几米宽，是非常明显的目标。从一根这样高的桅杆上，视力 1.5 的瞭望员可以看到地平线下十几海里的战舰。而且风帆战舰最快只能跑 10 节，通常风力下平均航速在 5 节以下，多数时候都是人步行的速度。因此风帆战舰从敌我相互发现，到最终接战有很长的时间

◀ 满帆冲刺的战舰

间隔。这样一来，比现代海战更加突出的一个特点就是交战前要进行漫长的战术机动，构造对我方最有利的战场环境。敌人判明我方身份与意图，不想交战开始逃跑，我方则根据天候风力情况采取最佳追击路线。那时候穷追 24 小时也是常见案例，从法国海岸直接一路追进大西洋。特别是舰队作战的时候，双方常常打太极一打打好几天，最后没有一方指挥官认为形势特别有利于自己，双方又脱离接触的。在这种风帆时代的特殊情况下，恐怕只有双方不期而遇才能真正打起来，尼罗河口海战就是这样一场意外遭遇战。所以，纳尔逊不肯放过这个契机，于是就有了"歌利亚"号不顾夜幕开始降临打头阵冲上来的这一幕。

面对径直冲来的英国前卫分队——"歌利亚""热心""大胆"（HMS Audacious）、"猎户座"（HMS Orion）、"提修斯"（HMS Theseus），法国舰队在千米之外开炮。如前文所述，依那个时代的射击准确性来看，面对高速接近的敌舰，这样的远距离射击只会让大部分炮弹从敌人脑袋顶上飞过。

这时英国战舰舷侧炮根本没法瞄准法国战舰射击，只能被动承受伤害。不过这无法还击的时间非常短，只够法军打出一轮齐射——满帆的战舰航速可达 5 至 6 节，从英国战舰开始遭受轰击到冲到法国战舰面前百米之内，只需要两三分钟。

法舰上人影的轮廓渐渐清晰，"歌利亚"号上，水手一面用铅垂测量水深，瞭望员和军官们一面关切地注视着法国战列线的排头一号战舰，尤其是该舰左舷背后可能存在的浅滩。"歌利亚"号的舰长清楚地看到法国首舰船锚的漂子在离开战舰左舷将近 200 米的海湾深处——也就是说法舰的船锚在那个位置，既而大胆猜测，法舰曾经停靠在那里抛下船锚，也就是说那里也还不是浅滩，水深足够英舰驶过。于是他大胆决定调整航向，径直冲到法国首舰的左舷，插入法国战列线的背后。

至于从 14 点发现敌舰到 17 点半开始行动的 3 个半小时里，纳尔逊有没有向麾下舰长们事先下达明确的指令，要前卫分队插入敌战列线背后，这一点目前还弄不清楚。根据今天的一般资料，纳尔逊和整个英国舰队是没有阿布基尔湾详细水文地图的，所以纳尔逊应该也不敢贸然下达如此具体的指令，而是会给舰长们随机应变的余地。纳尔逊的领导艺术就在于明确最宽泛的大方向后留给麾下舰长们最大的自由发挥余地——所以那天官方保留下来的纳尔逊旗语命令记录只是"集中攻击敌战列线前卫、主队"。另一方面，根据"前卫"号的柏利舰长回忆，就在"歌利亚"号做出直插法国战线背后的机动时，纳尔逊也注意到了法国战舰似乎正随着风势缓缓漂离原来的阵位，于是纳尔逊欣然说道："嗯，有法国人可以漂离的空当，就有我们的战舰可以钻入的空当。"

纳尔逊这个随意宽泛的指令却天机凑巧。"歌利亚"号"按照纳尔逊的指令"，冲过法国首舰船头时发射了一次齐射。这次齐射轻松地穿透了法舰船壳，造成了相当的人员损失。原来法国首舰是舰龄已经 45 岁多的垂垂老朽，船体结构都松动了。

"歌利亚"号继续横过法国首舰的船头，绕到该舰左舷几十米外，又来了一次齐射。"歌利亚"号上传来一阵欢呼，原来大家发现法国战列线左舷全都没有备战，连炮门都没有打开，没有炮门的上层炮窗里堆满了杂物。然而"歌利亚"号的操作出现了小小的失误。它冲过法国首舰、转弯的那短短几分钟可能太扣人心弦了——既担心撞上浅滩，又成功打了两个齐射。当人们回过神来，感谢上苍没让他们搁浅时，才想起来下锚，而且忘记了收起刚才高速冲刺用的风帆。战舰继续高速南下，锚缆像狂舞的蟒蛇从锚缆口飞速脱出，谁也不敢跑到近前去试图停下锚缆，那样他的手和脚就可能被这比碗口粗得多的巨蟒缠住，这个不幸的人可能被高速甩到锚缆孔附近的结实船壳上挤死。

最终"歌利亚"号在法国战列线第二、第三号战舰左舷中间的位置停了下来。

紧随"歌利亚"号的"热心"号本来是英国战线的排头兵，但在 18 点之后的冲刺阶段被"歌利亚"号占得了先机。"热心"号落后"歌利亚"号只有几百米，在 18 点 25 分左右冲过了法国首舰的船头，又是一阵劈头盖脸的射击，法国首舰的前桅杆轰然倒下。"热心"号及早收帆减速抛锚，停在了法国首舰左舷，差不多头尾相对。这位置虽然便于炮击法国首舰毫无战备的左舷，但是却成了后续3 艘英国战舰继续冲进港湾内的障碍。

英军的三号舰"大胆"号只好绕到"热心"号右舷外、更靠近港湾内浅滩

▲ 锚缆从船头两侧的锚缆孔里伸出来

的地方才能避免和友舰相撞，当然"大胆"号也没忘记给予法国首舰第三轮迎头痛击。绕过"热心"号后，"大胆"号为了更加贴近敌舰，从"热心"号舰首前经过，顺势插入到法国首舰和二号舰的首尾之间，只是两舰之间连有粗大的缆绳，"大胆"号无法完全占据两舰首尾间的空当，用弹雨洗刷他们的甲板。但"大胆"号发现，法国二号舰比一号舰还脆弱，面对英国 32 磅炮的轰击，对方只能用 18 磅轻炮还击。原来法国二号舰舰龄超过半个世纪，船体结构已经脆弱到承担不住重炮的后坐力，故身形虽大，却只能搭载轻炮。

英国四号舰"猎户座"号为了规避"大胆"号只好走更加靠近浅滩、可能搁浅的路线——好在上天保佑，并没有搁浅。当"猎户座"号一路朝东南边驶去的时候，浅水区内停泊的法国巡航舰竟然朝"猎户座"号战列舰开炮，该舰舰长一怒之下丢下骑士风范，朝巡航舰打出一轮齐射，该巡航舰报废了，朝浅滩内无助地漂去。"猎户座"号因为追逐巡航舰，位置过于靠南了，最后停泊在法国五号舰左舷。

法国六号、八号舰就是 80 炮的大型双层甲板战列舰，七号舰就是旗舰"东方"号三层甲板战列舰，这三舰算是法国舰队雄厚的中腰。

"猎户座"号停下来时已经是 18 点 40 分了，这时最后一艘插入法国战线背后的英国战舰"提修斯"号姗姗来迟。这艘船实在不敢绕道"热心"号右舷内侧的浅滩边，而从"热心"号和法国首舰之间通过，两艘英国战舰相互呼欢致意，最后"提修斯"号慢条斯理地停靠在法国三号舰旁边。这时已经快 19 点了，天还要 1 个小时才能彻底黑下来，但能见度已经不佳。

纳尔逊旗舰领衔的英国舰队中腰四艘战舰——"前卫"号、"米诺陶"号（HMS Minotaur）、"防御"号（HMS Defense）和"柏勒罗丰"号（HMS Bellerophon），与插入敌后的前卫分队呼应，准备在法舰的右舷一侧贴上来，来个两面夹攻——夜幕缓缓降临后，通信指挥、敌我识别开始困难，再派出战舰挤进敌后可能会搁浅、开乌龙炮。为了方便夜间敌我识别，英国战舰都挂出白旗并用灯光照亮这面旗子，当然这不是投降的意思。

英国舰队中腰四舰直接略过法国首舰和二号舰，这两艘羸弱的战舰此时已经事实上战败，在之后的 2 个小时里陆续投降。纳尔逊的旗舰以及紧随其后的"米诺陶"号、"防御"号与法国三号、四号、五号舰捉对厮杀，和对侧的"歌利亚"号、"提修斯"号、"猎

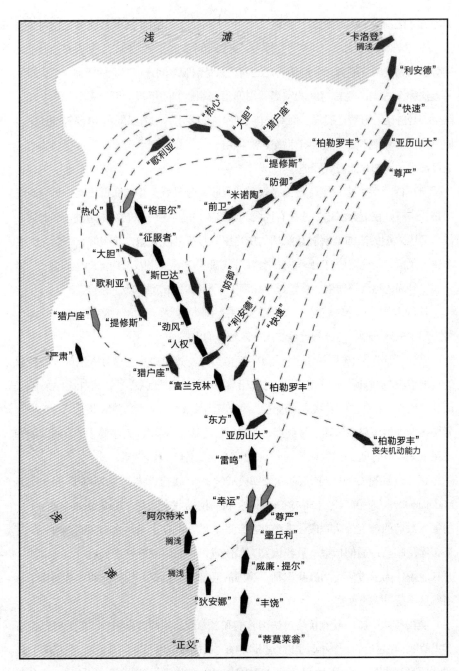

浅　　滩

"卡洛登"
搁浅

"利安德"

"快速"

"热心"

"大胆"

"猎户座"

"柏勒罗丰"

"亚历山大"

"歌利亚"

"提修斯"

"尊严"

"防御"

"热心"

"格里尔"

"前卫"

"米诺陶"

"大胆"

"征服者"

"歌利亚"

"斯巴达"

"防御"

"猎户座"

"提修斯"

"劲风"

"利安德"

"快速"

"严肃"

"人权"

"猎户座"

"富兰克林"

"柏勒罗丰"

"柏勒罗丰"
丧失机动能力

"东方"

"亚历山大"

"雷鸣"

"幸运"

"阿尔特米"

"尊严"

搁浅

"墨丘利"

搁浅

"威廉·提尔"

"狄安娜"

"丰饶"

"正义"

"蒂莫莱翁"

▲ 战斗形势图

户座"号相呼应。不排除双方发射的炮弹中有飞得过高越过法舰误击了友军的可能，不过鏖战之中也顾不得了。

"柏勒罗丰"号犯了与"歌利亚"号一样的错误——帆装未及收起就仓促下锚，等停下来才发现正好和三层甲板的巍峨堡垒"东方"号并排而卧，必将饱受摧残。无独有偶，先头进入港湾的 10 艘英国战列舰中的最后一艘——"尊严"号（HMS Majestic），也因为类似操作失误酿成了恶果，该舰船头的桅杆索具和法国后卫分队的第一艘船的缆绳索具纠缠到了一起。

20 点，夜色完全降临。英军前 10 艘战舰已经和法国人交火了 1 个小时，法国前卫分队的 5 艘战舰正经受严峻的考验，大多数已经投降，负隅顽抗的也将在未来 1 个小时内降旗投降。这时，纳尔逊舰队中落后的"卡洛登"号、"快速"号、"亚历山大"号先后赶到。

"卡洛登"号运气极差，搁浅在海湾入口的浅滩上。后续的"快速""亚历山大"通过港内炮口的火光尽量辨别战场形势，发现法国前卫分队已被击败后，有条不紊地抛锚定泊于法国舰队中腰 3 艘大舰首尾之间的两个空当里，也就是在它们的火力盲区里，给予它们沉重的炮击。

遭到英国 8 艘战列舰围攻的法国前 5 艘战舰在 19 点到 21 点 2 个小时里逐渐偃旗息鼓，第五号舰还莫名其妙地断了锚缆，朝旗舰"东方"号无助地漂去。伴随英军战列舰队的 50 炮准战列舰"利安德"号也斗胆冲上来填补空当，参与到对法国中腰三舰的围攻中。

击溃法国前卫分队的英国八舰逐渐朝法国中腰三舰靠拢。这时他们并没有张开风帆机动，这样太粗暴，可能彼此撞击，也可能不容易停下来而错过法国中腰舰只。他们依靠缆绳机动，从船尾用一根细缆绳牵着粗大的锚缆，就可以在原地让战舰调头转向。布吕埃本来也下令法国战舰做类似的准备，但是没来得及执行，落到被动挨打的境地。

战至夜间 21 点、22 点，和法国旗舰"东方"号对轰的"柏勒罗丰"号已经丧失全部桅杆，力不能支，砍断锚缆后随风顺水朝东边外海漂去。"快速"号舰长发现法国旗舰"东方"号上似乎发生了小火灾，于是他下令自舰加速射击，阻挠法舰的灭火行动。大火延烧至风帆缆绳，失去了控制。

到 22 点以后，"东方"号发生大爆炸。今天的考古发现共有两次大爆炸，肯定是舰上的弹药库爆炸了，而火灾的起因可能是刚刚粉刷完船体的油漆忘记收入底舱而留在了甲板上。

爆炸把一千多人和各种物件抛到高空，围着"东方"号群殴的英国战舰仅被爆炸冲击波震得船壳板开裂漏水，大量的坠落物随着爆破云飞到了更远的地方才落下。各舰虽然也遭到一阵坠落物的暴雨袭击，甚至局部着火，但都及时扑灭了。

四下安静了下来，也不清楚是过了 3 分钟还是 30 分钟，法国两艘 80 炮大型战舰重开战局，但大局已定。

一直到第二天早晨，战斗断断续续，法国战舰陆续投降、搁浅焚毁，只有一直处于下风的后卫舰队最后两艘战舰得以逃离。因为英国战舰也已经桅杆折断、船体破损，人员损伤不轻，无法奋力追击。英国方面伤亡数百人，法国伤亡数千人——"东方"号爆炸炸死了上千人，早在爆炸之前，舰队司令布吕埃就中弹失血过多而死，"东方"号舰长 10 岁的儿子也失去一条腿，并最后死于大爆炸。

▲ "东方"号的毁灭

20点时，纳尔逊的前额被破片划破，露出颅骨，皮肤垂下来遮住了他仅剩的左眼，顿时眼前一片漆黑，他当即喊道："啊，我要不行了！"倒在柏利舰长臂弯里被抬了下去，并开始念临终悼词——纳尔逊这种容易情绪外露的性格也是他领导魅力的一部分，可以让下属感到他不是高高在上、冷静到面无表情、只会发号施令，而是情感丰富的普通人，遇到困难也需要他人的帮助甚至保护。经船上医生检查和简单缝合后，纳尔逊逐渐恢复了常态，并下令放下船上小艇准备接收"东方"号上逃出来的人员，最终在大爆炸前后救起了七十余名官兵。

经过一夜的努力，搁浅在海湾入口处的"卡洛登"号终于恢复了自由。后来回国后其他战舰官兵都得到了奖励，唯独未能参战的"卡洛登"号没份，在纳尔逊的一再要求下，海军部才给"卡洛登"号发了奖励。其实就算是军官，也特别需要这个赏金。虽然从最低年资的副官直到正式舰长，工资待遇在不断提升，但是舰长的工资本身并不高得离谱，只能算是殷实。而且海军有意识地时刻保持舰长数量大于实际服役战舰数量，从而能够优中选优。一时找不到可以指挥的战舰的那些失意人，

▲ 桅杆全部倒塌，丧失机动能力的战舰

按照规定就只能发半饷，他们当然也不用上班了，而且海军允许他们自己去找其他的机会，比如去别的国家陆军当个顾问什么的，并不算离职。战时能揽到活的舰长，就有机会像这次作战后一样——暴富。但真正聚敛大量财富，还是要等当了海军少将以后。这时如果赶上战时，那么油水就大了。比如，拿捕突破封锁的法国商船和小炮艇时，巡航舰可以冲上去跳帮、俘虏敌船，船上物资会被拍卖，船只会被海军按照时价收购或者拍卖，所得钱款全部作为这支封锁舰队的赏金——当然甘冒矢石的巡航舰舰长和他的人员占大头，但是舰队司令也要占一部分。

纳尔逊果真没有海图么

尼罗河口一战，关键的时刻就在英国舰队的排头尖兵"歌利亚"号发现法国战列线的首舰与可能的浅滩之间有 200 米的空隙，然后自作主张钻进去从敌人背后攻其不备。如果真的只是凭粗略水深测量和观测法国战舰的浮标，"歌利亚"号的胡德舰长就做出钻入法军背后的决断，那么这位舰长的担当和冒险精神跟纳尔逊少将不相伯仲。而且这关键时刻的当机立断，也体现出纳尔逊和麾下舰长之间的良性互动：纳尔逊申明战术大方向，然后给麾下舰长们充分的信任和自由，舰长们不枉司令的信任，临战灵活采取适当战术。这在指挥通讯能力十分落后的当时，还没有酿成大规模的混乱而被敌人钻了空子，堪称难得。但仔细思考，纳尔逊与麾下舰长们采用直插敌后的激进战术有一个大前提：他们之间的相互信任必须达到很高程度。这种相互信任固然能够从日常英国对法国的压倒性战术优势中大体建立起来，可是，从前文阿布基尔湾的地图也可以看出来，要接近法国战线，就要绕过海湾入口的暗礁和浅滩，倒霉的"卡洛登"号还导航失误搁浅在了浅滩上，可见安全进入港湾首先就不像是一件稀松平常的事情，至少要有比较熟悉港湾入口处地标的本地引水员，才能规避水下障碍物。而要想进一步避开港湾内的浅滩，从浅滩和法舰之间溜进敌人背后，似乎单靠即时水深测量，也是非常危险的事情。战舰指挥官做出这样冒险的决断，还能坚信不论最终是输是赢，舰队司令一定都会在事前事后力挺自己，能做到这个地步的纳尔逊和麾下将士恐怕真的是出生入死、同志加兄弟的生死之交。桃园结义三兄弟也不过如此了。

因此笔者不禁猜想，恐怕还有一样关键的东西，在背后给了纳尔逊和他的"兄弟们"（Nelson & his band of brothers）很大的信心，让他们敢于放手一搏，争取最大的战果。这就是阿布基尔湾内的海图。海图至少会标明进入港湾需要注意的地标、暗礁和浅滩，并大致说明进入海湾后需要如何下锚停靠才能避开浅滩。

关于这张海图的存在，当事人，也就是纳尔逊手下的各位舰长在事后都没有提及。要弄清事情到底是怎么样，仅仅凭借当事人后来在公开场合的回忆，就不够了。既然纳尔逊亲切地把部下称为兄弟们，那么兄弟们维护大哥的声望就是在维护自己的声望，历史事实的具体细节也就渐渐被遗忘于故纸堆中，公众眼里也只有他们最想看到的国家、民族荣耀。

英国皇家海军是一个上下管理严明的高效率复杂管理体系，这样才能时刻保证布局在四大洋的大小战舰、舰队，全都为海军部和国家民族的利益服务，而不损公肥私。这个管理制度的核心，如前文提到的，其实是战舰上大小军官们的相互监视——每个人在海上任务结束后，都要在回港后向海军部提交自己的航海日记，包括舰长日记、五位副官各自的日记、本舰日记（航海长日记）、所有军官实习生日记，战时还有专门的副官或者实习生站在舰长身边记录他下达的命令。如果遇到战事，每次行动结束之后，还要召开军事法庭，不是说有人犯了错误要审理判决，而是让从舰长到水手的所有人在公堂上相互对质，用一些人的目击与耳闻证据去佐证另一些人的，最终将法庭上的辩论与日记内容相互对照，形成一套完整的、尽量接近事实的战场形势叙述，最终存档。

不幸的是，尼罗河口之战是天黑了打的，夜里照明不好，日记也没法记，目击证据更是相互对不上。比如"东方"号到底是几点爆炸的？当时大家看到"东方"号火势失控，第一反应就是慌忙挂帆，放出缆绳，甚至放下舰载艇，由人力玩命划着拖带已舰远离危险。这时候没有人顾得上记日记。同样，"东方"号震天动地的大爆炸发生后，许多人一时间就懵了，回过神来恐怕也是因为高空掉下的人体残肢和木材砸中了露天甲板。大家这才慌忙从甲板下钻出来，冒着还在落下的杂物雨，玩命扑灭还在燃烧的爆炸碎片。等忙碌完，谁也回忆不起"东方"号爆炸已经过了多长时间，计时的沙漏可能也因为慌忙的救火行动被撞倒了，所以从"东方"号爆炸到双方再次交火，有人说只有3分钟，有人说过了半小时。

虽然阿布基尔湾的交战过程受限于战场条件没有明确系统的原始记录存在，但交战前的记录是存在的。1998年，也就是阿布基尔湾大战200周年，一位英国学者有机会查阅了1798年纳尔逊麾下几位舰长上交的日记和来往书信材料。在7月30日到7月31日，也就是纳尔逊舰队到达亚历山大港，然后朝阿布基尔湾开始搜检法军的过程中，"快速"号的舰长留下了很有意思的记录，作为佐证，"快速"号的航海长日记上还做了更加详细的记录。舰长的记录同时还附带了两张法文文件：一张是阿布基尔湾草图；一张是附带的法文说明。令人玩味的是，这位舰长的这三份文件全部捆扎在一起，看起来很不显眼。

"快速"号舰长日记，首先用一行字粗略写道："7月30日，'卡洛登'号告知其房获的法国小商船从塞浦路斯运输啤酒前来。"接着又写道："7月31日，10点，将（'卡洛登'号房获的小船）船长和引水员送上'前卫'号，11点半，（法国人）被他们（即旗舰）送回。"

"卡洛登"号航海长日记作为对照，写道："8点57分，为我舰舰长（向旗舰）回答了旗语，升起前桅杆风帆，将房获的法国小船的船长、大副、引水员送上'前卫'号；11点20分，（法国人）被他们（即旗舰）送回。"

这样，有理由猜测，"卡洛登"号一直拖带的双桅杆小商船的船长和引水员是了解阿布基尔湾内水文地理特点的，因为"卡洛登"号落在了后面，所以该舰舰长让"快速"号代为接力，将这个重要信息传递给纳尔逊。

纳尔逊虽然在法国待过一年，尝试过学习法语，但没有学会，所以和"快速"号舰长日记的这个节录捆扎在一起的简图和法语说明，可能是"快速"号舰长要求俘虏绘制的，供纳尔逊参考。而"快速"号的舰长要么让俘虏画了两份（一份供他存档），要么他的文书复制了一份。

草图可以说非常随意，基本不能起到导航的作用。附带的法文说明却足够详细，包括进港时会看到的一个海岸堡垒、一个小清真寺、一小片枣椰树这三个明显的地标，以及以地标作为参照，需要避开的一些位置，但缺少水深信息。然而这些就足够纳尔逊的舰队安全进港，不至于像"卡洛登"号那样搁浅了。对于在港内如何下锚、浅滩的距离、下锚处的大致水深等也做了描述，而且基本就是英国人后来看到的法国战列线的下锚位置。这么重要的战术信息，纳尔逊不可能不安排制作英文版本，然后发给各艘战舰，因为 14 点开始望到法国战舰，16 点左右英国舰队才进入到港内，在这之前应该有足够的时间。

"卡洛登"号的搁浅该怎么解释呢？当时已经快 20 点，天色几乎全黑，又没有灯塔，所以辨别不清地标。后续的"快速"号和"亚历山大"号则因为能够看到"卡洛登"号的灯光，甚至听到该舰的信号炮，从而避开浅滩，在开阔的海湾内活动。

这样看来，也许自纳尔逊的旗舰舰长以下，大家都心照不宣：英国的辉煌胜利，实际上是依赖法国小船提供的重要情报才达成的，而不是全靠英雄们不失时机的果决勇敢。

结语

任何成功都是无法复制的，在纳尔逊惊世骇俗的成功背后，是英国从战略到战术各个层面的一些特有情况、特殊优势。

英国自 17 世纪末到 18 世纪初的大同盟战争、西班牙王位继承战争开始，在海上对抗中屡屡凌驾法、西之上。三方在美洲和远东都有殖民事业，为了保全各自的海外利益，并趁机骚扰侵占对手，整个 18 世纪三者之间展开了多次跨越三大洋的海上对抗。和平时期总是难以维持 10 年以上。在战略上，英国作为海外孤岛，只要将国家资源全部投入海军，控制岛屿周围的窄海就可以保卫国家安全，而要在全球构筑殖民帝国，海军也是必不可少的工具。与此相反，法、西在欧陆上有重要的盟友和利益，因此海军最多只能占有和陆军一样的国家战略资源。这样一来，和英国相比，法、西在全球殖民中就会落到劣势，因为不能投入更大规模的资源构建英国一样的海军。于是很自然的，整个 18 世纪的多次冲突中，英国在一边，法国和西班牙联合作为另一边，欧陆其他保有海军的骑墙小国有时也会顺势加入到法、西一边形成群殴之势。

投入举国资源构建当时世界第一等海军的英国，在战术层面却面临十足的困境：为了保卫遍布全球的殖民地，同时在本土保持几支规模庞大、具有绝对数量优势的舰队以监视甚至封锁法、西军港，英国有限的国防资源不得不分散铺开。结果，英国对舰队规模的庞大要求，必然造成每艘英国船和法国、西班牙同类战舰比起来，要寒酸得多，虽然配备了接近法国战舰的武备，但是船型却小不少，在大风浪中步履蹒跚，交火时大浪不时从距离海面很近的炮门中扑进来。

这种状况下还取得最终胜出，英国人自己一般将原因归结到英国海军人员整体素质高，特别是军官团的素养高。英国军官一般出身中产，通过从业20年的积累，一名上校舰长已经成了这个国家难得的高级军事和管理人才，除了具有必需的航海及海战战术专业素养之外，性格也变得更加刚毅果决，能够在火炮纷飞时像在自家客厅里一样镇定漫步，聆听副官简报，下达命令，给属下做出表率，让大家能够安神专注于作战。

法国军官全部出身贵族，需要查四代身份才能报考专门的海军军官学校，除了实习之外还要学习相当于今天高等数学水平的数学、物理学原理，而学习时他们的年龄在12至15岁。大革命粉碎了这一切，贵族们不是上了断头台就是出奔国外，造成尼罗河口之战中法国舰长很多都是三脚猫的功夫临时凑合，结果可想而知。

法国拥有强大的陆军，所以海军人员招募困难。法国海上贸易规模比不上英国，海洋事业从业者不足，因此法国使用了征兵法，规定沿海居住的海洋事业从业者有应征的义务，结果当然是类似中外任何这种规定军户户籍的做法：只留下一张花名册，人逃走了。

除了人员难以招募，18世纪90年代初，法国从和英国开战以来就一直遭到英国封锁，憋在港内的新募海员缺少训练。而在恶劣天候下时刻坚守战斗位置的英国封锁舰队，则借此机会不断训练水手们的配合，每个老练的水手几乎都能做到在漆黑的夜里摸到自己需要操作的缆绳。这样的一群战士，再加上纳尔逊的决断，就能达成压倒性的战果。

纳尔逊在45岁之前就登上英国海军这个等级森严的金字塔的塔尖，可以说是职业生涯的巨大成功。这是天时地利人和多方面因素的机缘凑巧，或者说是命运冥冥之中的安排：早年依靠舅舅在海军中的影响力有一个好的开始，快速进入军官晋升的序列；在后来的晋升过程中，遇到的多个舰长、舰队司令，都是知人善任、包容下属的上司，给纳尔逊以积极发挥个人旺盛战斗力的机会，加上其舅舅在海军内身居要职，保证了纳尔逊20岁就能被擢升为舰长；最后，个人努力也必

▲ 圣文森特角之战

须考虑历史进程，晋升为舰长后一直表现平平的纳尔逊以法国大革命爆发为契机，从 1793 年到 1797 年在地中海的行动中表现突出，最终于 1797 年圣文森特角对西班牙之战中临场应变，制造出 18 世纪舰队决战中未曾有过的决定性胜利，从此走上了封神之路。不过纳尔逊真正成为皇家海军的精神丰碑，还要等待 1805 年的特拉法尔加海战，在"胜利"号后甲板上以身殉职。但尼罗河海战的彻底胜利，在这场战斗后就立刻产生了新的精神遗产：这场大战中英国战舰的名字，后来几乎全成了英国海军的荣誉继承舰名，被后来工业时代的铁甲舰、战列舰、装甲巡洋舰和航母一再继承。

参考文献

[1] FREMONT-BARNES G. *Nile 1798 Nelson's First Great Victory (Campaign 230)* [M]. Oxford:Osprey Publishing,2011.

[2] BRYAN T. *British Napoleonic Ship-of-the-Line (New vanguard 42)*[M]. Oxford:Osprey Publishing,2001.

[3] FREMONT-BARNES G. *Nelson's Sailors (Warrior 100)*[M]. Oxford:Osprey Publishing,2005.

[4] LEVY U P. *Manual of Internal Rules and Regulations for Men-of-War*[M]. London:Van Nostrand,1862.

[5] O'BRIAN P. *Men-of-War: Life in Nelson's Navy*[M]. New York:W. W. Norton & Company,1995.

[6] MONDFELD W. *Historic Ship Models*[M]. New York:Sterling Publishing,1989.

[7] KRIEGSTEIN A, KRIEGSTEIN H. *17th and 18th Century Ship Models*[M]. New York:Pier Books/Dupont Communications,2007.

[8] BOUDRIOT J. *The 74 Gun Ships, Pratical Treatise of Naval Art 1780 (Volume 1-4)* [M]. Annapolis:Naval Institute Press,1973-1977.

[9] MCKAY J. *The 100 Gun Ship Victory (Anatomy of the Ship)*[M]. London:Conway Maritime Press,1987.

[10] MARQUARDT K. *The 44-gun Frigate USS Constitution (Anatomy of the Ship)* [M]. London:Conway Maritime Press,2005.

[11] FREMONT-BARNES G. *Nelson's Officers and Midshipmen (Warrior 131)*[M]. Oxford:Osprey Publishing,2009.

[12] FREMONT-BARNES G. *Victory vs Redoutable: Ships of the Line at Trafalgar 1805 (Duel 09)*[M]. Oxford:Osprey Publishing,2008.

[13] FERREIRO L. *Ships and Science the Birth of Naval Architecture in the Scientific Revolution 1600—1800*[M]. Massachusetts:Massachusetts Institute of Technology Press,2007.

[15] CREUZE A. *Treatise on the Theory and Practice of Naval Architecture*[M]. London:Thomas Allan & Co,1839.

[16] BROWN D. *The Form and Speed of Sailing Warships* [J]. The Mariner's Mirror,1998,84(3):298−307.

[17] HARLAND J. *Seamanship in the Age of Sail*[M]. Annapolis:Naval Institute Press,1984.

[18] DECENCIÈRE P. *Three French Sailing Ships Performance Trials*[J]. The Mariner's Mirror,2008,94(3):276−284.

英国海军刀剑

从实战兵器到身份象征

作者／王骏恺

尽管千百年来水手们都一直使用着刀剑或者其他各种开刃武器在海上进行战斗，但关于这些武器在战场上，尤其是大约17世纪中叶到20世纪的海上战场上的实际运用，公众们一直存在着误解。在此，笔者将介绍水手们在海上及岸上战场或决斗中如何使用这些武器。同时也会回答"海军刀剑的最后一次实战运用到底发生在何时"这一奇怪但却十分有趣的问题，还会专门讲解英国海军军官佩剑今天的使用情况。

海军刀剑在实战中的运用

　　人们通常会联想到的场景——大约在17世纪中叶的战场上，水手们敏捷地攀登上敌船，手持刀剑同敌人展开激烈肉搏战，往往与历史上真实发生的场景大相径庭。这个时期的海上战斗大部分时间里都是用炮战来一决胜负，只有在邀击战

▲ 乔治·克鲁山格为《B先生》系列图书所绘彩色插画，图名为"正在追求虚名的B先生"

中水手们才会主动深入敌境，登陆敌方港口，占据或摧毁敌人在港口中的船只与各类防守据点。

当时海上常用的开刃武器共有5种：剑、砍刀、矛、斧以及刺刀。其中剑通常是军官个人的随身武器；砍刀与矛则通常作为舰船上的军事装备而统一配发给船上各连；斧子则通常作为工具用于处理帆布等舰船各处的受损绳索，但在战斗时也常常能派得上用场；刺刀则自17世纪开始作为滑膛枪的附属武器为船员们所使用，并在19世纪成为海军陆战旅士兵的标配。在面对面的肉搏厮杀中，水手们还会使用短剑、匕首甚至铁笔等一切手头的趁手物件作为武器。本文将专门花篇幅来介绍包括刀剑在内的这几种武器的使用方法。

实战中，刀剑通常要在激烈的炮战之后才能派得上主要用场：只有当敌舰的火力彻底松懈下来而又没有降旗投降时，我方才会出动更为牢固的船只主动接舷并派出水手登上敌舰。整个过程的重要性就如同纳尔逊所描述的那样："任何一个船长都不会愿意错过（接舷后夺取敌舰舰旗）这个时刻，或在这个过程中出现闪失。"与以白刃战为主的早期海战不同，自17世纪开始，海战都主要用火炮来迫使敌舰屈服。然而当时的船壳普遍有2英尺厚，足以抵御大部分火炮的直击，所以无怪乎双方船只往往要在极近距离内相互开炮射击。自从1653年海军上将布莱克（Robert Blake，1598—1657年）[1]在海战中正式采用了线列战术后，舰船火力的有效发挥更是极大地减少了主动接舷决斗的可能性。然而这种极近距离的火炮交锋同时也极大地减少了敌舰降旗投降的可能性。有鉴于此，船长才会选择同敌舰接舷，用肉搏的方式登陆敌舰，同时驱逐来自敌舰的入侵者。由于在开始接舷战前往往都要进行一场激烈的炮战，所以同敌人展开贴身肉搏战时，场面势必会变得极为血腥惨烈，同时也将极大地考验每个水手的力量与耐力。

海战的激烈程度与宏大规模要求当时的剑斗技巧具备一大特点——简单高效，因为只有这样才能让每一名士兵在战斗时都可以本能般地熟练运用所学武艺。线

---

① 他的《布莱克战斗操典》奠定了近代英国海军战术的基础，同时由于在第一次英荷战争中的杰出表现以及在海军建设方面的突出成就，他被誉为"现代英国海军之父"。

列海战的第一轮齐射往往会用到上百门甚至更多的火炮，一齐发射 2000 多磅的炮弹，相比之下滑铁卢一战中英国陆军只有 39 门火炮，一次齐射仅能发射 276 磅的炮弹。此外，海战中的炮战常常持续数个小时，例如在 1692 年的巴夫勒尔一战中，双方船只就展开了近 11 个小时的炮战；即使是在特拉法尔加这样的大捷中，整个炮战与登陆敌船也花费了整整 4 个半小时。所以在海战开始前往往还要给每名船员额外配发一瓶酒，利用酒精缓解他们在战斗中遭受的噪音及火炮的不断冲击，同时还可以为他们壮胆。

长时间战斗势必会耗尽船员的体力，古兵器专家米歇尔·罗德斯就曾评论道："即使是身体状况最为良好的人，经过短短数分钟的激烈战斗后也会耗尽体力，因为抵御战场上的各种巨大冲击就会极大地消耗人体所储藏的能量。"当时的实战刀剑通常有 3 磅（约 1.36 千克）重，比现代的仪仗用剑要重上 1 磅，如此分量的刀剑大力劈砍下来造成的冲击也是完全不可低估的。在攻打北西班牙的穆罗斯湾的一座要塞时，一名叫作叶奥的中尉用剑猛砍了该要塞总督一记，结果竟硬生生地把自己的剑挥作了两段！所幸早在使用战车作战的古典时代，陆战武士们就已经探寻到了在不间断的战斗中暂做休息恢复体力的窍门，尤里乌斯·恺撒就在自己的《高卢战记》中提到：

他们（指不列颠尼亚蛮人）主动跳下战车与敌人展开步战。在这个时候，驾驭战车的车手会稍稍后退与战场保持一定距离，当前方战士被敌人的数量压垮而战事不利时，便于他们乘战车撤回。

然而在空间极为封闭且人群极为拥挤的甲板上战斗时，战士们可就没这么幸运了，他们极有可能在取得胜利、向敌人投降抑或是所在船只被炸成数段之前，都没有任何休息的机会。这很有可能便是近代早期的水手们坚持两条手臂都要做砍刀挥击练习的原因。保证自己两只手都是砍刀的惯用手，以防在海战中一条手臂累坏或负伤后另一条手臂难以派上用场。

接舷战

水手们同敌人进行白刃战一般只会发生在这样 3 种情形之下：接舷战、登陆战以及邀击行动。1813 年，载有 380 名船员的英国海军"香农"号就曾同美国海军的"切萨皮克"号展开过接舷战。当时"香农"号上的船员们共装备了75把登船斧、100杆登船矛、150把砍刀、100把滑膛枪以及大约100把挂在武装腰带上的手枪。每一名火炮手都至少有一个"副职责",其中有半数人被选为了登船水手——3名炮手肩负第一批登船水手之职,另有3名炮手被选为第二批登船水手。"第一批登船水手"便是一个突击组,组内每一名成员都会配发一把砍刀与一把手枪,而"第二批登船水手"则承担着防御敌人反扑的使命,组内每一名成员配发斧子和矛。与现代水手相同,这些近代战士们在准备肉搏战时都会将自己的着装收拾整齐利索,头上包着头巾,并将袖子口卷好。

这个船上武器的比例在英国似乎还挺有"代表性"。1805年,英国一艘载有85名船员的捕鲸船"太子港"号就装备了50把各型冷热轻兵器,其中50把砍刀(比例与"香农"号的武装颇为接近)、20长管的火药、20多颗重炮炮弹、50多颗小炮炮弹,船总重466吨,上面总共装载有28门火炮,包括6磅、9磅及12磅炮。

通常敌舰采取守势时,我方舰船才会主动同敌舰接舷,在船舷相接前,敌舰往往还要再承受一次我方的痛击。但并不是所有的实战都会演变成这样。1801年,在英国海军的"迅捷"号对抗更为巨大的西班牙"埃尔加莫"号的海战中,英国海军军官柯克伦斯采取的新战法彻底颠覆了这种战术。当时西班牙战舰正准备同"迅捷"号展开接舷战,但柯克伦斯及时下令稍稍后撤并在同敌舰拉开一定距离后当即对敌舰上准备登船的水手们展开猛烈炮击。最终柯克伦斯甚至亲自登上了"埃尔加莫"号,摘下了敌舰舰旗,而不是被更为巨大的敌人所压垮。

一旦接舷战彻底爆发,整个甲板就会变得极为拥挤与血腥。好莱坞电影中经常出现的两人在空旷的甲板上如侠客般进行一对一剑技决斗的场景,在现实中并不太可能出现。不过,在关于当时海战的记录里还是会出现一些比较有意思的场景。特拉法尔加大海战结束后,一份法国报纸就报道称:"法国总指挥维勒讷沃在战斗中将一把手枪亲自交到了纳尔逊的手上,以确保双方能展开公平的决斗。"这篇报道还声称法国海军在特拉法尔加大获全胜,只是船只被随后到来的暴风雨摧毁了而已。

皇家海军上尉塞尔温于1862年在皇家联合军种研究院的一次演讲中称:"战斗中的水手一旦举起了拿刀的手臂便不再放下,因为他们在战斗中将不得不一直

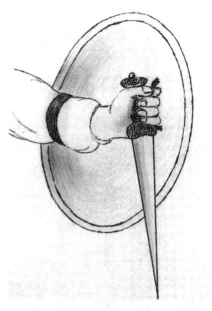

▲ 高地人的经典战争艺术——在绑有圆盾的手上再握一把短剑

用刀柄猛击各路敌人的嘴巴，打落他们的牙齿。"对于柯克伦斯命令登船水手将刺刀绑在左臂外侧（并让刺刀尖超出左手 6 英寸的距离），手上仅持一把砍刀即突击敌船的行为，塞尔温上尉则称其为一种"攻防兼具的战法"，因为刺刀不仅能在战斗中形成一道防御墙，也能用来攻击。当时经营威尔金森刀剑公司（Wilkinson's Sword）的约翰·莱塞姆，则在演讲中将这种战斗方式同苏格兰人的剑斗技巧做类比，称二者一样有效。苏格兰人的剑斗术会用到短剑、笼手剑以及圆盾 3 种武器，圆盾通常都是绑在手臂上的，直径一般不超过 20 英寸，使用者往往会在绑上盾牌以后再在手上拿把短剑以求攻防兼备。

甲板上的大量配帆、索具以及其他各种障碍物增加了接舷战中使用刀剑战斗的难度。因此，海战剑术同其他实战剑术的一个显著区别是，前者一般都不会主动朝敌人的头顶自上往下大力砍砸，后者往往要为人员提供各种头部防护。拿破仑战争时期只有美国海军为船员配发头盔这一现象，也足以说明当时海战剑术的这一特点。不过海战船员们有时候还是需要保护自己的脑袋的——查米尔船长就曾在自己的回忆录中写道："他朝我的脑袋砍了一下，幸好我用自己的砍刀及时格挡住了。"

接舷战中，保持双方船舷始终相接也十分重要，因为只有这样才能保证后续援军得以源源不断地派上来或者在战事不利时能及时撤退。一旦双方舰船相离，那一切可就糟糕了，1513 年 4 月 25 日的孔凯湾一战就说明了这一点。当时，由普雷根·德·比杜爵士统率的数艘法国加莱桨帆船（Galley，单层甲板大帆船）正停泊在维特珊湾旁边，英国国会就此断定他们将对英国发动攻击，由于这几艘船离岸边极近，又正停泊在浅滩水域上，故英国海军司令爱德华·霍华德爵士决定先发制人，派出数艘小舟与几艘小驳船靠近了法国人的舰队。霍华德率领17人英勇地跳下小舟爬上了敌舰，但不幸的是双方的船舷没过多久就彻底分离，船上的英国人随即陷入了孤立无援的境地，被一排排矛墙及占据绝对人数优势的敌人推下了海。据说霍华德爵士就是最后一个被挤下船舷上缘的人，他掉下去前将自己的金币①和金哨子（他的身份标志）扔进了海里，以免它们落入法国人手里，而他本人则落水后不幸淹死。霍华德爵士的战死在整个英国掀起了轩然大波，苏格兰国王詹姆斯四世在给亨利八世的信中写道："毫无疑问，我亲

▲ 英勇的爱德华·霍华德爵士在被挤下船之前站在栏杆上缘的情形

爱的兄弟，您的海军司令为了莫大的荣誉与世人的赞誉而不幸牺牲，无论多少次战胜并摧毁这些法国帆船及船上的装备，都无法弥补他的死亡带来的损失。"

　　由于在整个拿破仑战争期间英国海军都占据着绝对优势，而在纳尔逊取得的像圣文森特角之战②这样的伟大战绩中，英军又多次成功夺取敌舰，人们都普遍以为接舷战乃是英国海军的一大特色，但事实上，当时的法国人也相当钟爱这一战法。由于当时的法国政府正一心专注于欧陆战役且地面战事捷报频传，法国人开始相信只要把革命热情带到海战中，胜利就能唾手可得。因此法国军队将陆军士兵配置到战舰上，以取代水兵在接舷战中的位置，故而搭载的船员数目往往要比英国

---

① Gold Nobles，中世纪英国货币，约合 6 先令 8 便士或半马克。
② 此战中，纳尔逊俘获了敌舰"圣尼古拉"号后又紧接着将它作为"桥"，顺势俘虏了敌舰"圣约瑟夫"号。

舰船多得多。1803 年，"浣熊"号就曾接连同敌人展开 3 次战斗：7 月 11 日，它俘获了一艘法国小型护卫舰舰；8 月 17 日，它与"叛乱"号（La Mutine）发生战斗，这艘法国船当时搭载了相当数目的部队，足以在岸边展开一道长线列；10 月 14 日，它又俘获了"小女孩"号，这艘船上还额外搭载了 180 名陆军士兵。与"小女孩"号一道被俘的是一艘装载着 70 名士兵的独桅纵帆船"艾米利"号以及一艘装载着 80 名士兵的纵帆船"年轻的阿黛勒"号。但是法国舰船上的兵力优势往往会被英国人的高超战术抵消：英国战舰在近距离交锋时通常都会开炮直击敌舰的甲板过道，尽可能地予敌最大杀伤，然而法国人则比较偏好攻击敌舰桅杆，力求使敌舰瘫痪或迫使敌舰失去控制。此外，关于特拉法尔加一战里法西舰队中西班牙舰船的操纵与战术，军事史作家爱德华·弗雷希尔是这样描述的：

为了让新招募的船员们时刻保持警惕，保证在操作上甲板火炮与分发滑膛枪作战时不出任何差错，同时也为了保证接受过训练的船员能在战斗时随时听候差遣，上甲板各处都额外搭载了一些步兵随时待命（即在战斗的时候分担船员的一部分作战职责）。

战前所做的各种准备中当然也包括精神准备。"阿贾克斯"号上的厄里斯中尉在他的日记中描绘了特拉法尔加一战开始前水手们做战前准备时的情形：

每个人都很忙，没有一个闲着的，一些人在阵前磨刀，而另一些则忙于擦拭火炮，大家都好似在准备接受检阅一般，而不像是去迎接一场极为致命的战斗。另外有三四个人，为了给自己壮大声势甚至还跳起了角笛舞，每个人都在为自己即将同敌人展开近距离厮杀而深感兴奋。

詹姆斯·斯普拉特在特拉法尔加之役时任"蔑视"号的大副，当时的船长为菲利普·杜尔汉。在战斗中，法西联军的"艾格勒"号的炮火在英国舰队的打击下渐渐松懈，但该船还是成功地甩开了"蔑视"号。詹姆斯当即向船长主动请缨，要求他同意自己带领一批水手游到这艘舰船上发动突袭。此提议获得了菲利普的许可，至于之后的情形，他在自己的手稿里是这么描写的："我嘴里衔着一把砍刀，并在腰带上系了一把印第安战斧，随即从战船右舷跳入水中，游到了'艾格勒'号的船尾附近，借助这艘船的转舵链我只靠自己就顺利爬进了它的炮室。"当时的他孤身一人，身边没有任何战友，这是因为"我的人正忙于交战，场面混乱而又喧闹，他们根本听不到我所说的话，或是误解了我的意思，没有做出任何行动。因此我只能依靠上帝的指引，孤身一人闯入法国人的主场，在这艘壮丽的战舰上独自冒险。船上的所有敌人都已经拿起了武器准备战斗，我悄悄穿过这艘船上的所有甲板，顺利到达船尾楼……我当即朝对面的部下大声欢呼，同时把自己的帽子顶在砍刀的刀尖上，朝着他们大力挥舞。"

随后，数艘英国军舰从两侧包夹了"艾格勒"号，更多英国水手顺利登上了这艘船。之后的战况便是"一名法国掷弹兵上了刺刀，从右舷朝我冲杀过来，但我用刀成功招架住了他的刺击。接着他端平了手里的家伙朝着我的胸口招呼过来，我那值得信赖的老伙伴——手里的砍刀及时地救了我的命，将他的刺刀从胸口撇到下面，刺刀扎进了我的右腿，折断了我的腿骨，让我浑身颤抖不已，但至少保住了一命（因为没扎到胸腹部的脏器），让他没能跨过我的尸体继续前进。我当时犹如被电击了一般，但还是成功地冲到了他的跟前（将他杀死），这场'舞会'就此结束"。

这时候他的腿已经彻底不听使唤，只得借助他人的搀扶才能继续行走。他的上级批准了他的升官请求，当年他就被晋升为中尉，但他的伤势始终无法愈合，留下了终生残疾，再也无法继续在海军中服役，只能作为一名退休军官度过余生。他于1838年逝世。

由于接舷战的战况就像他回忆录中描写的这般激烈与残酷，所以每当战斗结束时所有幸存下来的船员毫无疑问都已然精疲力竭。皇家海军的尼古拉斯中尉从自己的角度描述了战斗结束后"丽人岛"号（Bellisle）①甲板上的情形：

大约下午5点时分，军官们纷纷集合到船长的个人客舱品茶休息。香烟那甘美的气息焦灼着我的神经，让我魂不守舍、口干舌燥。它诱惑着我，让我迫不及待地冲进客舱暂休息。已经在战场上操劳了4个小时的身体在这里享受着片刻的

---

① 这艘船最初是法国海军的一艘三级舰，船上配有74门火炮，1791年8月开始建造，1794年6月下水，法国人最初将它命名为"狮"号。后来由于法国爆发大革命，它改名为"可畏"号。该船在1795年6月23日被皇家海军俘获，英国人将它命名为"丽人岛"号。在特拉法尔加战役结束后，该船又参加了英国同丹麦的战争。1814年，该船最终在朴次茅斯港受到废弃处分。

▲ 这幅油画表现的便是特拉法尔加一战结束后，大约17点10分自战场东南端鸟瞰整个战场时的场景，整幅油画的前景中间是皇家海军战船及他们所掳获的战利品，而在画面远处，幸存下来的10艘法西战舰仍在试图逃离。前景左侧的是英国的"雷鸣"号[①]，它的船桅已经被法军炮火打断。在它身后则是皇家海军的"蔑视"号，它的主副桅也被敌人打断。"雷鸣"号右侧的则是法国的"无畏"号，它的前桅与副桅已经被英军打断

小憩，在场所有人，无论身体还是精神，全都无精打采，尽管胜利的终点（指接收投降的敌方船长的佩剑的仪式）已然近在眼前，却没有一个人肯为此而打起精神。

由于在当时，军官佩剑具备重大的象征意义，所以当一名军官落败时，往往会将交出自己的佩剑作为投降的标志。最为典型的例子便是圣文森特角之战中"圣约瑟夫"号以及"圣尼古拉"号落败投降，两船船长向英军总指挥霍雷肖·纳尔逊交出自己佩剑的故事。由于当时收缴的佩剑数量实在太多，纳尔逊不得不将多出来的佩剑交给部下船员威廉·菲尔内，而这名船员也不得不将收缴来的佩剑悉数包裹起来拎在手上。值得一提的是，并不是只有船长才会在投降时交出佩剑，比如1816年8月27日，阿尔及利亚的迪伊[②]在埃克斯茅斯勋爵的狂轰滥炸下不得

[①] Tonnant，这是个法语名词，此船最初属于法国海军，但在1798年8月2日被英军虏获，此后作为英军战舰投入到特拉法尔加一战中。

[②] 土耳其语：Day，是奥斯曼阿尔及利亚省和的黎波里塔尼亚省代理统治者的头衔，自当地民事、军事和宗教领袖中选出，并从奥斯曼帝国苏丹处获得高度自治权。

不向英军战舰投降，并交出了自己的佩剑。

邀击战与登陆战

从18世纪50年代到维多利亚时代结束这150多年的时间里，绝大部分海军的刀剑战斗都发生于邀击战与登陆战之中——尽管类似的战法早在几个世纪前就已经被广泛使用。在1692年那场漫长、残酷但非决定性的巴尔夫勒之战中，由图维尔元帅（Anne Hilarion de Costentin，Comte de Tourville，1642.11.24—1701.5.23，路易十四时代的法国海军元帅）率领的法国舰队同罗素元帅（Edward Russell，1653—1727.11.26，第一代奥福德伯爵）统率的英荷联军展开了激烈战斗，损失惨重的法国舰队撤退至拉·乌格，在当地的岸上炮兵与陆军步兵的火力保护下，重整态势准备同英军再战。但在6月3日—4日夜间，英荷联军派出了搭载有水手的大艇以及纵火船，发动了突袭，同法国军队进行了一场激烈的登陆战，最终烧

▲ 一场早期邀击战——夜袭拉·乌格

毁了龟缩一隅的法国舰队的全部 12 艘战舰，大胜而归。

　　所谓"邀击战"，就是指直取位于地面要塞或是岸上炮兵火力保护下的敌军舰船。为此，进攻方突袭部队必须攻打并占领要塞、通讯塔等各类敌方地面设施，同时还要派出海军陆战旅深入敌方腹心。G. S. 帕森斯中尉在他的《追忆纳尔逊》中就曾详细记述过自己亲身参与过的几次邀击作战。这些战斗都发生于 1805 年的西印度，当时他本人是登陆中队的一名少尉，虽说战斗都不是在欧陆进行的，但仍具备那个时代的典型特征。按照书中的说法，突击队的指挥官向舰队中的所有船只发出"求贤令"，从各船船员当中招募不怕死的志愿者，他们"装备有砍刀、手枪以及长矛"。帕森斯本人也因为在异域的这一系列战斗中的英勇表现而从少尉晋升为了中尉——由于参加这类远征与登陆战能得到相当多的物质奖励或是晋升机会，所以不少海军官兵十分乐于加入类似的登陆部队作战，这种类似于现代"敢死队"的差事算是相当吃香。

　　在战斗开始前，志愿者们需要精心做好战前准备，"擦亮他们的砍刀，磨利手里的长矛，挑选出（燧发）枪机没有故障且燧石质量过关的手枪"。除此之外，他们还要用索具将刀剑缠在自己腰上，并用布条牢牢绑起来以免刀剑离身。由于当时还没有出现制式水手服，所以突击队的每一名成员都还要在自己握刀剑的那只手的手臂上绑一根白色帆布条用以识别敌我。同时，突击队的小艇上会搭载一些海军陆战队，这些执行登陆作战的士兵每个人的滑膛枪都上了刺刀，军官则装备有佩剑与手枪。在发动突袭之前，军官还会再给每一名突击队员一个口令用于进一步识别敌我，当时最常用的接头暗号是"教会"（Church）与"奇切斯特"（Chichester，英国西苏塞克斯郡的省会城市）。之所以用这两个词语作口令，是因为当时的非英语母语人士很难念准这两个词开头的"Ch"的发音。这种登陆中队的兵力往往都很少，每一名成员都是从志愿者中严格挑选出来的，以确保每一艘船都不会"超载"与过度拥挤，进而保证每一个命令都能被队员们有力执行。为了增加袭击的突然性，突击队往往会选择在夜间发动攻击。为了尽可能减小划船时发出来的声音，船桨桨架会被包起来。帕森斯在回忆录里这样描写自己在邀击战中无比恐惧与紧张的心情——因为他还以为自己已经被敌人的哨兵发现了：

　　　　这时候只要敌人的重炮朝着我们来一发葡萄弹或者榴霰弹，那我们可就一瞬间全部玩完了。不过，感谢上帝！他（指敌人哨兵）走了……每个人都为此而彻底松了一口气；我的内心也好像一块千斤重的石头落了地。但还是不能松懈，因为要是再出一分一秒一码的差错，我们还是得死。同时我们还不能把小船划得太快，因为这么做会引起已经起了疑心的敌方哨兵的注意。我们在这时候只能保持镇静，不发出半点声响，这可同吵闹混乱的战斗大不一样；所有的人都暗暗下了决心，不发一语，耐心等待天国的父做出判决，祈求他赦免并宽恕我们，让我们顺利渡过难关。

在这种时候，只要进攻方的动向被察觉，那么防守方的战船或是岸上火炮都能给搭乘毫无保护的小艇的突击队造成惨烈伤亡，就算是敌方士兵在岸上的一轮排枪齐射也能把这时候的突击队成片撂倒。在作为进攻方的突击队中，打头阵的便是上了刺刀的海军陆战队军官及士兵，紧随其后的是水兵，他们随身带着长矛，拔出砍刀或佩剑，同时腰间还挂着手枪。一旦敌人注意到了他们的动向，他们就会当即发出战吼声以震慑敌人。按照查米尔船长在回忆录中的说法，一直到1812年的美英战争时期，皇家海军的水兵都还在练习战吼。

1801年夏季，3艘英国护卫舰奉命监视正停泊于布雷斯特港的法西舰队。当年7月，英国人发现搭载着20门火炮的法舰"小山羊"号正停泊在卡马雷湾，处于岸上炮兵的火力保护之下。皇家海军当即决定对这艘船发动邀击战，不幸的是第一次作战中英军接舷失败，并被法国人当场发现。"小山羊"号在察觉自己已经被敌人盯上后立刻逃回港湾，准备船上的火炮，并派出一艘炮艇作为自己的护卫，守住港湾入口。做好准备后，"小山羊"号的官兵们向对面的敌人发出挑衅，要皇家海军赶紧放马过来试一试登上"小山羊"号并摘下它的舰旗。对面的英国人被这一挑衅彻底激怒，当即决定进攻，于7月21日晚派出280名官兵分别搭乘15条小艇发动奇袭。结果这次邀击战的指挥官罗萨克中尉被敌军的另一艘战船分散了注意力，认定该船守备松懈，因而做出了分兵的决定，派出6艘船对它进行追击，余下的约180名官兵在马克斯维尔中尉的带领下继续执行对"小山羊"号的邀击任务。尽管英军为了掩盖自己的行踪而特地选择在月亮处于地平线之下的深夜时分发动突袭，但还是在接近"小山羊"号时被法国人发现，随即遭到了法军的猛烈还击。突击队员们只好试着不顾一切地猛冲到"小山羊"号身边同它接舷，不少人在冲刺过程中不慎丢掉了身上装备的各类火器，但还是有不少幸存者们带着砍刀成功登上了"小山羊"号。甲板上的战况一时间变得极为激烈。正在这时，一支事先编排好的突击小队一路砍杀，敏捷地爬到船桅上张开"小山羊"号的风帆，另一支小队紧跟着砍断了风帆上的绳索。在接舷战开始短短3分钟之后，英国人就将"小山羊"号顺利俘获。水手长布朗顺利夺得该船船尾徽章。布朗看到马克斯维尔中尉带着一队人走到他前头后，随即跳起来朝他挥舞手里的剑，同时大声喊道："给我乖乖等着，我这就杀过来！"

他随即从法国士兵当中杀出一条血路，在前甲板上顺利同战友们会合。与此同时，一名叫作H.瓦利斯的舵手成功杀到了"小山羊"号的舵轮处。当发现自己所搭乘的船已经驶离港口后，许多法国士兵跳入海中或是向英军投降。但仍有一部分法国水兵退入下甲板继续负隅顽抗，在彻底走投无路后最终选择了投降。令人震惊的是，在这次大捷中英军仅战死10人，负伤57人（其中一些伤者在战斗结束后伤重不治而死）！

在其他类似的邀击战中，伤亡可能会相当惨重。按照《海军编年史》的官方记录，1803年皇家海军在夺取另一艘叫作"小山羊"号的护卫舰的战斗中，"'尤莱因'号的内维尔中尉在登上该船后立刻跑到后甲板处，当场发现该船船长，两人随即

▲ 对一艘法国战舰进行邀击战，这艘船可能是"小山羊"号

▲ 装备有各类武器，正在抢滩登陆准备攻占路易斯要塞（位于法国的马提尼克大区）的突击队，此役发生时间为1794年3月20日

发生了战斗，结果这个法国人在战斗中迅速落了下风，受了砍刀的一记猛砍，倒在了舵轮附近"。拜这位中尉的英勇举动所赐，皇家海军"迅速占据了该船的甲板，之后的战斗立即演变成了一场惨烈的大厮杀，双方继续死斗拉锯了将近一个半小时，直至整个甲板被倒下的死伤者彻底填满才算结束"。

同邀击作战一样，拿破仑战争时代的皇家海军也经常会执行各类登陆战，将突击队送往敌人控制的滩头，彻底消灭敌军岸上火炮对我军的威胁，进而保障邀击战或其他各类战役的顺利进行。这类登陆战的战术与战前准备同邀击战十分相似，故而不再赘述。

皇家海军中的决斗

佩剑不仅是用来战斗的武器，同时还是绅士的荣誉象征。早在伊丽莎白一世统治的年代，船员们就逐渐开始用佩剑来标明自己同社会其他各阶层人士的区别。当时一位叫作乔治·希尔福的作家就曾这样描述两位为了生意而起争执的船长在决斗中同归于尽的情形："两名南安普顿船长都想将（客户的）贵重货物装上（自己的）货船，结果为了此事吵得不可开交，索性一把抽出腰间刺剑决定铤而走险。这两个亡命徒大声吼叫壮了壮自己的胆子，定下了决心（即开始决斗）。之后双方便开始竭尽全力你来我往飞也似地快速抽击起自己手中的刺剑，最终两人同时扎中了对方，双双毙命。"

虽然自詹姆斯一世时代开始决斗便是一种违法行为，但相当一部分军官仍然热衷于这种"不良习惯"，哪怕决斗的胜利者会被法院以故意杀人罪起诉也在所不惜。当时这种不惜以生命为代价捍卫自己荣誉的社会观念助长了军队中的决斗风气，就连皇家海军也不能免俗。1749 年，英国皇家海军的英尼斯及克拉克两名船长就将决斗视作解决争执的唯一手段，克拉克在决斗中杀死了英尼斯，他被法院以故意杀人罪起诉并判处了死刑，但幸运的他最终得到了国王的赦免。

海军中的决斗多发生在军官之间，大部分决斗中双方都选择使用手枪，因为在发生争执时双方身上往往都只带着手枪，此外手枪决斗也算是英式决斗的一大传统与"特色"。在 1740—1850 年的 110 年间，有许多英国作家描写或记录过海军中的各种决斗，其中大部分都发生在 1780 年以后。自 18 世纪下半叶开始，皇家海军的规模急剧扩张，而同时期的英国民间人士也不再以随身佩带刀剑作为风尚，所以从这个时期开始，英国普遍使用手枪进行决斗，因为手枪能给人一种"正式"感，同时也能使决斗显得更为公平：如果使用佩剑作为武器，那么剑技精湛之人在决斗时无疑占有巨大优势；使用佩剑时，双方的身高、体重不同也会给决斗带来各种不公平。18世纪70年代开始，英国甚至还出现了第一家专门生产决斗用手枪的武器制造商。由于同时期的民间人士普遍已不再随身佩剑，海军军官当然也紧跟社会潮流，在决斗时一般不再使用佩剑作为武器。这种"手枪热"算是英式决斗的一大特色，同时代的欧洲在此后很长一段时间里仍然偏好于使用佩剑决斗，德国人的"施拉格尔"式决斗法甚至还作为体育竞技用的击剑技巧而存续至今。一名叫作麦克阿瑟的海军作家曾编写了一本击剑教范书，并在书中驳斥了"击剑导致人极易同他人发生决斗"这一社会观念，他为击剑极力辩护道：

当人们开始意识到决斗者当中只有极少数人肯投入精力做击剑练习，且绝大部分人都不了解击剑动作与技巧之分毫时，这种反对与误解也将会很快消除。手枪反倒是一种可以被人随时随地取出来的武器，只要使用者的性情暴躁抑或是过分恪守自己的荣誉观，它就会被当场掏出来用于决斗。此外，要我说，在使用手枪这种武器决斗时，任何击剑技巧都不会起到半点功用。

一些关于海军的严肃历史文学作品也佐证了当时的"手枪热"。在霍恩布罗尔及李维利的作品中，决斗双方用的都是手枪。而在帕特里克·奥布莱恩的《马杜林与奥布雷》系列小说中，也忠实呈现了一些决斗场景，前20卷小说中用的都是手枪，只在未完成的第21卷中出现了佩剑决斗：小说主人公马杜林受到了米勒船长的挑战，作为一名当世闻名的神射手，米勒船长最初希望能用手枪同主人公决斗，不过决斗的武器只能由（名誉）受侵害的一方来选择，所以聪明的斯蒂芬·马杜林故意避开船长最擅长的手枪而选择使用佩剑决斗，最终马杜林成功地缴了米勒船长的械，在不伤害他的前提下迫使他向自己道了歉。

英国最后一起社会影响重大的佩剑决斗发生在拜伦勋爵①与他的外甥查沃斯两

———————————

① 同名大诗人、六世勋爵乔治·戈登·拜伦的叔叔，这位老拜伦当时是海军的一名中尉。

人之间。时间为 1765 年，而决斗地点则为一间灯光灰暗的密室。在决斗中，勋爵杀死了查沃斯，事后还若无其事地将鲜血淋漓的剑挂回了自家墙壁上，此公也因此获得了"缺德勋爵"这一恶名。此外还有一起关于皇家海军的知名决斗，发生在 1728 年，当时的首相威廉·皮特同宪兵队的乔治·提尔尼因为一项旨在提升皇家海军待遇的法案通过与否而争执不已。不过幸运的是，双方并没有谁在这场决斗中受伤。至于皇家海军的最后一起佩剑决斗，一名海军陆战队的军官很"荣幸"地成了"纪录保持者"，他同时也是皇家海军中的最后一名决斗者，决斗时间为 1845 年 5 月 20 日傍晚，地点则为戈斯波特附近。

尽管是法律明文禁止的违法行为，决斗在海军中并不少见，按照《海军编年史》中关于 1799 年夏季德文郡的官方记录，短短数周的时间内海军就接连发生 3 起决斗事件。或许这便是皇家海军历史上最高的决斗"频率"，不过并没有任何材料可以证明这季前后皇家海军有出现更加频繁的决斗。此外考虑到当时通讯并不发达，新闻传播能力有限，所以实际发生的决斗会比记录的更多也说不定。值得一提的是，分舰队司令官詹姆斯·叶奥爵士在负责指挥 1812—1815 年加拿大大湖区战役时，就曾为了维持军纪而刻意刁难麾下的决斗者，强令他们跑到天寒地冻的冰湖上，分别站在两座相隔 80 码的哨所中，使用滑膛枪朝对方互相射击。当时的火器故障频繁、精度极为有限且极易受气候影响，到了"隔着 50 米连大象都打不到"的程度，在寒冷潮湿的天气下隔着 80 码射击更是基本上什么也打不着，这么做就是故意让逞血气之勇的决斗者在全军面前出洋相。

至于导致争执与决斗的起因，绝大部分都无外乎荣誉与女士两类。不单单是一些年轻的低级军官肯为了这些事情送命或受牢狱之灾，就连一些海军高级将领有时也会逞血气之勇。1799 年，海军元帅约翰·奥德就因为主动要求另一位海军元帅圣文森特伯爵同自己决斗而被捕入狱，争执的起因则是固执的奥德元帅未能取得分舰队的指挥权而觉得自己的名誉受到了损害。

正如前文所述，当时英国的决斗以双方使用手枪居多，不过由于海军军官们在岸上也会经常带着刀剑，所以在怒上心头时他们向对方提出在岸上进行佩剑决斗也不是不可能。一个叫作查米尔的船长在私人日记里这么描述自己第一次参加决斗的经历（在这次决斗之前他就已经具备一定的击剑经验，此前他还做过一场手枪决斗的见证人）：

我同一名海军陆战队的军官在咖啡厅里起了一点争执，于是乎我们当场拔出了佩剑，不过多亏了达拉谟的那位（教我击剑的）击剑师傅，我很快就扎穿了对手的手掌把剑刺进了他的胸膛。完事之后我就迅速逃回了自己船上，为自己刚才的所作所为而深感痛快——虽说这件事老实讲并不怎么值得自豪。

从中我们可以看出，临时起意的激情杀人同正式场合下进行决斗的区别，这篇回忆的作者自己心里还是相当有数的。而《海岸防卫队的故事》一书的作者则用他人的亲身经历更加直白地说明了两者的区别，书中有一名（前）海军军官被别人打了一下，于是"我怒不可遏地拔出了自己的佩剑，并要求他立刻同我进行决斗，至于后续情况如何你们应该也能猜得出——我被卫兵们当场逮捕，并在几天后被送往军事法庭接受审判，我在艾克斯茅斯的朋友们拒绝对此事发表任何看法，我也不知道自己到底被判了个什么罪，反正法庭最后把我从海军中除籍了"。

拿破仑战争之后的刀剑战斗

自 1812—1815 年同美国的战争结束后，皇家海军无可争议地成了世界海洋的绝对统治者，该地位直到木制战舰时代结束以前都不曾出现过半点动摇。这同时也意味着当时的英国舰队几乎都未曾同敌人发生过任何较大规模的战斗——不过由于整个维多利亚时代皇家海军都专注于各种反贩奴以及反海盗巡逻任务，因此接舷战仍会时不时地发生，但主要任务仍是搜寻以及拦截各种小型船只或是商船，就像今天的皇家海军所做的那样。

1881 年，在非洲沿岸的反海盗行动中，除了指挥舰"伦敦"号以外，还有一艘装载有 90 门火炮的老旧双层甲板小船被用作东非兵站的补给船，该船船长查理·布朗瑞格下令点燃蒸汽引擎出发巡逻当地水域，随即遭到了一小股挥舞着刀剑的阿拉伯土著的攻击，这些土著杀死了 10 名船员中的 7 人，剩下 3 人侥幸逃过一劫并游到了安全水域。布朗瑞格当时还曾试图抵抗，但不幸被土著的子弹击中，之后残忍的土著们接连砍下他的数根手指，并砍了他 20 多刀。与此同时，"伦敦"号上的 3 名船员却在一场俘获敌船的行动中大获成功：当时他们 3 人正在一艘小游艇"维多利亚"号上打发时间，突然间水手长理查德·特雷格以及 2 名炮手斯蒂芬·霍普斯与斯蒂芬·昆特，发现了一艘停下来的阿拉伯独桅帆船，尽管两边相距近 7 英里远，但 3 人还是开着小艇用了近 2 个小时的时间成功靠近这艘土著小船，他们随即遭到了土著们的反击，英勇的水手长特雷格将砍刀衔在自己嘴里，亲冒弓矢登上敌船并最终吓跑了所有敌人。

为什么砍刀与佩剑在实战中比手枪及其他开刃兵器出现得更加频繁？

现代的两栖作战中士兵们都是使用各类手枪以及步枪战斗的，不过在此之前的相当长一段时间里，士兵们普遍偏好各类刀剑，实际上手枪用了相当漫长的时间才逐渐进化成一种可靠兵器，并逐渐取代刀剑的位置。哪怕是到了拿破仑战争时代，燧发手枪仍然是一种相当粗糙且原始简单的兵器，装填速度极为缓慢。在肉搏战中，手枪的使用者根本没有任何机会装填，所以开过一次火后它就几乎派不上任何用场，这使得刀剑仍然是肉搏战中的得力武器。至于世界上第一把实现了多次射击的燧发转轮手枪，则要到拿破仑战争结束数年后的 1818 年才出现并被人申请发明专利。转轮手枪在军队中全面普及，则是 19 世纪中叶的事情了。史密斯与韦森两人在 1856 年创制了世界上第一支使用边缘发火式枪弹的转轮手枪（即史密斯 & 韦森 M1），不仅使得射击可靠性大幅增加，快速装填子弹也成为可能。不过除了克里米亚战争以外，这个时期的皇家海军并没有机会同其他欧陆强权使用最新式武器一较高下，大部分时间里新武器都用在了针对殖民战争中的土著部落以及各类贩奴船、海盗船的战斗上。所以皇家海军的这些新式武器在战争中实际亮相的时间也要稍晚些。

尽管在拿破仑战争时代，手枪在近距离肉搏战中是一种相当强悍、足以威慑敌人的武器，可一旦开过火后往往就会被使用者直接丢在一旁或者索性猛甩到敌人身上。关于手枪的威力及危险性，一名叫作格林[①]的海军中尉曾在自己编写的军事教范《船员操作兵器攻防指南》中这样描述道："在海军中，一旦火器没能

---

① 特拉法尔加之战中他是"征服者"号的大副，并在 1806 年晋升为中尉，他的教范是在晋升前开始动笔写的，完成则是在晋升后。

▲ 一名用手里的砍刀格挡敌人刺刀的水兵，他在格挡的同时另一只手用手枪朝敌人开火射击，此图出自威廉·普林格尔·格林中尉编写的军事教范《船员操作兵器攻防指南》

交到真正需要它们的人手上，而是交到了一大群没接受过任何训练的士兵与一小撮没有任何指挥经验的军官手上的话，那可就是一切都玩完了，所造成的结果不光对敌人是致命的，对友军也是。"霍夫曼船长在 1794 年对多米尼加岛发动进攻时，手下的水手们——按照他日记中的说法——"在开完枪后就将手枪扔在了一边"，这又验证了前文中的观点。同样经历过实战的格林中尉并不建议这么做，他认为手枪在开过火后仍然有相当多的用处，比方说用来格挡敌方砍刀对自己头部的挥砍等等，同时他还建议道："手枪不到最后关头绝不能轻易开火，要把它留到最后的紧急关头，确保一击毙敌。"

格林中尉还在教范中论述了当时的其他几种开刃兵器在实战中的功用。关于长矛，他是这样评价的："长矛握在一个冷酷而又坚决之人手上就会是一种攻防兼备的恐怖兵器，既可以迫使敌人同自己保持数米的距离，也可以用来猛扎敌人的心脏。"不过由于长矛作为一种长杆兵器，需要一大群进退有序的士兵摆成堂堂之阵后才能发挥出最大作用，所以当时的水兵往往在接舷战伊始时使用它来阻止敌人登船，进入贴身肉搏战阶段后它就不再是那么得力的兵器了。因此将海战用的步兵矛叫作"反登船矛"更准确一些——长长的矛杆一旦密集成"林"，敌人可就无法轻易地钻空子或者"跳帮"登上我方船只了。长矛在防御战中的优越性同时还为约翰·尼科尔所承认，他根据自己在拿破仑战争时期在英国海军的冒险经历对这种武器做出了如此评价："我当时是登船水手中的一员，不过我们还是被命令随身装备一把长矛以保卫我方船只，防止敌人反扑过来。而在登陆敌舰时，我们需要的可就是一把印第安战斧、砍刀以及一对手枪了。"尼科尔所说的这些武器的使用技巧，就跟滑膛枪一样需要长时间的刻苦训练才能熟练掌握。到了 19 世纪 50 年代，皇家海军的军事条令里甚至还出现了这样的规定："船上那些接受过砍刀与步枪训练的水兵，一定也能快速掌握刺刀与长矛的训练技巧，因为这些武器的训练原理具备相当多的共同之处。"
至于斧子和印第安战斧（前者性质更接近工具一些，后者更偏向兵器），格林
中尉则认为它们在实战中并不是特别有效的武器："它们在磨锋利后是砍桅杆
与风帆的利器……在战斗中就不这么好用了，比不上长矛、砍刀还有滑膛枪上
的刺刀这些可以捅人的兵器。"

海军刀剑在岸上

维多利亚时代的皇家海军还有一大"特色"便是大规模运用海军陆战旅进行各
种地面战役。其中最为世人所熟知的便是布尔战争，为了纪念这场战争，海军陆战
旅每年都要在皇家竞技大会①上举办野战炮竞赛。此外，陆战旅还参加过诸如 1857
年的印度大兵变、1863—1864 年的英日战争②等多场战争，他们还参与过一些现代
人并不熟知的纷争，像是 1864 年的新西兰战争。当时 300 名英国海军陆战旅的士
兵分别乘坐"罗盘""日蚀""鹬""艾斯克"这 4 艘战舰，对帕赫门的毛利族土
著发动了突然袭击，塞缪尔·米切尔军士也因为在这场战斗中的杰出表现而获得了
维多利亚十字勋章。此外还有 1868 年的阿比西尼亚战争、1873—1874 年的阿善堤
战争、1894 年的达荷美（即今贝宁共和国）战争等等。海军上尉彼得·霍瑞作为
一名作家在他的著作《陆地上的海权》中详细论述了这些战争对当时的日不落帝国
的重要性，并提出海军部队在陆地上战斗时具备三大优势：结合了海军的科学技术
与人的体魄、力量的充满激情的战斗技能；比起陆军更具优势的火炮与更加坚决的
战斗意志；作为海军这一军种的特殊身份。海军陆战旅也确实如他所说做到了把海
军的战斗意志带到陆地上：在印度大兵变中，海军陆战旅在皮尔船长的领导下成功
为大英夺回北方邦首府勒可瑙附近的沙赫·纳吉夫③。时任英军总指挥的科林·坎

① 1880—1999 年每年都要举行一次的夜间野外军事演习，一度是世界上规模最大的军事演习。
② 这是历史上最后一场出现木制战舰开炮场景的战争，夺得"最后一炮"这一"殊荣"的战舰则为皇家海
军的"征服者"号。
③ 这是一座被叛军要塞化的大型陵墓，墓主人名为纳吉夫·汗，是一名来自波斯的冒险者，来到印度后成
了莫卧儿帝国皇帝阿拉姆二世的元帅。

▲ 陆战旅攻下的被叛军要塞化的纳吉夫·汗陵墓

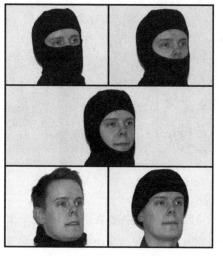
▲ "巴拉克拉瓦"帽戴法示例。这种在现代再常见不过的帽子最初是克里米亚战争时期英军为抵御寒冷而发明的

贝尔爵士这样评价战斗意志极为坚强的皮尔船长："（他时时刻刻都杀气腾腾）仿佛他的'香农'号旁边一直停着一艘敌人的护卫舰一般。"这样的地面战役令当时的皇家海军受益匪浅，不少海军军官（包括费舍尔、杰里科、贝亚蒂等日后成为皇家海军高级将领及元帅的人）都从中获得了实战与指挥经验。

值得注意的是，这些海军陆战旅的规模往往要比陆军旅小得多，通常只有500人左右，由各舰搭载的步兵连组成。这类旅的兵力规模通常都非常小，结构也相当松散，克里米亚战争时期一名叫作 H. W. 罗素的新闻记者就曾这样评价当时英军的轻装旅："英国这种旅的兵力规模，和欧陆其他国家军队相比，怕是连一个团都比不上。"尽管现在的英军一个旅的编制有将近 5000 人之多，但当时的英国无论陆、海军，一个旅的编制都要比这个数字小得多。巴拉克拉瓦一战[1]中，轻装旅总兵力也就 800—900 人，其中 600 多人参与了对俄军发动的冲锋，余下 200 人留守在后方。关于这场冲锋，英国于 1932 年及 1968 年各拍了一部电影《轻装旅的冲锋》，吉卜林（Rudyard Kipling）也就此役作了一首诗《最后的轻装旅》。

---

[1] 发生于 1854 年 10 月 25 日，此役中轻装旅损失惨重但未能取得决定性进展，同时此役中的英军发明了"巴拉克拉瓦"帽，这款帽子为后世世界各国军警所广泛采用。

同时期的水兵们通常都装备有刺刀与步枪，而军官仍同拿破仑战争时代一样随身携带佩剑与手枪。1882年在埃及，英国陆军在海军陆战旅的支援下，前往大土陵战场参加会战（Battle of Tel-el-Kebir），当时的海陆军指挥官为陆军的怀亚特·罗森以及侍卫长海军中将沃斯利。沃斯利借助夜间的天上繁星导航，成功率军坐船航行到了目的地，随后陆军第二师迅速而又安静地到达了战场，但他本人却在为陆军担任向导时不幸负伤，后伤重不治而死。1882年9月13日早上大约5点，英军向埃及军队发起进攻，整场战役进行了大约1个小时。这场战役并不是沃斯利生前的第一场地面战斗，早在1874年他就被派往阿善

▲ 1882年大土陵海陆联合作战的英军指挥官怀亚特·罗森

堤参加过多场地面战役并做出了相当杰出的贡献，而他本人也在这场战争中一度负伤。根据战报可知，还有一位海军人士在同时代的殖民战争中战死，他的名字叫作 W. H. 安斯利，是一名一级信号兵，战死于伊散德瓦尔纳一战[①]中。当时他被一群敌人围困在一辆马车上，只能用手里的砍刀做近乎绝望的反击，最终一名祖鲁武士钻到了他的马车下面，用长矛捅穿了他的后背，将他当场杀死。

19世纪80年代，英国军队中出现的一系列刀剑采购丑闻导致皇家海军 A. K. 威尔森上尉[②]在实战中遭遇了一起刀剑断裂事故。当时他作为海军陆战旅的一员前往

① 发生于1879年1月22日至1月23日。该战役中，20000名装备极为落后原始的南非祖鲁人攻击驻于伊散德尔瓦纳的当时世界上最为先进的英国远征军。祖鲁人虽损失3000—4000人，不过1700名英国驻地军士全部阵亡，是近现代军事史上最为"神奇"的一场战争。
② 亚瑟·尼维特·威尔森爵士，后来成为舰队司令，是维多利亚十字勋章的获得者。

苏丹参加了1884年2月的艾尔塔战役，他在战斗中用佩剑"朝着一名敌人的肋骨大力挥砍，结果剑突然断裂"。这把质量极不过关的佩剑至今都还保存在朴次茅斯港的皇家海军博物馆中，脆弱的剑身沿着水平方向十分整齐地断成了两截，表明这把剑在冷却之后的回火处理极为粗劣。战报声称时任"赫克拉"号船长的威尔森当时正好架起了一挺机枪，结果他的小分队突然遭到了一股阿拉伯土著的袭击，为了解救一名受困的

▲ 艾尔塔一战中的威尔森上尉，他那把粗制滥造的佩剑在战斗中被当场折断，而他本人则因为在这场战斗中的英勇表现而被授予了维多利亚十字勋章

海军陆战队士兵，威尔森当即撇下机枪冲上了肉搏战现场，结果被五六名土著团团围住。他在手里的佩剑彻底折断后继续用拳头与剑柄同敌人搏斗。最终，赶过来的部下及时地救下了他。虽然他在这场战斗中头皮负伤，所幸伤势不重，在伤愈后继续留在军队中，他本人因自己的英勇举动而被授予了维多利亚十字勋章。

威尔森上尉在写给"弗农"号船长马克汉的信中，是这样谦虚地描述自己这一英雄举动的：

战报在短短一天之后就被送到了我们手上，结果全军上下都在讨论我的这一轰动性事迹。但这些传说并不完全真实，实际战场上的情况是这样的：当时距我大约30码处有几门克虏伯炮，大概是第65团的东西，我手下几个人以为这几门炮已经被人遗弃，于是我和他们就脱离了队列跑上去一探究竟，结果当我们到达炮兵阵地的胸墙附近时，二三十名阿拉伯土著突然从我们的身后冲杀过来。我制止住了两到三名想要开小差的士兵，同他们一并御敌。在这群阿拉伯人冲上来同我们进行白刃战之前，绝大部分人就已经被我们的枪械打死了。有一个土著冲到了我们跟前，用长矛朝着我左侧的一名士兵猛地一扎，但没有扎中，导致全身都暴露在我的佩剑之下，于是乎我打算把他捅个透心凉。他的身体似乎像野兽的表皮一样坚硬，我的剑一砍到他的肋骨就彻底断作两截。我左边的部下是个相当胆大的家伙，他抱住了这个阿拉伯人的脖子，想把他从我身边甩开，但没有成功。

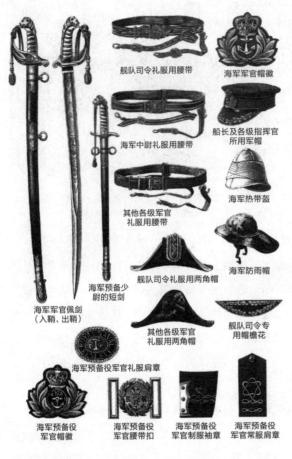

舰队司令礼服用腰带

海军军官帽徽

海军中尉礼服用腰带

船长及各级指挥官所用军帽

其他各级军官礼服用腰带

海军热带盔

海军军官佩剑（入鞘、出鞘）

海军预备少尉的短剑

舰队司令礼服用两角帽

海军防雨帽

其他各级军官礼服用两角帽

舰队司令专用帽檐花

海军预备役军官礼服肩章

海军预备役军官帽徽

海军预备役军官腰带扣

海军预备役军官制服袖章

海军预备役军官常服肩章

▲ 1898年皇家海军及其各预备役部队的军官制服条例规定的随身佩带物件及佩带要求

这名阿拉伯人仍旧端着手里的长矛，我只能握着手里的断剑徒劳地去打他的身体。正在这时第二个阿拉伯人蹦了出来，用剑朝着我的脑袋大力挥砍。所幸我的头盔替我接下了绝大部分的冲击，他的剑仅仅伤到了我的头皮，当时的我甚至都还没察觉出自己已经负伤。接下来的一瞬间里这两个阿拉伯人都被我手下人的步枪撂倒在地，被刺刀扎死了。要是我当时有一盆水洗脸的话，指定能让自己的落败看起来更体面一些，但我的水瓶里只有一些凉茶，我们走到一口井旁边打算洗干净脸，但井里一丁点儿水也没有，导致我仍旧满脸是血。正在这时，几名战地记者发现了

这般狼狈不堪的我，身后的布勒将军趁机向我道了贺，在他的举荐下我成了战争英雄，获得了维多利亚十字勋章。勋章很棒，但这完全是好运使然。当时我脚上甚至还穿着便鞋，只是想去视察附近的战况而已。舰队司令将我带去做了场笔录，当时的我脑子里一片空白没有任何想法，结果就这么被人给捧红了，只能接受别人赠予的荣誉。

战斗结束后，威尔森还被赠予了两把佩剑以代替在战斗中被折断的那一把，

第一把是鱼雷艇"弗农"号（威尔森曾在这艘船上服过役）的船长赠送的，第二把则是马耳他的女士们赠予他的。第一把剑剑身宽阔，同他折断的那把十分相似。作为礼剑，这两把剑的剑身上都刻有铭文，除此之外，这两把佩剑同当时的制式海军佩剑并没有太大差别。

和平时期的海军佩剑

自从拿破仑战争结束后，皇家海军在本土海域还执行过数场行动，但都逐渐为历史所遗忘。参与过这些行动的部队与人士后来也被吸收进了海岸封锁部队、海岸警卫队等其他部门。其中设立海岸封锁部队的目的是制止在拿破仑战争期间坚持往英国走私的各路武装走私犯并在必要的情况下同他们战斗。当时的肯特郡海岸及附近海域，走私活动极为猖獗，甚至出现了"肯特郡战争"一词来形容皇家海军对当地长达数十年之久的反走私行动，故这支海岸封锁部队在仓促间即宣告成立并被马上投入巡逻及侦察等各种日常任务当中。该部队以沿岸各处补给站作为活动据点，一般通过各处的石造圆形小炮塔[1]来指挥联络。每个补给站由一名中尉负责指挥，巡逻队在执行任务的时候每名队员装备有砍刀与手枪。由于当时的英国过于严厉地执行海岸封锁政策，国内各地发生了数场骚乱并险些酿成一起武装叛乱。这场反走私运动持续了整整 30 年，相当数目的海岸封锁部队成员也在这 30 年间因公殉职。

当然，刀剑与其他各种开刃兵器不单单是战斗用的武器，同时还是绅士们的必备随身物件。1799 年 10 月 5 日，华特金船长遭到了 2 名拦路贼的突然袭击，随身佩带的军刀及时地保护了他[2]。一名叫作查米尔的船长在暂住于墨西哥的一家旅店时，曾在日记中写道："他们（指英国皇家海军的军官）拿马鞍做枕头呼呼

---

① Martello Towers，英国在 19 世纪沿海岸线各处修建的一种小型岸防工事。

② 华特金时任"海中仙女"号的船长，案发当天为他离任前最后一天。欢送会结束当晚他便遭到了两名拦路贼与一条猎犬的偷袭，他拔出军刀当场砍下一名劫匪的手臂，不过最终还是被猎犬咬死了。

大睡，随身放着一把上了子弹的手枪与一把出鞘的刀或剑。"帕森斯中尉则在日记中提到曾有数名将要成为军官的年轻绅士们在参加舞会时，由于卫兵拒绝他们参加舞会的一部分活动，"便使用随身带的短剑在舞会上公然拿卫兵开玩笑搞恶作剧"。对于港口警卫的指挥官来说，在舰船入港卸货时，身上佩带的刀剑可以有效预防以及捕杀出没在船舱里的老鼠与奸盗之徒。有些时候，海军刀剑会带来各种安全隐患，1799 年 6 月 18 日就曾发生过一起近乎诡异的意外事故：当时正停泊在普利茅斯港的"土星"号上，一名水手不慎从桅杆上跌落，竟然正好摔到舷梯上的警卫们手上端的滑膛枪的刺刀上。

此外，刀剑也能在视觉上带给人一种安全感。所以当英国人在押送从西班牙珍宝船"圣布里希达"号与"西蒂斯"号上虏获的整整 63 辆马车的金银财宝时，护送的船员们（包括护送队中的海军候补少尉等军官）除了腰间的佩剑以外，手上还要额外再拿一把砍刀——除了给自己壮大声势以外，还能震慑那些对财宝有非分之想的人。

皇家海军的最后一次刀剑战斗

"皇家海军最后一次刀剑战斗发生在什么时候？"这个问题就如同"海军使用刀剑的历史有多悠久？"一样，让人根本无法给出确切答案，就像英国海军的其他一些传统一样，关于这方面的官方记述在进入现代之后近乎为零，往往只能根据口耳相传以及道听途说来做猜测，而这些"传说"通常都是虚假的。不过可以肯定的是，根据 1936 年 10 月 22 日下达的制服条例，海军开始正式裁撤军中的各类砍刀，但是在条例发布之后，一些舰船并未全部裁撤，仍装备有砍刀，不过也仅在各类典礼及仪式等正式场合上使用。此外，在条例发布后的短时间里也有相当一部分船只并未来得及送还自己船上配备的砍刀。所以这（1936 年末至 1937 年初）便是皇家海军最后一次实际使用刀剑的时间。只是这个答案仍不能很好地回答"何时最后一次使用刀剑战斗"这一问题，因为穿戴制服时随身佩带刀剑和使用刀剑战斗完全不是一个概念。

因此要想追寻关于皇家海军最后一次刀剑战斗的记录，就应该从发生在第一次世界大战之前的最后几场传统海战当中慢慢寻找。当时的皇家海军正支配着世界海洋，维多利亚时代的英国军队因此往往只会进行小规模的陆地战役以及从事各种反海盗任务。1833 年 7 月 5 日发生的第四次圣文森特角海战^①便有可能是最后一次刀剑战斗。当时立宪派的战舰在战斗中成功截住了敌方船只并展开了登船行动，随即同船上的敌人展开了贴身肉搏战。当时的登船中队由英国海军军官查理·纳皮尔负责指挥，而且立宪派战舰上绝大部分武装人员都很有可能曾在皇家海军服役或者受过东印度公司的雇佣，舰队中的指挥者更是大部分为前皇家海军军官。但实际上，当时战场上立宪派的登船中队的水手们全是葡萄牙人，负责指挥他们的是多姆·佩德罗，他是玛利亚二世女王的摄政，所以这场战斗只能算是有皇家海军人士参与的战斗，不能算作皇家海军的刀剑实战。至于皇家海军在木制风帆战舰时代的最后一场大规模登船接舷战，则是发生于美英战争末期英舰"恩迪弥翁"号及美舰"总统"号之间的战斗。这场战斗发生于 1815 年 1 月 15 日，参战的英国船员们在战后都获得了综合服务奖章。

如此，关注皇家海军的反贩奴行动也是很有必要的，这场反奴隶制的运动一直持续到了 19 世纪末，期间发生过很多起各种小型船只之间的战斗。1887 年 5 月 30 日，弗里德里希·福格蒂·佛根中尉离开自己所属的小型海防舰"绿松石"号前往桑给巴尔沿岸的彭巴岛（Pemba，旧名"阿梅利亚港"），使用小艇执行日常巡逻任务。当时的他手下共有 5 名水手、1 名海军陆战队员以及 1 名翻译。在巡逻过程中，佛根发现了一艘阿拉伯独桅帆船，随即命令 2 名水手与翻译登上这艘船。阿拉伯小船上的船员们当即朝着英国人排枪齐射并朝着小艇全速冲撞，佛根则下令使用 9 磅炮开炮反击，并在敌船中弹受创后试图登上敌舰。关于当时的战况，战报是这么描述的："英勇的中尉用手里的转轮手枪击毙了 2 名敌人，并用手里的佩剑赶跑了第三名敌人。"不过这位中尉还是在后面的肉搏战中不幸战死，接替他指挥的 A. B. 皮尔森"用手里的砍刀成功制止了袭击者"。最终，在佛根手下

---

① 葡萄牙内战中的一场海战，当时的立宪派在政治、经济、军事上受到了英国的援助，而西班牙则在 1833 年以前一直支持专制派。

船员们持续不断的进攻下，这艘阿拉伯独桅帆船受损严重，不得不驶往岸边紧急停泊，船上的 53 名奴隶也因此获救。在这场战斗结束之后的十多年里，皇家海军在这片地区还多次展开类似的行动并数次与奴隶船交火（在这十多年里，巡逻队的武器装备相较于 1887 年仍没有太大的变化），但却并没有类似的英雄事迹（主动登上敌船同敌人肉搏）在各类档案或者战报中出现，因此我们完全无法断定在之后的反贩奴行动中有无刀剑战斗。

维多利亚时代晚期，海军陆战旅也曾为了支援陆军的行动而在岸上进行过各种战斗，所以他们也很有可能是"皇家海军最后一次刀剑战斗"这一"殊荣"的获得者。至于他们支援的陆军骑兵部队则一直到第一次世界大战期间都还配发有刀剑，当时骑兵各级官兵用的军刀是 1908 式，而军官则在 1912 年统一配发了新的装饰相对华丽一点的军官型号。1919 年，英国陆军在英属印度的达卡（即今孟加拉共和国首都）发动了历史上最后一次骑兵突击，有些学者认为在这次突击中刀剑可能起到了很好的作用。对于皇家海军而言，最后一次装备实战刀剑的战争很有可能是 1899—1902 年的第二次布尔战争。在 1899 年 11 月 25 日的格拉斯潘（又名恩斯林）之战中，编写有各类半官方性质的历史著作的作家 H. W. 威尔森这样描写道："陆战旅的军官们仍然随身佩带各类刀剑，这使得他们的身份很容易被布尔人辨识并成为枪靶子。"所以他们毫无意外地在战争中逐渐放弃了随身佩剑而改用转轮手枪。在威尔森的著作中，有一副插画还描绘了皇家海军陆战旅的普洛贝少校在战死前挥舞着手里的佩剑鼓舞士兵冲锋的场景，插画里少校甚至还把自己养的狗带上了战场，让人不禁觉得这幅画应该是后人艺术想象之作。在这场进攻中，皇家海军"强大"号的船长艾塞尔斯顿与普洛贝少校几乎在同一时刻战死，死的时候手里也很有可能握着佩剑。而当时负责指挥炮兵连的其他几名海军军官当中是否有人在实战中用佩剑同敌人肉搏，我们可就不得而知了。

就笔者本人观点来说，最后一次

▲ 于1899年11月25日格拉斯潘一战中战死的普洛贝少校（注意他的脚边）

可以证实的刀剑战斗很有可能发生在镇压中国义和团运动的战争当中：当时的英国海军驻华舰队司令西摩尔（Edward Hobart Seymour，1840—1929年）尽自己的最大努力召集了一支军队（约2000人），攻入北京，最终成功解救出城中受困的欧洲人[1]。他统率的海军陆战旅是一支多国籍部队，混杂了英、德、俄、法、美、意、日等国军人（即八国联军），至于武器装备则是由手头的各国各类武器临时拼凑起来的，另外值得一提的是有许多日后登上皇家海军巅峰之人在这场战争中脱颖而出——贝亚蒂、杰里科以及罗杰·凯耶斯爵士这3位海军元帅在当时都以低阶军官的身份参加了战斗。一篇发表在《海军评论》（The Navy Review）上的文章[2]则评论道："当时的联军并没有卡其布军服，所有人都穿着蓝色的制服，而军官则有各种佩剑或水兵的砍刀。"整个扮相显得相当有海军陆战旅特色。联军还多次在激烈的战斗中主动发起刺刀冲锋，成功地冲垮敌人，显然绝大部分的战斗都是靠刺刀与步枪进行的，至于他们有无使用砍刀或佩剑进行过实战则并没有任何战报提及。为了支援陆上联军的行动，英国海军的"声誉"号以及"牙鳕"号向大沽炮台发起了进攻。1900年6月17日，英国军舰派出数艘小艇试图登上一艘中国驱逐舰，凯耶斯中尉是当时参与指挥这场行动的几名指挥官之一，关于登上中国战舰时的场景，他是这样描述的："正当汤津森（凯耶斯中尉的副官）试图跳上敌舰的时候，距离我们数尺远的一名中国军官使用转轮手枪朝他开了几枪，不过都没有打中。汤津森随即拔出自己的佩剑向他发起进攻，并把他推下了海。"这场战斗发生在克拉多克长官带领海军陆战旅侵攻天津及北京之前。根据日记，各类刀剑直到20世纪初对于不少军官来说都是再自然不过的标配——尽管这些军官中有不少人甚至一年前才参加过海军陆战旅在格拉斯潘与解救莱迪史密斯的战役[3]！在凯耶斯的一张海军陆战队的照片里还出现了一名满面笑容的低阶军官将砍刀挂在腰间的场景，在他旁边的纵队里，军官们则佩带有佩剑。此外海军陆战旅

---

① 其实当时被义和团围攻的除了教会人员与洋人，还有不少改信基督教的中国教民。
② 该文作者用了化名，是一名参加了当时的战斗的英国海军少尉候补军官。
③ 这场战役持续时间为1899.11.2—1900.2.28，战役结果为海军陆战旅成功迫使布尔人退却，解救了被围困的该城。

▲ 朴次茅斯港的维多利亚公园里有两座纪念建筑，纪念的是1900年战死于中国的皇家海军官兵。上侧的纪念堂则是献给战死于天津的"奥兰多"号船员、西摩尔司令的联军以及北京的大使馆人员。纪念堂上那座钟的原件已经在2005年被归还给中国政府，现在的这座是复制品。下侧的纪念碑是献给皇家海军"百夫长"号战死在天津的船员

的海军预备少尉盖伊在拯救被火势所困的伤员时，身上也很有可能带着剑，他本人因这一英雄事迹而被授予了维多利亚十字勋章。

在八国联军之役结束后，皇家海军可能还在中国进行过一些用到了砍刀与佩剑的战斗。一位叫作"塔弗拉尔"的作家在作品中极大地暗示了这种可能。这是个笔名，至于其真实姓名则为亨利·塔普瑞尔，他是皇家海军的一名船长，曾写过几本关于第一次世界大战及战争爆发前的海军的书，内容相当程度上参考了自己以及当时其他海军人士的亲身经历。他的《守夜之人》里面，有一则标题为《厦门的海盗》的故事，讲述了一名年轻的皇家海军中尉奉命登上一艘哨戒船，搜查香港/广东西河区附近的海盗，结果海盗们的小艇搁浅在岸边，中尉随即也下了船，同时遭到了海盗们的突然袭击，不过这名中尉还是在战斗中用砍刀痛击了敌人："中国水匪们亮出了手里的刀面，我的部下们当场咕哝了几句咒骂的话，结果这群中国人一边放声尖叫一边朝我们冲杀过来。刺刀折射出的熠熠寒光以及被火光映得通红的砍刀刀身，全被我看得真真切切。"尽管这则故事与战斗中的技术细节有可能并不是作者的亲身经历，但很有可能是根据当时皇家海军"恐怖"号巡洋舰上的预备少尉多林的经历改编的，多林在1901年前后在中国补给站附近水域活动。尽管故事里的主人公将船停下来后在岸边遭受了中国海

▲ 两图中的美国及波兰军官身上穿的就是"山姆·布朗"式腰带，这种在现代军队中再常见不过的武装腰带发明于维多利亚时代

盗的袭击，但历史上真实发生的这场战斗却是在海面上进行的，当时多林乘坐的小艇上也装备有各类自卫及接舷战用的武器。

除此以外，"皇家海军的最后一场刀剑战斗（在岸上同敌人用砍刀或佩剑战斗）"这一殊荣还有多位"有力候选者"。朴次茅斯港的皇家海军博物馆里有这样一件展品——一把挂在"山姆·布朗"式皮带①上的传统海军佩剑，这是一名参加过一战的海军陆战旅军官生前

▼ "山姆·布朗"式皮带的发明者山姆·布朗爵士

① 山姆·布朗（Sam Browne，1824.10.3—1901.3.14），是维多利亚时代的一名骑兵猛将，印度大兵变时他负责统率旁遮普部队，并获得了维多利亚十字勋章。同名皮带是他为骑兵发明设计的，自他以后逐渐在全英及世界各国军队中流行。

That Sword.
How he thought he was going to use it—

—and how he did use it.

▲ 布鲁斯·巴恩法德尔的讽刺漫画《我原以为的佩剑用处和它到我手上后的实际用处》

佩带之物，文物检测证明这把佩剑在战争时期被物主多次剧烈地使用。不过也不一定是实战，可能是大力挥砍索具、木头一类的东西造成的。在 1915 年 3 月 10 日的新沙佩勒战役[①]中，第二卡梅隆营（Cameronians，即苏格兰步兵营）的军官们仍能自行选择是否将佩剑继续带在身上；不过 B 连的 E. B. 弗瑞尔少校坚持命令麾下军官随身佩剑，一部分军官也确实照他所说的做了。在此之前，于 1914 年 10 月 13 日在梅特伦附近发生的第一次伊普洱战役[②]中，"皇家沃里克郡"团的伯纳德·罗伊·蒙格梅瑞中尉就曾一边挥舞着自己的佩剑，一边带领手下一个排的士兵发动冲锋，他本人因为这一英雄举动而被授予了杰出服役勋章，不过他在自己的回忆录中亲口承认自己压根就没练过剑！至于同时期海军陆战旅的军官们的用剑情况，和这位中尉大体上差不多。比较可惜的是，关于皇家海军博物馆里的这把佩剑的实际情况，当时并没有留下任何记录。由于缺乏直接证据，所以也不能断定这把饱经风霜的佩剑是否在战斗中被用来砍杀敌人。布鲁斯·巴恩法德尔的这幅《我原以为的佩剑用处和它到我手上后的实际用处》讽刺漫画，就相当幽默风趣地表明了一战时期军队内外人士对佩剑这一历史悠久但在现代战争中地位无比尴尬的东西的看法。

---

① 这是世界军事史上炮兵第一次运用徐进弹幕射击战术的战役，仅 3 月 10 日当天 530 门火炮就前后发射了 216000 枚炮弹。
② 此役中双方白白牺牲无数兵力却没有取得半点进展，有力证明了堑壕战的残忍与恐怖，英国海外远征军损失惨重，不得不放弃志愿兵役制，改为义务兵役制补充兵员。

不过即使是到了一战时期，皇家海军仍出现过几次登陆各型船只的行动。道格拉斯·费尔巴恩就曾在自传中提到自己在 1915 年带领手下船员于北海附近海域登上一艘荷兰籍的拖网渔船进行例行检查，当时他的部下们都装备有砍刀，而时任少尉的他本人除了砍刀以外"还随身佩带着一把转轮手枪"。这同他后来突袭一艘德国巡逻艇时的经历形成了鲜明对比：他在回忆录中十分细致地描述了自己在这次登陆（敌方军用）船只的行动中装备的每一种武器，却唯独少了砍刀。

现如今有一种说法颇为流行，认为"阿尔特马克"号事件中出现了皇家海军最后一次刀剑战斗，不过事件调查委员会的大部分成员并不认同这一说法。这起事件发生于 1940 年 2 月 16 日，一艘叫作"阿尔特马克"的德国补给舰上装载着 299 名自英国商船上俘虏的水兵，这些俘虏都来自德国海军"施佩海军上将"号重巡洋舰

▲ 诺曼·威尔金森创作的油画，表现了皇家海军"哥萨克"号成功同"阿尔特马克"号接舷，在战船前甲板处聚集了一大批水手准备"跳帮"登上敌船营救战俘

先前击沉的船只。"阿尔特马克"号正
准备从南大西洋返回德国本土，途经挪
威水域（当时挪威还是中立国）并受到
了挪方的 3 次调查，挪方人员登上了这
艘船，但未对船上搭载的人员及物品做
任何检查，便匆匆放行。该舰随即被英
国军机发现，并遭到了皇家海军"哥萨克"
号（船长为菲利普·维昂）的拦截。这
艘补给舰当即逃往戈斯兴湾寻求中立国

▲ "阿尔特马克"号事件中德军战死者的葬礼

庇护。第二天，紧随其后的"哥萨克"号试图登上该舰，但是遭到了挪方船只的阻挠。
同时挪方还拒绝为英军提供任何协助，反复声称己方人员在先前的搜查中并未发现
任何异常。维昂船长表明了自己的来意，并要求挪方积极配合，却再度遭到了挪方
的拒绝。2 月 16 日傍晚，维昂船长不顾当时挪威的中立国身份，当机立断强闯戈斯
兴湾，迫使"阿尔特马克"号搁浅，最终成功俘获该船。可以肯定的是，"哥萨克"
号上确实装备有一些砍刀（不过仅在举行各类仪式等正式场合上使用），登陆德舰
的英国水兵们的步枪也确实上了刺刀（刺刀全长 18 英寸，是当时英军常用的 P1907
式），但"出现了刀剑战斗"这一说法却极有可能是那些热情过头的记者们为渲染"哥
萨克"号凯旋而做的"文学再创作"，也有可能来自德国对英国海军的污蔑之词——
当时德国报纸纷纷声称："1940 年 2 月 16 日，'阿尔特马克'号不幸遭遇了英国
海盗的打劫。""哥萨克"号的事故调查委员会搜集了所有当事人的证言，正式断
定这些传言都是不实之词。两名海军专家——约翰森与弗雷舒尔对这起事件又进行
了一次调查，在收集了大部分当事人的回忆录后也支持这一说法，不过仍有少部分
当事人坚持声称船上确实发生了刀剑战斗。

　　曾被《每日电讯》（The Daily Telegraph）报道过的关于米歇尔·斯提威尔少
校之死的传说，后来也同样被证明为夸张不实之词。按照记录，斯提威尔少校于
1944 年 2 月同其他 6 名船员一同搭乘一艘鱼雷摩托艇，他们遭到了一艘德国双桅
纵帆船的拦截。德国海员们堵住了这艘鱼雷艇，并立刻同该艇接舷，随即发生了
战斗。当时有传言称鱼雷艇上有两名船员装备有砍刀，不过这种说法并不太现实，

因为皇家海军早在这场战斗发生数年前就已经下令裁撤军中的砍刀。这种说法很有可能是文章作者将海军的长刺刀（这种刺刀颇长，确实很像一把拿在手里的砍刀）与陆军常用的稍短一些的"扎猪用的"短刺刀搞混而产生的。

在 1952 年中东纷争时，皇家海军曾为"无敌舰队"号上的登船水手配发了砍刀，不过持这个观点的文章事实上只有一篇，而且仅有的这篇原文中时间上还存在着记叙错误："无敌舰队"号早在 1951 年就已经来到中东执行任务，而最初的登船计划也在后来被取消，所以水兵们并没有实际运用过这些砍刀。

综上所述，在总结了所有可能，并排除掉极个别海军军人的个人行为与各类半真半假的传说后，笔者认为，皇家海军的最后一次刀剑战斗发生在中国，时间大约为 1900 年，地点更有可能在岸上。至于在此之后皇家海军是否还出现过其他刀剑战斗，只有在未来挖掘出更多有关记录与材料后才能予以证明。

最后一名向敌人交出自己佩剑的英国皇家海军军官

1942 年 2 月新加坡英军向日军投降前夜，扩编防卫师（Extended Defence，简称 XDO Division，当时的一支辅助部队，驻地在坎宁要塞）的首脑是乔治·F. A. 马洛克（George Francis Arthur Mulock，1882.2.7—1963.12.26，是一个爱尔兰人），他同时还是当时仍留在殖民地的海军军官当中军衔最高之人。他曾在史考特船长（Robert Falcon Scott，1868.6.6—1912.3.29）的带领下参与了 1903—1904 年的南极远征，这是继 60 多年前詹姆斯·克拉克的 1839 年南极远征之后，英国皇家海军官方开展的又一次大规模探险活动。在加里波利战役期间，他被授予了优异服务勋章。一战结束后，他一度从军中退役并前往远东进行各类活动，但年近 60 的他在 1939 年再度回到海军服役。他当时从海军上层收到的命令是在所有军官撤出新加坡以前一直留在当地断后。2 月 14 日晚些时候，他又收到了护送 38 名高级军官至安全地区的命令，英国担心这些军官一旦被日本人俘虏就极有可能遭到处决。他当晚即驾驶着一艘 40 英尺长的大型敞篷摩托艇"玛丽·罗斯"号出发，是为最后一艘从新加坡逃跑的船只。他和他的船白天四处隐藏以躲避日军视线，只在夜间行动。2 天后，"玛丽·罗斯"号在门托克附近的莫耶斯河上不幸被日本海军发

▲ 1942年3月，日军于印度尼西亚苏门答腊岛巨港岛俘虏的英军战俘的照片，之后他们中的一部分军官被押送到了日本本土。照片中后排右起第三位便是马洛克船长

现并遭到了日军的拦截。

2月17日黄昏时分，在日本人的监视下，"玛丽·罗斯"号被押送到了门托克，在这里它同其他十余艘被俘的英国船只一并被日军收押。马洛克船长随即被日军从舵手室押解出来，当时的他身穿白色常服，腰间佩带有佩剑。敌方中尉登上了"玛丽·罗斯"号并用极为流利的英语命令船员全体下船，随后这名中尉向下了船的马洛克船长敬了军礼，作为回礼船长解下了自己的佩剑并将它亲手交给了这位年轻的日本军官，这位日军中尉收下了佩剑并表示接受投降。在拘留期间，他船上的38名乘客中近一半没能存活下来，而他本人作为战俘一直被日军监禁到1945年末，同时也因此次被俘经历而成为最后一名向敌人交出自己佩剑的英国皇家海军军官。

刀剑与纪律

在拿破仑时代，如果要对船上的一名水兵进行体罚，通常都会将他绑在栅栏上反复鞭笞，并由在滑膛枪上装了刺刀的海军陆战队以及拔出佩剑的该船军械长严加看守。如果是炮室里的年轻绅士及海军候补少尉触犯了军纪，正式惩罚将会变得更加严厉。（对这些现役或候补军官们的）各种私刑与非正式惩罚在当时的军队中相当普遍，其中有一种叫作"桅杆斩首"的刑罚：触犯军令的年轻绅士们将会被押往桅杆顶上，并在上面罚站相当长一段时间，好似现代父母责令淘气的孩子罚站思过一般。比这更加流行的私刑便是打屁股，不过用的是佩剑或短剑的剑鞘来打，而不是鞭子，这种私刑似乎仅在炮室成员内部通行。一名叫作艾利奥特的海军预备少尉曾救起不慎跌入海里的"歌利亚"号的教导员，结果"这名英勇的预备少尉受到了由他的炮室战友组成的临时法庭的审判，理由是他在救起教导员时言语及行动上反复冒犯长官，最终被判处了'打屁股'之刑"。

一旦一名海军军官受到由船员组成的临时法庭的审判，他的随身佩剑就会被解下来并被摆放到法庭的桌上，剑尖指向法官，当陪审团到达法庭后，佩剑就会被调转平放，确保剑尖不指向法庭上的任何一人。之后如果法庭做出正式判决宣布被告无罪释放，佩剑的剑柄将会重新指向被告；而一旦宣布被告有罪，指向他的将会是剑尖。这项老传统一直持续到当代，直到 2004 年 3 月才被废除，同年 3 月 15 日"德雷克"号上的临时法庭进行了皇家海军历史上第一场没有任何刀剑的

▲ 1899年皇家海军的一场临时法院审判，被告人为莱斯船长，他的过失导致了1898年3月"苏丹"号沉没

审判。而在此之前的海军临时法庭上，无论是被告、被告的朋友，还是起诉人与全体见证人，每个人都必须随身佩带着刀剑。如果被告是一名军官，他会被一群拔出佩剑的同僚押送往法庭，而当被告是一名水兵时，将他押送往法庭的同僚手上拿的将是砍刀。

早在此前的 2003 年，斯特拉斯堡的欧洲人权法院曾发表呼吁，要求简化临时法庭的审判程序，但对于在审判中能否使用刀剑却不置可否。之后人权法院的主席声称须在审判时慎用刀剑，不过该提议遭到了军中部分人士的反对。之后的几起临时法庭审判都有来自人权法院的书记随同观察，"剑指被告"这一传统仪式在书记员的监视下照常进行了数回。尽管审判程序在人权法院的意见下发生了一定改变，但由于人权法院并未明文反对在审判中使用刀剑，所以这一老传统在之后一年不到的时间里仍得以继续保留。

然而当时一位参与了临时法庭审判的人权律师致信国防部，称法庭上的各种刀剑会吓到辩护律师，同时也是对被告人权的一种侵犯。这位律师将法庭的审判过程及宣判结果比作萨利文与吉尔伯特两人合作的歌剧《"皮纳福"号》（*HMS Pinafore*）①，同时此君还扬言一旦法庭上再次出现各类刀剑，他就会前往人权法院"采取必要措施"。

两周后，在英国上议院就此事展开了讨论。

格雷斯福特勋爵托马斯发言：

众位值得尊敬的绅士们，请容我斗胆实名向你们问个问题，我曾在西敏宫的每日内参上署名，呼吁废除法庭中的刀剑。

此君（勋爵托马斯）的具体提问为：

请容在下质问大英帝国女王陛下之政府，在美利坚政府关塔那摩拘押中心的丑闻已被彻底曝光的当下，英国海军的临时法庭各成员是否还在审判过程中继续展示并使用装在鞘内的各类刀剑？在护送辩护人时是否还继续使用出鞘的、擦亮

---

① 又名《爱上水手的少女》，故事中该船的一名水兵与船长女儿两情相悦，但男主人公不幸被法庭错判，因此被耽误了一辈子，直到故事的结局才得以平反昭雪恢复身份同恋人喜结连理。

的各类刀剑？

大英政务次官、国防部部长巴赫勋爵答道：

众位值得尊敬的绅士们，皇家海军正式做出决定，此后的法庭审判过程中不再强制要求各成员以及护送辩护人的卫兵们佩带或展示各类刀剑，此决议同美利坚政府关塔那摩拘押中心之行径无任何关联。皇家海军有史以来第一次不使用各类刀剑的审判将在停泊于朴次茅斯港的'德雷克'号上举行，开庭时间为2004年3月15日。

在这场讨论正式结束后，国防部向这位人权律师做出了正式答复，正式声明"法庭将不再强制要求佩带各类刀剑"，但这名颇为难缠的人权律师此后仍旧激烈抨击着皇家海军的这一悠久传统。虽说实际上全皇家海军上下并没有任何一名海军军官及水兵声明或表示在审判中出现的各类刀剑会吓到自己或别人。而作为刀剑的替代，之后的法庭上只剩下（让海军官兵并不感到亲切的）戴着假发、身穿长袍的法官了。

当代皇家海军中的年度奖品剑

这种制式奖品剑每年都会被赠予全英国武装力量中的各个部队，以表彰他们在服役期间做出的杰出贡献或者同各种国内外团体建立起的友好关系。该型礼剑由威尔金森公司定型于1966年，故而又名威尔金森和平剑。至于得奖部队，则是由海军部下属的一个委员会评选出来的。2005年弗明&颂斯公司（Firmin & Sons）取得了这门权威奖项的独家赞助权。这家坐落于伯明翰的公司成立于1655年，拥有相当悠久的制造兵器的传统及历史，它最初是一家制作纽扣的小作坊，从1677年开始为英国武装力量供应各类刀剑、刺刀、帽徽、纽扣、头盔以及胸甲等武器装备，后来逐渐壮大，成了英国的御用皇商以及为世界各地军警生产各类制服装备的大公司。"和平剑"的剑身都会特地铭刻所赠部队的番号、名称及其所在地区。由于这是一种制式佩剑，所以在阅兵或游行时可以随身佩带。

2011年飞行员及领航员协会（Guild of Air Pilots and Air Navigators，简称GAPAN）为海军舰队各飞行部队颁发了一种奖品剑，用于表彰、纪念2009年的

▲ 阔剑的揭幕典礼，拍摄地点为皇家海军司令部，其中左为GAPAN的代表，右为皇家海军司令康宁安（皇家海军新闻）

▲ 6英寸袖珍小剑。照片中间者为康宁安司令，左右则为2011年度的获奖者，分别为朱利安·马尔占特上尉与格拉汉姆·坎内尔中尉（皇家海军新闻）

▲ 2016年3月22日，达特茅斯港的不列颠皇家海军学院年度阅兵式上，正在接受长公主安妮检阅的海军学员。安妮公主是伊丽莎白二世的长女，曾是英国王位第2顺位继承人，现为第12顺位继承人，是著名的慈善工作者

海军航空兵诞生100周年庆祝大会（1909年英国最初将飞机搭载在舰船上以执行火炮校准任务）。这把剑由珀利刀剑公司（Pooley Swords）制作捐赠，该公司的主人罗伯特·珀利是GAPAN的资深会员。这把奖品剑并不是刻有铭文的传统海军佩剑，它的剑形是看起来非常"中世纪"的阔剑，这是它同其他海军佩剑最为显著的不同之处；同时宽阔的剑身与剑格更好地体现了机翼宽阔的特征，剑身铭文也较其他刀剑更为明显。剑身一面饰有飞行员、观测员与空勤组员的飞翼状徽章图案及赠予部队的番号名称，另一面则饰有剑鱼攻击机及灰背隼直升机图案，中间刻有铭文："永久纪念及表彰长达一个世纪以来始终矢志不渝的勇气、敬业以及技术革新，1909—2009"。除此之外，珀利刀剑公司每年还会向海军航空兵配发一种长度为6英寸的袖珍小剑，以表彰"该年度海军航空兵最为杰出的功绩"，

这种小剑的首个颁奖年度为 2010 年 3 月至 2011 年。

今日的皇家海军佩剑

各类佩剑时至今日仍会出现在皇家海军的各类正式场合中。同其他国家海军（比如挪威皇家海军）不同的是，英国皇家海军并不会强求每一名军官自行购置刀剑与制服相配。不过由于在各类仪式上仍需要佩带刀剑，所以皇家海军直到现代仍会在军械库中"囤积"相当数目的刀剑并在仪式开始前租借给那些需要佩剑的军官们。在阅兵式上，检阅及受阅军官们会佩剑。同时达特茅斯的不列颠皇家海军学院中最为优秀的受训学员们也会被正式授予佩剑，以示他们同其他学员的区别。达特茅斯可不是唯一一个会为受训的海军学员配发刀剑的地区，"科林伍德"号军官协会与海上作战学院每年也会向当年度表现最为杰出的军官及学员赠予一把佩剑。至于获奖者，他们通常都十分珍惜这一荣誉及成功的象征。

除此之外还有一种奖品剑，从 1987 年开始每年会被赠予该年度高阶潜艇作战课程（Advanced Submarine Warfare Course）中成绩最为优秀的潜艇军官学员。不过在 2010 年，这门课程正式改名为"（潜艇）基本作战军官课程"（Principle Warfare Officers Course，简称 PWOSM）。此奖项是由海军司令 C. D. 霍沃德－约翰斯顿赞助设立的，设立的目的则是纪念他的儿子 R. G. 霍沃德－约翰斯顿少尉。R. G. 霍沃德－约翰斯顿曾是"骚动"号潜艇（HMS Affray）[①]上的一名军官学员，该船在 1951 年 4 月 16 日的下潜训练中失事沉没，船上 75 名船员全体不幸遇难。"骚动"号的沉没原因至今仍未探明，不过在事故调查中发现的船体残骸表明，事故很有可能是船体进水后真空阀未能自动关上令放风阀故障无法排气导致的。不仅仅是皇家海军有这种为军校学员赠予佩剑的传统，加拿大与澳大利亚的海军每年也会为军事类院校赠予佩剑，英国女王也曾将一把海军佩剑赠予乌克兰国防大学。

---

① 阿克隆级，简称 A 级潜艇的 5 号舰，舷号 P421，是皇家海军最后一艘沉没的潜艇。

▲ 2015年7月14日，达特茅斯的不列颠皇家海军学院阅兵式上赠予优秀学员的佩剑，这些获奖者中有数人来自医护、辅助部队，还有几名学员来自外国

▲ 2015年7月的达特茅斯不列颠皇家海军学院阅兵式上，获得了佩剑的优秀学员罗伯特·盖斯特，同他合影的是英国驻北约及欧盟军事代表海军中将伊恩·柯德尔

◀ 1998年被赠予皇家海军R. 瓦特中尉的"霍沃德-约翰斯顿纪念剑"，值得注意的是剑身铭文上"约翰斯顿"的"Johanston"少了一个字母t。由于改动代价过于高昂所以赠送单位并没有纠正这一拼写错误

◀ 用佩剑切蛋糕。图中的蛋糕是为庆祝"圣奥尔本斯"号升级改造完成再度下水，拍摄地点为该舰机库，执剑人则为船长卡特琳·约尔丹、船长的丈夫安德鲁·约尔丹以及船上最年轻的水兵——年仅18岁的山姆·卡利甘

▲ 皇家海军为女王庆生而做的大号帕妃蛋糕，上面的皇冠似乎是可以吃的。海军蛋糕上很少有水果出现，因为水果会腐蚀剑身

　　如今的皇家海军军官葬礼仍然遵照着传统，在棺椁上覆盖联合王国的国旗及其生前所用佩剑，摆放在棺椁上端的是其生前佩戴的勋章及军帽。海军佩剑也会出现在喜庆的婚礼之中，当新婚夫妇们离开婚礼现场时，新郎官的同僚们会一齐拔出佩剑形成一道道"拱门"以欢送新婚夫妇，而新郎官本人的佩剑会用于切结

▲ 一场现代海军婚礼中的"剑拱门"

婚蛋糕。此外，每当新船下水时，军官佩剑也会被用于切庆祝会的蛋糕。在这类仪式上，蛋糕通常是由新船船长的妻子（如果船长已婚的话）与船上年龄最小的水兵使用船长佩剑切开的，由于蛋糕上的水果对刀剑有一定腐蚀性，所以执剑人在切完蛋糕后会立刻将剑身擦干净。

　　现代皇家海军的军官们一般都不再会自费购买佩剑，在仪式上佩带的刀剑普遍是从上文提及的库存中租来的。威尔金森公司曾是皇家海军最为著名的刀剑供应商，不过自 2005 年开始该公司便退出市场，也不再从事刀剑制造行业。此后的刀剑供应由位于德国索林根的魏尔斯贝格 & 基施鲍姆（Weyersberg & Kirschbaum & Co.，简称 WKC）①以及位于西萨塞克斯的珀利刀剑这两家公司接管。在今天，

---

① WKC Stahl-und Metallwarenfabrik，WKC 钢铁及金属加工公司，成立于 1883 年，到 1900 年已经成为德国刀具制造中心索林根的第一巨头，除了为德意志帝国提供各类刺刀及军刀以外，还为全球超过 50 个国家的军警提供刀具，二战期间是盟军的重点轰炸目标之一，损失惨重，直到 1955 年才恢复元气重新生产刀具。现在西点军校的军官学员们的 M2011 佩剑就是该公司生产的。

制造一把全新的海军佩剑及其剑鞘、腰带、穗子以及摆放佩剑用的箱子总共要花费大约 1000 英镑，在销售商以及裁缝们经手后成本往往还要更高。在现代皇家海军中仍然存在着一些职业裁缝，专为军官们装配刀剑的各种装具或腰带，并为制服量身缝制各种徽章，就如同 200 年前他们的老前辈所做的一样。顺带一提，在当代英国，二手武器交易市场非常兴盛，军队在各类仪式上使用二手佩剑也相当普遍。由于现在的英国国防经费较为拮据，每一件武器的支出都会受到各界人士的密切关注，所以很有可能在未来某天就连刀剑租借都会被国会砍掉。这样的话未免就太可惜了，因为佩剑本身不单单是件装饰，它联结着皇家海军的悠久传统与光辉历史，同时还是皇家海军"esprit de corps"（也就是中国人常说的"军魂"）的象征。

附录一：英国军队的刀剑采购丑闻

19 世纪 80 年代，军中爆发了一系列刀剑采购丑闻，各大报纸纷纷声称当时军队购置的刀剑"全然无用"，并要求"必须要有人来为这起极不光彩的事故负责，整顿如此腐败的体制已是迫在眉睫，因为它不再仅仅为士兵提供发霉的饼干、不可食用的面粉、发臭的肉食，就连它提供给士兵战斗用的武器也全都不堪使用了"。

在社会公众的关注下，英国政府正式对此事进行了调查并要求有关团体及人士做出具体解释。调查委员会随后发现了导致事故发生的决定性因素：当时英国将刀剑制造外包给了索林根的分包商，所以刀身通常都是从德国进口的。但德国人竟将半成品送往英国：相当一部分刀身只做过局部硬化处理，一些甚至还尺寸过大无法装配到英制军刀的装具上。之后这些刀剑又被精心打磨与抛光，上面的锈蚀痕迹也被清理干净。一把把劣质品刀剑就这样瞒天过海，看似精良的刀身实际上脆弱无比。在重新进行了几次质量检测后，军方发现当时的不合格品数量竟多到"两个团的刀剑半数不堪使用"这般程度，而整个军团更是糟糕到了"绝大部分武器全然无用"这般境地！这些瑕疵品在实战中导致了一系列灾难，例如苏丹战争中第 7 骠骑兵团的沃莫德中尉在战斗中大力挥动军刀，砍向一名马赫迪托钵僧武士，结果手里的军刀竟突然断成两截。

当时皇家海军也参与了数场陆上战斗，关于刀剑的质量问题，经历过实战的海军士兵们同陆军一样感触颇深，皇家海军的 A. K. 威尔森上尉在《每日电讯》报中就曾提到：

我在塔马伊一战①以及尼罗河流域附近的几场战斗中，就曾亲眼看到过一些蓝夹克水兵的砍刀形刺刀在战斗中被硬生生弯折成半圆形。在战斗中这些刺刀只能保持这个形状，完全不能拿来伤人。实战证明了这些由军队统一配发的刀剑是多么软弱无力，而一旦折弯还完全无法恢复至原来形状则更进一步说明了这些破烂的品质真是糟糕透顶。此外，要我说军队统一配发的剑形刺刀的质量比起这些砍刀形的也是好不到哪里去。在阿布科里会战②中，许多水兵在战斗中就因为来不及装填子弹而不得不使用刺刀战斗，结果手里的刺刀在他们最需要它的时候完全派不上用场。我亲眼看见许多剑形刺刀在战斗中被折弯或者严重扭曲，这些武器的材质根本就不是制钢，而竟然是软铁！在战斗中，你甚至还会看到许多健壮的近卫步兵（foot guards）、魁梧的陆军警卫团（life guards）士兵以及训练有素的骑乘步兵们不得不肩并肩排成方阵，用自己的脚或膝盖压住刺刀将其硬生生地掰直！还有些战士不得不丢掉手中已然报废的武器，拿起倒下的战友的武器继续战斗。

此外可以确定的是，刀剑质量问题也使得前文提及的阿拉伯土著袭击中几名海员在面对突然到来的敌人时手头竟没有堪用的武器，直接导致手无寸铁的 7 名海军官兵阵亡。

更为糟糕的是，这些采购丑闻可不仅仅发生在军队的刀剑上，苏丹战役中的英军步枪也出现了各种严重问题，正如《每日电讯》报所说："由于步枪子弹卡壳以及苏丹沙漠的大量沙尘造成的枪筒堵塞等各种武器故障与缺陷，无数我军战士的生命都陷入了极为危险的境地。"

---

① 发生于 1883 年 3 月 13 日，是整个苏丹战争中英军死伤最为惨重的战役。
② 发生于 1885 年 1 月 17 日，英军在此役中重创十倍于己的马赫迪圣战者。

附录二：以刀剑命名

由于刀剑这类武器具备令敌人胆寒的凌厉进攻性，所以皇家海军的很多战舰、军事行动以及军事演习的名称都是根据剑术、击剑运动或者刀剑及其相关词汇来命名的。最早以此命名的战舰是1780年下水的"突击"号，除此以外早期皇家海军类似的舰船名还有"刺击"号（Fleche）[①]——拿破仑战争中有3艘船叫这个名字，"角斗士"号——拿破仑战争时期有多次重大军事审判都在此舰上进行。

第二次世界大战中，武器级驱逐舰有多艘船只是根据刀剑种类来命名的，其中包括"大剑"号（Claymore，苏格兰人的传统兵器）、"砍刀"号、"匕首"号、"苏格兰短剑"号（Dirk，苏格兰人的传统兵器）、"短剑"号以及"佩剑"号。

▲ 皇家海军第一艘名叫"角斗士"的战船是一艘在1783年下水的五级舰[②]，之后拿破仑战争时期有多次重大军事审判都在此舰上进行。图中的则是皇家海军的第三艘"角斗士"号，是一艘1896年下水的二级防护巡洋舰[③]，1908年4月24日深夜至25日凌晨的夜间暴雪令该舰同远洋班轮"圣保罗"号发生碰撞而沉没，沉没地点为怀特岛上的雅茅斯斯特附近海域。由于撞击极为猛烈，船壳出现了整整50尺长的巨大裂痕。尽管它后来被海军成功打捞起来，但还是在1年后由于运用效益远远低于打捞成本而被彻底报废处理

除此之外还有多艘登陆舰的名称为武器名字加"帝国"一词做前缀，其中就有"帝国阔剑"号与"帝国砍刀"号；而第三艘"帝国刺剑"号并没有被实际建造，不过皇家海军还是为这艘计划建造的船在1944年设计了徽章。皇家海军中以刀剑种类命名的潜艇只在埃德温·格雷的小说《恶魔防卫队》中出现过。

诺曼底登陆D-Day时选择的滩头"剑"，可能是皇家海军所有与剑相关的代号中最为出名的一个，这个"剑"其实是"剑鱼"的简称，另外两处滩头的代号则为"金鱼"和"水母"（Jellyfish）。

---

① Fleche是击剑运动中花剑及重剑会用到的一种进攻技巧。
② 查理一世时代区分出来的一种新舰种，一层炮列甲板，火炮数目为32—44门。
③ 这是19世纪后期出现的一种巡洋舰，中国近代称之为穿甲快船，在20世纪10年代以后遭到淘汰，取而代之的是轻巡洋舰以及重巡洋舰。

不过在缩写时，海军高层认为"水母"开头的"Jelly"①作为缩略代号并不合适，于是改用"Juno"（朱庇特之妻）一词作为替代。在远东，两场由X型袖珍潜艇执行的特别行动分别被赋予代号"花剑"与"重剑"（都是击剑运动的体育器具）。至于最为诡异的名称，恐怕非一系列代号为"锋利花剑"的军事演习莫属——"花剑"作为一种体育器材本身并不能开锋，剑尖也始终都是钝头的，取这么个代号简直就是在自相矛盾。

▲ 1915年1月24日多格尔沙洲之役②中，英军的指挥官海军司令贝亚蒂。他坐镇于"进攻"号驱逐舰（Ⅰ级驱逐舰的4号舰，舷号1297），这艘战船已经是皇家海军的第三艘"进攻"号了，此舰后来还参加了日德兰大海战，最终于1917年12月30日被德国U艇击沉。击沉它的是德国海军UC Ⅱ型潜艇的SM UC-34t，在遭受了该潜艇发射一枚鱼雷打击后，它于5—7分钟内迅速沉没，10名官兵战死

这一传统一直传承到了现代，就在阿富汗战争期间第3突击旅就曾将自己执行的一次特别任务命名为"Aabi Toorah"，在普什图语里就是"蓝剑"的意思，这一名称源自该旅徽章上的匕首图案。美军在进入赫尔曼德省后进行的第一场大规模军事行动的代号则叫作"Khanjar"，在普什图语里是"利剑强袭"的意思。

以下几艘英国皇家海军的军舰名称来自于剑术、击剑运动或者刀剑及其相关词汇："突击"、"攻击"、"攻击者"、"刀锋"、"苏格兰短剑"、"匕首"、"圣剑"（一艘潜艇）、"军刀"、"阔剑"、"角斗士"（一艘建造计划被最终取消的航母）、"砍刀"、"剑"、"剑舞"、"击剑手"、"剑士"（澳大利亚海军有一艘同名舰）

---

① 这个词也有柔弱、软弱者的意思。
② 皇家海军同德国公海舰队所发生的一次会战，此役中皇家海军击沉了德国装甲巡洋舰"布吕歇尔"号，取得了战术性胜利。

等，共计 27 艘。此外加拿大皇家海军还有一艘"昆特"号（Quinte），Quinte 是击剑运动中的第五种防御姿势。

皇家海军的每艘船、每个飞行中队以及每一支地面部队都有专属徽章。以下几支部队或船只的徽章中含有刀剑图案："军刀"号、"敌意"号、"骠骑兵"号、"防卫者"号、"马穆鲁克"号、"击剑手"号、"黑水"号、"榜样"号、"廓尔喀"号等共计 40 余艘舰船，以及第 1792、第 1846、第 737、第 759、第 800、第 830、第 857、第 881、第 887、第 895 共计 10 个海军飞行中队。此外，费勒姆的海军水面武器研究所的徽章上也有刀剑图案。

普鲁士海军军官佩剑史

1657—1870（下）

作者 / 王骏恺

新生的普鲁士海军（1848—1866 年）

海军辅助部门与甲板长的佩刀

这一时期的普鲁士海军，除了军官以外，还有相当一部分人也拥有佩带军刀的权利。他们可能是海军辅助部门的官员，也可能是专职为海军提供各种服务的商船队的船长与舵手。关于这些人的武装佩带，一份 1849 年 4 月的条例这么写道："辅助部门的官员暂时无权佩带军刀，只准佩带短剑……"

这份条例招致了辅助部门官员的极度不满，因为在当时军刀和剑是区分社会等级的标志，也是官员、军官"高贵身份"的象征。施罗德准将为此还专门进行了一场调查，时任海军总指挥的阿达尔贝特亲王在得知情况后于 1849 年 4 月 18 日为先前公布的条例做了进一步补充：

没有配发到军刀的辅助部门官员，可以自行购买佩带。而先前提到的"只准

▲ 海上护卫队"萨克斯"号舵手长与他的佩刀

▲ 一名佩带海军军刀的低阶基层官，他是"希尔德布兰特"号上的水手长

佩带短剑"的官员仅指那些财力有限（无力购买军刀）之人，本条例并不强制要求他们必须随身佩带短剑。

那些与第一期军官学员一同毕业的商船甲板长们，也同他们的海军同学一样获得了专用制服。而关于他们的随身武器，1850年4月22日海军最高司令部的一份指令明确提到："关于他们的军刀是由军队统一配发，还是在每人发放10帝国马克的补助后自行购买的问题，战争部仍未做出决定。"同样，关于"自行购买军刀者辞职或退役后能否继续携带军刀"的问题，战争部也没有做出任何解释。最终在阿达尔贝特亲王的授意下，关于甲板长们的军刀佩带条例于1850年5月1日正式出炉。该条例规定，所有甲板长都可以将随身军刀视为个人财产，但军刀本身需由本人自费购买。

据说早在1849年年初，阿达尔贝特亲王就从战争部那里收到了数把购自英国的甲板长佩刀样品。但当时的佩刀样品只有刀身，并没有刀格或其他任何装具，所有的装具样式都是后来确定的。等到将整把刀的样式全部敲定后，阿达尔贝特亲王才将它们出售给甲板长们。

1850年4月22日，位于柏林的海军最高司令部为斯德丁的海军指挥部统一配发了21把军刀，其中2把军刀的刀柄是白色的。最高司令部还专门下达命令："要将其他几把军刀换成象牙或漂白的兽骨制柄。"这道命令让斯德丁指挥部大为不解，因为他们无法断定白刀柄是否适用于所有军刀。颇有闲情逸致的指挥部还专门为白柄是否适合所有军刀而进行了一场大调查，以至于1849年"亚马孙女将"号上的炮手收到了一把黑柄军刀，而水手长的军刀刀柄则是白色的。这件事招致了锱铢必较的阿达尔贝特亲王的极度不满，他本人就此事做出了如下批复：

即使我先前已严厉声明过，甲板长的佩刀刀柄应当采用与海军军官军刀一样的象牙柄，但仍有一部分人因为成本高昂而迟迟不肯更换白色刀柄，继续使用镶铜线的黑色鱼皮刀柄。我再解释一遍，甲板长们佩带的军刀刀格大可随喜好自行选择，但刀柄颜色必须同海军军官所用军刀保持一致，请务必用漂白的兽骨或象牙柄替换。

随着时间的流逝，白色刀柄渐渐为非海军人士普遍接受，但仍然有一些甲板长为了标榜自己同海军军官的不同而在自行购置的军刀刀柄上做各种细微改动。

海军军校的学员们就是另一种情况了。1850年2月1日，时任海军最高指挥

▲ 一名佩有海军军刀的辅助部门官员，他是"辛　　▲ 数名佩有海军军刀的军官
兹"号的军需副官

官的阿达尔贝特亲王正式通知战争部，国王已经通过了为海军学员配发专用制服
的提案，要求第一期海军学员统一佩带海军军官佩刀。这份提案于 1850 年 3 月 17
日正式成为制服条例，并在战争部的授意下刊载于当天的《军事周报》上。

　　根据 1868 年 11 月 28 日海军最高司令部发布的条令，在军中服役 3 年的第二
期学员中的预备少尉可以在向海军舰队的司令官或同级（正师级）长官提交申请
后，取得佩带军刀的权利。这些拥有佩带军刀权利的军官，在后来的军中"黑话"
里被叫作"军刀少尉"。

　　船医的制服条例于 1849 年 4 月 27 日正式出炉，军需官则在 1850 年 11 月 23
日有了自己的制服条例，只要他们担任的职务不低于甲板长即可随身佩带军刀。
按照 1864 年 3 月 3 日新公布的制服条例，同样的佩带规范也适用于商船长及高阶
领航员。

　　1858 年《皇家海军制服通用条例》正式颁布，该条例规范了各级军官、海军

学员的制服及海军各类标识的标准。该条例要求军官们无论是在船上还是在陆地上都要随身佩带军刀，作为替代的海军短剑禁止在军官着正装或在陆地上行动时佩带。这意味着自这份条例颁布后，军官们几乎要一直把军刀带在身上。

海军陆战营的军官佩刀

1849 年年末，阿达尔贝特亲王提交的海军兵团（即后来的海军陆战营）专属制服提案获得了普鲁士国王的正式批准，之后他在 1850 年 1 月 1 日将具体规定细则转交给了战争部。关于海军陆战营各级军官的武装佩带规范，条令做出了这样的具体规定："军官们统一佩带燧发枪兵部队的军官佩刀。"这种陆军军刀正式定型于 1835 年 8 月 7 日。1850 年 3 月 17 日，战争部将正式公布的条例刊载在当日的《军事周报》上，军官们自此正式佩带起从陆军处移交给海军的燧发枪兵部队的军官佩刀。

在之后的近 12 年时间里，海军陆战营的军官们都只能佩带这种陆军军刀，直到 1862 年 2 月 6 日他们才获准佩带海军军官刀。而海军陆战营的军士们自 1865 年 2 月 16 日后也获准佩带海军军刀，当时海军部颁布的命令原文如下：

致尊敬的皇家最高指挥部，应海军陆战营各级官兵的迫切要求，海军部于下月（1865 年 3 月）1 日起正式批准海军陆战营的军士长及各级军士佩带与军官同一型号的军刀。第一批军刀的费用自海军陆战营装备维修经费中扣除。

海军高层事后也承认，这种为一支新诞生的海军部队配发陆军步兵佩刀的行为极为草率且毫无意义。此外，这种军刀被挂起来之后经常会造成各种事故[①]，当有人在上下船用的跳板上走动时这种挂钩设计就显得尤为危险，一名叫作约翰的船长在登上"巴巴罗萨"号时就不幸被摔下来的军刀活活砸死。据说正是这起事故最终促成了 1862 年 2 月 6 日新佩刀条例的出台。

我们来看燧发枪兵部队军官佩刀的具体形制。

---

① 海军人士在不佩戴军刀的时候往往会贪图方便直接将军刀挂在船舷或是各类栏杆以及索具上，这种习惯还是有可能会酿成安全事故的。

▲ 一名海军陆战营军官（右）与他的燧发枪兵部队军官佩刀

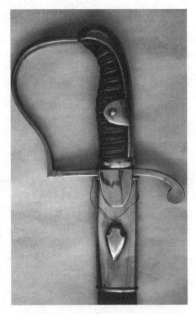

▲ 燧发枪兵部队军官佩刀的早期型号特写，该型军刀在1862年以前同样为海军陆战营的军官们所使用。图中刀鞘鞘口处有个盾牌状挂钩，这种挂钩最初只在海军军刀上出现，陆军军刀要到1881年才开始采用这种设计

刀身：刀身平坦且两侧各刻有一道刀樋，弯曲弧度适中，刀尖处起脊。

刀格：刀格材质为镀金黄铜，简易护手位于刀柄正前方，呈两个凸出的半圆形，刀柄尾部有一个光滑的金属环，中间两侧通常各铆接一根圆钉。

刀鞘：刀鞘由染黑的皮革制成，全鞘共有两处黄铜装具，鞘口装具上的挂钩形似盾徽纹章，而鞘尾装具上的挂钩则形似椭圆形纽扣。鞘口的这种早期海军佩刀上多少能见到的挂钩设计要到1881年才为陆军采用[1]。

---

① 当年11月14日颁布的制服条例做了这项规定，但陆军当时使用的还是从海军退役下来的军刀。

海军陆战炮兵部队的军官佩刀

按照战争部的指示，海军陆战炮兵部队于 1857 年 10 月 31 日正式成立，总兵力为 1 个连，隶属于海军陆战营，其成员都来自陆军的炮兵部队。关于他们的武装佩带规范，具体条例为："海军陆战炮兵部队沿用陆军炮兵部队的军刀与钢制刀鞘，军官统一配发一根武装腰带，刀上缠陆军步兵部队所用流苏。"该佩带规范同样适用于各级军士以及军士长。1867 年 3 月 1 日，由于当时的海军陆战营已获准佩带海军军刀，陆战炮兵部队因此也向上级提出申请，要求佩带海军军刀。但由于经费问题，该请求于 1867 年 3 月 20 日遭到了阿达尔贝特亲王的拒绝。该年经过调整后，海军陆战炮兵部队不再隶属于海军陆战营，而是成为由军事参谋所指挥的一支独立部队，总兵力也扩张至 3 个连。1877 年，海军陆战炮兵部队被正式解散，原有的 3 个连被改编为 2 个操作舰炮的海员部队，于是其成员的制服与武器随之彻底变为了海军样式。

海军陆战炮兵部队的低阶军官们可以在随身佩带的军刀上缠流苏，这在当时的普鲁士军队中是独一无二的。此外，由于军方要求各级军官自费购置武器，所以当时的普鲁士军官佩刀，哪怕是统一型号的军刀，形制与装饰都可能出现巨大的差异。关于这些纷繁琐碎的"变种"，本文将不再一一赘述。

我们来看海军陆战炮兵部队军官佩刀的具体形制。

刀身：刀身微曲，两侧各刻有一道刀樋。刀尖与刀背位于同一直线上。

▲ 海军陆战炮兵部队的军官佩刀，图中这把是供各级军士使用的型号

刀格：刀格由黄铜制成，上端两侧各有一块条状凸缘，其中外侧凸缘里有一个两门大炮呈"X"状交叉图案。刀柄的柄芯为木制，外包鱼皮并缠有两段银丝。柄头处有狮首装饰。刀柄中央及柄尾的金属件上还刻有各种精美复杂的花卉图案。

刀鞘：刀鞘由铸钢制成，全鞘共有两处条带，每处条带右侧各有一个黄铜扣环。

德意志帝国舰队（1848—1852 年）

帝国舰队的军官佩刀

前文提到过，由于丹麦进占亲德的荷尔斯泰因，德意志邦联于 1848 年 4 月 8 日向丹麦王国宣战。正式宣战仅一天后，在法兰克福举行的邦联议会即责令军队上层组建一支舰队以应对战事。战舰的购买及建造事宜由法兰克福邦联议会全权负责。1849 年 3 月 28 日通过的《法兰克福宪法》遂成为普鲁士海上活动的基本准则，该宪法的第 19 条对海军舰队的组建造成了极大制约。尽管宪法中规定的可以合法建造、购置舰船的时间极为有限，并严重影响了舰队的建设，但普鲁士还是想尽办法组建了一支舰队。

1848 年 5 月 11 日，50 名来自各地的代表参加了邦联议会，并正式通过了《德意志帝国海军征召令》。该征召令一出，迅速在全德意志掀起了一股"舰队热"，许多社会团体及个人纷纷响应国家号召，积极加入海军。同年 5 月 18 日召开的邦联会议正式宣布"海军技术委员会"成立，并通过了 600 万塔勒的舰队预算。

舰队组建的具体事宜由帝国贸易部负责。当时的贸易部首脑为不来梅公民代表阿诺德·杜克维茨，他同时也是海上部门的领导者，海军技术委员会归他管辖。

之后，应帝国摄政约翰大公[①]的请求，普鲁士国王正式授命已成为中将的阿达尔贝特亲王为新一任海军技术委员会的首长。阿达尔贝特亲王刚一就任，就因

---

① 约翰大公（Erzherzog Johann von Österreich，1782—1859 年），奥地利陆军元帅，神圣罗马帝国皇帝利奥波德二世之子，名将卡尔大公之弟。

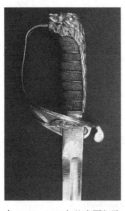  

▲ 1848—1852年的帝国舰队军官佩刀，刀背并没有加强筋，但是两侧却各刻有一道刀樋，刀柄则包有鳐鱼皮

▲ 帝国舰队军官佩刀的鞘尾处金属装具特写

▲ 帝国舰队军官佩刀的刀格处特写

其著写的《德意志海军概论》而在军坛名噪一时。亲王一直担任这个职务，直到1849年2月。

海军技术委员会随即制定了《关于帝国舰队军官及士兵制服问题的新条例》（简称《新条例》），条例第1条就明确规定了随身武器的佩带规范："军刀参考英国制式，挂在黑色武装腰带上并配以镀金装饰，腰带扣上印有船锚图案，军刀上的流苏应使用国旗颜色的彩缎。"

帝国舰队的军官们需要自费购置随身武器，这一要求同样适用于那些辅助部门的官员。当时的舰队共有26名少尉、29名其他各级军官以及16名家世显赫的海上容克贵族。

舰船上的医护人员（9名船医与1名药剂师）穿戴同海军军官极为相似的制服。关于他们的随身武器，《新条例》中并没有任何文字描述，推测他们的军刀应当与军官的军刀大体相同。

关于帝国舰队军官佩刀的具体样式，当时一本古旧杂志曾专门刊登过它们的插画，同时这本杂志也对军刀做出了这样的描述："……（省略处与前文《新条例》提到的内容完全相同），军刀的流苏为黑、红、金三色。"可以说，帝国舰队的军刀和英国海军的1827式军刀基本一致，但仍有各种细微差别。

武器编号	1	2
入鞘后全长	962 毫米	不详
出鞘后全长	925 毫米	935 毫米
刀身长度	790 毫米	797 毫米
刀身宽度	28 毫米	28 毫米
刀身厚度	7.5 毫米	7.5 毫米
刀格高度	140 毫米	138 毫米
护手样式	矩形	矩形
刀格缝隙	有	有
刀格上的孔槽	2 个	无
有无附属件	无	无
刀柄刻槽	7 道	6 道

刀身：现存的一把帝国舰队军官佩刀刀背圆滑，刀尖锐利。刀身两侧饰有新哥特风格的阿拉伯花饰，花饰中间则为一个船锚及双头鹰图案，图案周围是闪闪发光的花环与月桂枝。刀背上则刻有"合格"（通过质量验证的标识）的字样。而存世的另一把军刀不仅饰有阿拉伯式花饰以及其他诸如船锚、大炮等与航海及军事有关的图案，刀身上还出现了三角帽图案，刀背上也蚀刻有各种花卉图案。

刀格：刀格材质为镀金黄铜，形制为传统的四分之三笼手形，周围饰有华丽的线条纹样，而在凸圆中间有一个船锚及双头鹰图案。护手呈两角较为圆润的矩形，上方留有一道缝隙，刀身附近则留有 2 个孔槽，护手里侧的扣环可以折叠。柄头有一个狮首装饰，狮子的鬃毛自柄头延伸至柄尾。刀柄各处饰有多个金色的圆环。刀柄本身为木制柄心外包鱼皮制成，这是英国传统的制柄法。实物检测表明，刀柄鱼皮的颜色是在后来人为漂白的。刀柄上刻有 6 或 7 道凹槽，并以三段黄铜线缠绕。

刀鞘：普鲁士自用的军刀刀鞘有两种形制。两者的第一处差别在鞘身处的装具上，其中一种上面刻有多段相互平行的装饰性线条，这与德意志帝国时期的军刀极为相似；而另一种上面为多段相互垂直的线条。另一处较明显的差别则在扣环上，其中一种两处扣环形状一致，这种在普鲁士军刀中较为常见；而另一种的两处扣环则不对称。

帝国舰队甲板长佩刀

关于甲板长的军刀佩带规范，《新条例》中明确指出："军刀参考该样式，流苏颜色为国旗颜色。"一部分人根据这段内容推断当时的甲板长统一佩带海军军官佩刀，但奇怪的是原文中并没有对"该样式"做任何详细说明或解释，所以甲板长佩带的军刀很有可能与军官的佩刀大为不同。

可以确定的是，位于索林根的施耐泽 & 基施鲍姆公司（简称"S & K"）于1849年4月3日制作了12把样品军刀，每把成本为8塔勒16银格罗申（德国的一种货币）。这12把军刀于同年5月被送往普鲁士各地。

其中一把样品被送到了海军技术委员会，随后被帝国海军部选定为制式型号，但它并没有得到推广，而是被雪藏多年，直到1867年年初才连同其他几件"邦联家具"被当时的邦联清偿委员会以半官方形式拍卖，并最终辗转到现在的德意志

▲ 1849年帝国舰队的甲板长佩刀刀柄特写，注意柄头没有扣环

▲ 甲板长佩刀的刀格处特写，除去上面的船锚及刀格边缘的装饰性线条以外，最值得一提的便是船锚上的大海蛇了

帝国舰队甲板长佩刀的实物检测数据

武器编号	1	2
入鞘后全长	不详	不详
出鞘后全长	880 毫米	880 毫米
刀形	加强筋	加强筋
刀身长度	754 毫米	不详
刀身宽度	30 毫米	不详
刀身厚度	6 毫米	不详
刀格高度	126 毫米	不详
护手样式	C 形护手	C 形护手
柄头装饰	狮首	狮首
刀格缝隙	无	无
刀格上的孔槽	无	无
刀柄刻槽	7 道	7 道
制造商	S & K	S & K

国家博物馆中。

除了甲板长配刀的样品与数把火器以外，德意志国家博物馆还展出了一把登船刀（水手常用的一种工具刀），以及一柄标明持矛下士身份、用于战斗中指挥的船上用矛。幸运的是，数把样品军刀全都保存得十分完好，让我们得以清楚其基本形制。

刀身：刀身弧度微曲，刀背有一条加强筋。刀身一侧印有一个未带有皇冠的双头鹰图案，而另一侧则印有一个清晰的船锚图案。

刀格：黄铜制刀格的形制为全闭式笼手，上面饰有一个巨大的船锚图案，外侧刻有数道装饰性线条，里侧的船锚图案上缠绕着一条大海蛇。柄头同样是狮首装饰，但狮子的鬃毛却留得相当短，仅到刀柄上半段，上面也没有任何扣环。笼手里侧的扣环不可折叠。柄头右侧的金属表面相当光滑。刀柄本身为木制柄心外包鱼皮制成，此外还缠绕有两段黄铜线。

刀鞘：不幸的是，由于现存的样品中并没有任何刀鞘，所以其具体情况我们不得而知。

汉堡护卫队（1848 年）

"全民舰队热"风潮一起，迅速刮遍了德意志的各个沿海城市。1848 年 5 月 8 日，汉堡的船主们自发将捐献的"德意志兰"号风帆战舰改造为一艘护卫舰，此外他们还捐赠了一艘风帆战舰，并主动筹款购买了 3 艘蒸汽船。各路民间人士亦不甘示弱，纷纷志愿加入军队。需要指出的是，当时的普鲁士海军军官并不是由上述这些船主们构成，而是由各路商船队的船长及舵手组成。

船主们捐赠的这些舰船被统一编入了新建立的"汉堡护卫队"中，这个护卫队最初使用的旗帜同汉堡港的海军旗帜一致。

1848 年 10 月 15 日，护卫队的数艘舰船，除第二艘风帆战舰因过于老旧而不堪使用外，其余几艘都被移交给了帝国舰队，并接受了各种改造以准备迎接与丹麦的战争。这些舰船就此成了帝国舰队的核心，它们的舰旗也正式改为帝国的黑、红、金三色旗。

尽管早在被移交给帝国舰队之前，护卫队舰船上的船员们就很可能已经统一穿戴上了专属制服，但其具体形制及武器样式我们无从得知。不过可以肯定的是，护卫队中确实存在着一种军刀，且其制造商一定就在汉堡当地。该军刀现存实物的主人为一名护卫队的军官，其形制与海军所用佩刀极为相似，但是刀身上的船锚图案上印有闪闪发亮的汉堡港的标志性港区大门。此外，军刀刀柄材质不是象牙，而是木制柄心外包漂白鱼皮。

石勒苏益格—荷尔斯泰因护卫队（1848—1852年）

1848年，独立于法兰克福邦联议会之外的石勒苏益格—荷尔斯泰因[1]正式成立了一支海上护卫队。该护卫队共有16艘船只、41门火炮以及约790名海员。其中，船员大都是从石勒苏益格—荷尔斯泰因的海军军官与士兵当中召集的，炮手则征集自汉诺威，而火炮则来自普鲁士。整个护卫队共有63名各级军官与官员。该护卫队于1851年1月11日被正式解散，[2]所有船只都被移交给丹麦王国使用，而船员则由普鲁士接管。当时，这些船员们自发组建护卫队抵御丹麦的行为，受到了全德意志的高度赞扬。[3]

石勒苏益格—荷尔斯泰因护卫队并没有任何规章制度可循，但是戈尔德·斯托兹氏遗留下来的只言片语以及插画却为我们提供了一些极为宝贵的线索。关于当时的石勒苏益格—荷尔斯泰因海上护卫队军官的随身武器，他提到："佩刀挂在了黑色的腰带上。"德国军服研究方面的大学者赫伯特·诺特尔也曾绘制过一幅这支海军的军服插画。他笔下的3名石勒苏益格—荷尔斯泰因护卫队成员，站在正中间的是一位军官的形象，佩带着一把挂在黑色腰带上的饰有三处黄色装具的军刀。

这种军刀存世的有两把，一把存于博物馆，而另一把则为私人收藏。其中私人收藏的这把根据军刀上留下的物主姓名，可以断定其为石勒苏益格—荷尔斯泰

---

① 两地历史上常年受丹麦王国统治，其中北部居住的主要是丹麦人，南部居住的主要是说德语的德意志人。从19世纪40年代初开始，两处的民族主义者产生了完全无法调和的矛盾，其中亲德意志人士试图以武力将石勒苏益格并入德国并推翻丹麦国王的统治，进而拥护奥古斯滕伯格王朝成为德意志邦联内、合并的石勒苏益格—荷尔斯泰因公国的公爵。这些德意志民族主义者的行为受到了当时的法兰克福国民议会的支持。

② 在欧洲列强的压力下，普鲁士和各个德意志州郡及邦国被迫撤出了军队，丹麦王国的军队最终在1850年获得了第一次普丹战争的胜利，成功恢复了过去的状态。进而于1850年7月2日同德意志邦联在柏林签署了和约，亲德的护卫队也因丹麦王国的胜利而被强制解散。

③ 丹麦王国的胜利进一步刺激了德意志人与丹麦人双方的民族主义情绪。1863年，丹麦乘着胜利之威颁布新宪法，打算在石勒苏益格也强制推行，打破了1850年双方所签和约中的规定。铁血宰相俾斯麦趁机决定使用武力来解决石勒苏益格问题，第二次普丹战争爆发。1864年4月，普鲁士取得战争胜利，只剩下石勒苏益格最北部的小块地区依然属于丹麦。1867年，石勒苏益格—荷尔斯泰因成为普鲁士的一个省，并于1871年随普鲁士并入德意志帝国。

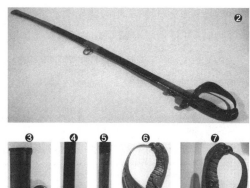
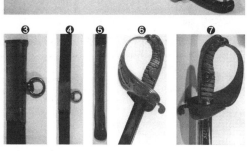

▲ ① 赫伯特·诺特尔笔下的石勒苏益格—荷尔斯泰因护卫队军官（中）
② 1848年的石勒苏益格—荷尔斯泰因护卫队军官佩刀
③ 刀鞘鞘头处的金属装具特写，底部刻有两道平行的装饰性线条
④ 刀鞘鞘身装具特写，上面并没有任何装饰性线条
⑤ 刀鞘鞘尾装具特写，其上半段刻有两道平行的装饰性线条
⑥ 刀格处特写。柄头有个鹰首装饰，刀柄上的鲼鱼皮被染成了白色
⑦ 刀格里侧特写。刀格左侧扣环外露，扣环右侧刀格凸起可折叠

因护卫队所有物。而另一把存世的同型军刀则于1864年存入博物馆，根据当时留下的古旧物品储存记录，判定其来自石勒苏益格—荷尔斯泰因。由于两把军刀形制相同且并没有其他形制的刀剑传世，所以我们基本可以判定这种军刀便是石勒苏益格—荷尔斯泰因的海军军官佩刀。值得一提的是，这种军刀的笼手和帝国舰队甲板长们所用的佩刀极为相似。至于为什么当时的石勒苏益格—荷尔斯泰因人没有参照英国军刀样式，反而选择了普鲁士甲板长所用的样式，我们就不得而知了。

我们来看1848年的石勒苏益格—荷尔斯泰因护卫队军官佩刀的具体形制。

刀身：刀身笔直，没有任何加强筋，也没有任何装饰，亦未刻有佩带者名字。

刀格：刀格由黄铜制成，形制为半笼手型，中央有个巨大的船锚图案，两侧刻有数道横贯刀格的装饰性线条，船锚外侧缠有一条大海蛇。柄头则有一个鹰首装饰，但鹰首羽毛仅覆盖至刀柄上半部。刀格左侧扣环外露，笼手里侧有一个可拆卸的子母扣。刀柄左侧表面光滑，本身为木制柄心外包鱼皮制成，总共刻出了10或14道凹槽用于缠线，缠线材质则为黄铜。

刀鞘：皮质刀鞘上共有3处黄铜装具，这些装具中有些表面十分光滑，而有些则表面下凹。

1848年石勒苏益格—荷尔斯泰因护卫队军官佩刀的实物检测数据

武器编号	1	2
入鞘后全长	940毫米	不详
出鞘后全长	930毫米	918毫米
刀形	刀尖三角形	刀尖三角形
刀身长度	780毫米	791毫米
刀身宽度	29毫米	不详
刀身厚度	8毫米	不详
刀格高度	127毫米	不详
护手样式	C形护手	C形护手
柄头装饰	鹰首	鹰首
刀格缝隙	无	无
刀格上的孔槽	无	无
刀柄刻槽	10道	14道
锁扣	无	无

北德意志邦联的海军（1867—1870年）

1866年的普奥战争结束后，美因河以北各邦及城市正式宣告成立北德意志邦联。普鲁士海军就此成了北德意志邦联海军名义上的一分子，但实际上整个邦联的政治以及海军的指挥大权都由普鲁士王国主导。1867年7月1日正式生效的《北德意志邦联宪法》第53条对当时的海军体制做了如下规定：

邦联各成员的海军都将接受整合并由普鲁士王国统一指挥,全海军编制及舰队都由普鲁士的国王陛下本人亲自授权认可……组建与维持舰队及各类机构所需的一切必要经费由邦联国库提供。

至于海军军刀,直到1871年德意志帝国正式宣告成立以前,官方都没有做出任何正式改动。仅有的一些关于北德意志邦联海军军刀的历史文献也只提到寥寥数语,如:"军刀的刀身弯曲,装在皮质刀鞘之中,但并不是挂在腰带上的。"历史学者亨利希则在1868年提到:"海军军官佩刀的刀鞘材质为皮革,上面的装具为黄铜质地,刀柄则为象牙。"

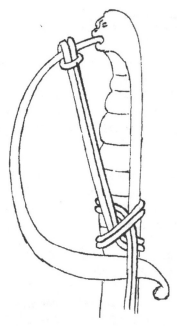

▲ 海军军刀的手绘图

通过一张来自帝国海军部的海军军刀手绘图(图上标注日期为1872年6月22日),可知刀柄柄头是普鲁士惯用的狮首装饰,刀柄上共刻有7道极为清晰的线槽。流苏一头缠于军刀刀柄,另一头则打结系在军刀的护手上。

1871年1月18日,普鲁士在普法战争中胜利后,巴伐利亚、符腾堡与巴登(连同黑森公国的剩余部分)正式同北德意志邦联合并,组成统一的德意志帝国。德国海军历史就此进入了一个崭新的阶段,此后海军的制服与各类随身武器开始急剧变化。

创作团队简介

指文烽火工作室：由众多历史、战史作家组成，从事古今历史、中外战争的研究、写作与翻译工作，致力于通过严谨的考证、精美的图片、优美的文字、独到的视角为读者理清历史的脉络。目前已经出版军事历史类图书四十余本，其中包括《战争事典》《战场决胜者》《透过镜头看历史》《信史》四款MOOK系列丛书，以及《中国古代实战兵器图鉴》《倭寇战争全史》《明帝国边防史》《拿破仑战记》《秘密战三千年》《帝国强军：欧洲八大古战精锐》《帝国强军：中国八大古战精锐》等专题性图书。

原廓：自媒体公众号"冷兵器研究所"主编，记者，电视纪录片策划及撰稿人，音速及北朝论坛古战版块版主，长期致力于军事历史研究及相关图书的策划、编审、出版工作，努力打造专业军事图书和自媒体平台，致力于专业的古代与近代军备评测，普及中外军事历史知识，讲述不为人所知的战争故事。

始安公士或：80后战国秦史爱好者，主攻战国秦代军事、秦国社会制度变革话题，致力于透过战国社会经济法制知识来解读秦国、秦军和战国战争。

李昊：风帆战舰爱好者，通览当代关于西欧风帆战舰技术史的主要著作，阅读了大量18世纪以来的原始资料，更与国内外古典帆船玩家、套材商及古董商多有交流。致力于以案例分析的方式，通过一个个生动的战斗例子，全方位展示风帆时代的船·人·社会三方面全景图。

王骏恺：2014年入读中央财经大学商法专业，2016年前往加拿大英属哥伦比亚大学当交换生，军事史爱好者，主攻方向为15—19世纪世界史。

《战争事典》小编微信号：zven02
扫描二维码，或搜索"zven02"关注"指文小编-DD"，即可获悉《战争事典》最新动态，更有历史小段子、小知识放送。您还可直接和小编线上交流，不管是讨论选题、投稿，还是咨询进度都可以哒。

·关注有礼，扫码便赠《现代奥运会趣事》《帝国骑士：27位二战德国最高战功勋章获得者图传》《东南亚空战1945—1975：详解从肯尼迪到尼克松时代的越南战争》电子读物各一份。
·每个关注小编的id可享有一次5折购买《战争事典》系列图书的机会（淘宝），不限数量。

"战争事典"系列书目参考

战争事典 001
征服罗马——1453 年君士坦丁堡围城战
焚身以火——妖童天草四郎与岛原之乱
名将的真相——揭开战神陈庆之的真面目
通向帝国毁灭之路——日本"二·二六"兵变
莽苍——西风漫卷篇

战争事典 002
枪尖上的骑士——勃艮第战争详解
三十八年终还乡——郑成功平台之役
海上霸权的末路悲歌——郑清澎湖海战始末
初伸的魔爪——1874 年日本征台之役
罗马苍穹下——忒拉蒙之战解析
大炮开兮轰他娘——张宗昌和他的白俄军
砥柱东南——记南宋最后的将星孟珙

战争事典 003
东国之关原——庆长出羽合战探本
"日不落帝国"的雏音——布伦海姆会战浅析
点爆世界的"火药桶"——"一战"前的巴尔干战火
"一战"在中国——记 1914 年日德青岛之战
太平军之末路杀劫(战争文学)

战争事典 004
维多利亚的秘密——英国王室一战秘史
进击海洋——沙皇俄国海上力量发展史
被遗忘的战争——记一战中的意大利战场
晚清将帅志
大唐西域之高昌绝唱(战争文学)

战争事典 005
英法百年战争
决胜江淮——唐末江淮藩镇战争
猛鹰长啸猎头鱼——金太祖完颜阿骨打

战争事典 006
海上马车夫与西欧海盗的较量——第一次英荷之战
李定国"两蹶名王"——南明桂川湘大反击
岛津袭来——1609 年庆长琉球之役始末
从开始到未来——因弗戈登兵变前后的"胡德"号
齐柏林的天空
斩颜良诛文丑过五关斩六将之关羽

战争事典 007
辗转关东武开秦——细述秦赵争霸中的军事地理学
战神的竞技场——拜占庭统军帝王传
罗马的噩梦——汉尼拔

战争事典 008
巨蟹座的逆袭——亚历山大大帝
大象与古代战争

甲申遗恨——崇祯十七年元旦纪事
挑战宿命——后唐灭后梁之战复盘
胡马败古城——南北朝宋魏盱眙攻防战记
沉寂——殷民东渡记

战争事典 009
日不落帝国崛起的先声——1588—1667 年英国海军战术演进
天崩地裂扭乾坤——侯景之乱与南北朝格局之变
骏河侵攻——武田家谋攻的顶点
孙膑的奇谋决断——全新解析桂陵、马陵之战
由扎马至比提尼亚——汉尼拔与阿非利加那·西庇阿的后半生

战争事典 010
将军大帅扫狂童——唐武宗平定昭义刘稹之战
孤独的枪骑兵——拿破仑时代的波兰流亡英雄
大洋彼岸的白鹰——美国独立战争中的波兰将领小传
魁星云集护武川——见证宇文氏兴起与陨落的北周名臣良将
独冠三军周公——南齐朝将军周盘龙小传
鏖战低地——法王腓力四世统治时期的佛兰德斯战争

战争事典 011
苦战瓦夫尔——格鲁希元帅视角下的滑铁卢战役
于盛世中见衰容——由露布浅述开元东北国防象
"三吏三别"之前的故事——灵宝惨败与潼关陷落
黑火药时代的最后狂想——19 世纪过渡时期的步枪简史
关东出阵——后北条氏和长尾氏的崛起与较量

战争事典 012
喋血伊比利亚——法国元帅古维翁·圣西尔的加泰罗尼亚战纪
两晋南北朝中原遗脉专题
仓皇北顾——刘宋第一次嘉北伐回眸
男儿西北有神州——五胡十六国之前凉世家

战争事典 013
冰与火之歌——爱尔兰独立战争
马其顿王朝最后的荣光——拜占庭统军帝王传(终结篇)
中国古代战车、火器、车营简史
雾月政变——无血的权力之战
诺曼征服史

战争事典 014
君士坦丁堡的第一次陷落——西欧人对拜占庭帝国的反戈一击
餐桌论输赢——南北战争中的美军伙食
地中海三国演义——法兰西、奥斯曼与哈布斯堡
陆法和:不败的魔术师

战争事典 015
三征麓川——明帝国英宗朝的西南攻略
从约柜到哭墙——圣殿时代的"圣城"耶路撒冷史
苏丹之刃——土耳其新军简史
太阳神的崛起——古希腊罗德岛攻防战

战争事典 016
克复安南——明成祖朱棣的惩越战争
赵匡胤开国第一战——兵临泽潞平李筠
拿破仑的闪电战——1806 年耶拿-奥尔施塔特双重会战
以上帝之名的征伐——西班牙再征服运动简史

战争事典 017
华盛顿的将略——扭转美国独立战争危局的特伦顿之战
第二波斯帝国——萨珊王朝兴亡简史
自毁长城之乱——南朝刘宋景平宫变考略
秦王玄甲破阵乐——定鼎李唐江山的虎牢关之战
战场背后的口舌——战国时代的纵横家

战争事典 018
宋金太原血战——靖康之耻的前奏
马克沁机枪的第一次杀戮——马塔贝莱兰征服战争
五驾马车的崩溃——南朝宋孝武帝与前废帝更替之际的顾命大臣
太阳王的利剑与荣耀——路易十四时代的王权、军队与战争

战争事典 019
千年俄土恩怨——黑海与近东地区的地缘纷争
风帆战列线的血与火——第二次英荷海战史
勃艮第公爵的野心——阿金库尔血战后的法国内乱
昙花一现的东方霸业——罗马皇帝图拉真的帕提亚战争
将星北斗照幽燕——历史上的杨六郎与杨家将

战争事典 020
崛起与繁荣——丝绸之路上的帝国兴衰
远帆与财富——南宋海上丝绸之路的崛起
大迁徙与大征服——日耳曼人与阿拉伯人的扩张及征服
战乱与流散——欧洲历次战后难民潮
炮火与霸权——近代军事改革后的瑞典帝国时代
专业与联合——美军特种部队改革启示录

战争事典 021
争夺蛮荒——欧洲列强在北美的殖民扩张与七年战争较量
刘备家的人——蜀汉群臣小传
艺术到技术——拿破仑、普奥、普法战争中的普鲁士总参谋部改革史
皇权与天下的对抗——南齐朝"检籍"与唐寓之起义

战争事典 022
从罗马的利剑到诺曼的铁蹄——不列颠被征服简史
铁铸公侯——威灵顿公爵的人生传奇
八千里路云和月——岳飞与岳家军抗金战史

战争事典 023
日不落的光辉岁月——大不列颠崛起和祸乱欧洲史

屡败屡战的不屈斗将——立花道雪战记
热兵器时代的先锋——中世纪晚期的欧洲火门枪
突袭红盐池——明帝国中期边防史与文官名将王越传略
燕山胡骑鸣啾啾——《木兰辞》背后的鲜卑汉化与柔然战争

战争事典 024
浴血的双头鹰——哈布斯堡王朝的近代兴衰与七年战争
黄金家族的血腥内斗——从蒙古帝国分裂到元帝国两都之战
倒幕第一强藩——岛津氏萨摩藩维新简史
铠如连锁，射不可入——中国传统山纹、锁子、连环铠辨析考

战争事典 025
辽东雪、铭军血——甲午陆战之缸瓦寨战斗
凡尔登英雄的双面人生——法国元帅亨利·菲利普·贝当沉浮记
眼中战国成鹿鹿——北齐高氏的开国之路
以铁十字之名——条顿骑士团兴衰简史

战争事典 026
龙与熊的较量——17 世纪黑龙江畔的中俄战争
五败十字军骑士的车堡——胡斯战争与 15 世纪捷克宗教改革简史
白高初兴傲宋辽——党项人的西夏立国记

战争事典 027
高飞长剑下楼兰——清末阿古柏之乱和左宗棠收复新疆之役
东进的巨熊——沙皇俄国远东征服简史
一只鸡导致的王朝覆灭？——明末吴桥兵变与孔有德之乱始末
吞金巨兽的竞赛——希腊化时代的巨型桨帆战舰兴衰史
"血流漂杵"的真相——探秘周人克殷与牧野之战

战争事典 028
星条旗的"江河密探"——美国长江巡逻队的装备和历史
"狮心王"与萨拉丁的争锋——第三次十字军东征记
大明帝国的黄昏——从清军第四次入寇到明末中原大战
怒海截杀——1797，"不倦"号 VS "人权"号
争霸北陆——上杉谦信的战争史考证

战争事典 029
17 世纪东亚海上霸权之争——明荷战争与台湾郑氏家族的崛起
向神圣进发的"巴巴罗萨"——神圣罗马帝国皇帝腓特烈一世传记
唐帝国的"坎尼会战"——大非川之战与唐蕃博弈
拯救欧洲的惨败——1444 年东欧诸国抵御奥斯曼的瓦尔纳战役
西楚霸王的兵锋——楚汉战争彭城之战再解析

战争事典 030
双雄的第一次碰撞——唐帝国与阿拉伯帝国的怛罗斯之战
塞人的最后荣光—印度——斯基泰和印度—帕提亚王国

兴衰史

大将扬威捕鱼儿海——明帝国与北元之战及名将蓝玉的沉浮人生

七入地中海的巨熊——俄国海军对南方出海口的千年情结

复盘宋魏清口战役——从实证角度尝试复原中国古代战役

埃德萨的征服者——枭雄赞吉

战争事典 031

贵阳围城始末——明末奢安之乱中最惨烈的一役

1612 动乱年代——沙俄内乱与罗曼诺夫王朝的崛起

"八王之乱",何止八王!——西晋淮南王司马允集团的野心与盲动

攻者利器,皆莫如炮——中国杠杆式抛石机的发展历程

战争事典 032

最后的拜占庭帝国——1461 年奥斯曼征服特拉布宗始末

争夺辽东的铁蹄——秋山好古与日俄战争中的日本骑兵部队

龙与狼的最后较量——17 到 18 世纪的清朝准噶尔战争简史

唐刀的真容——从复刻绘制窦曒墓出土唐代环首刀说起

战争事典 033

打开潘多拉魔盒——一战早期毒气战的装备和战术（1914—1916）

钳制巨熊的英日联盟——沙皇尼古拉二世的远东惨败

荡然无存的"天朝"颜面——第二次鸦片战争始末

大厦将倾,独臂难支——明末军事危局与卢象升传略

战争事典 034

后亚历山大时代的希腊争霸——克里奥门尼斯战争

廓清漠北——朱棣五次远征蒙古之役

尼德兰上空的橙色旗——荷兰立国记和八十年战争简史

战争事典 035

东欧的第一位沙皇与霸主——保加利亚帝国西美昂一世征战史

大清"裱糊匠"的崛起——李鸿章筹练淮军与"天京之役"

名将不等于名帅——趣说姜维在《三国志》与《三国演义》里的不同形象

战争事典 036

匈奴的崛起与汉帝国的征服者时代

托勒密王朝首任女法老阿西诺二世传奇

详解中法战争之镇南关大捷

关原合战前东西军的明争暗斗

谈谈古代战场军人防护要素

说说大明帝国嘉靖朝的悍勇武人

战争事典 037

清军已南下,明廷仍党争——南明弘光政权覆亡之悲剧

哥萨克的火与剑——乌克兰赫梅利尼茨基大起义始末

秦帝国的崩溃——从沙丘之变到刘邦入主关中

契丹灭亡之祸首——辽末奸臣萧奉先传

战争事典 038

阿尔巴尼亚的亚历山大大帝——与奥斯曼帝国鏖战 25 次的斯坎德培

万历三大征之荡平播州——七百年杨氏土司覆灭记

对马海峡上的国运豪赌——东乡平八郎与日俄大海战

战争事典 039

腰斩盛唐的安史之乱——唐皇权柄衰弱与藩镇割据之始

被血洗的秘鲁——印加帝国覆灭记

普鲁士海军军官佩剑史 1657—1870（上）

战争事典 040

八年征战平河东——伊阙大捷后的秦国东进之路

1798 年尼罗河口战役——纳尔逊时代的英国海军和风帆海战

英国海军刀剑——从实战兵器到身份象征

普鲁士海军军官佩剑史 1657—1870（下）

战争事典 041

结束美国内战的最后一役——从彼得斯堡到阿波马托克斯

明末西南边界冲突——东吁王朝崛起与万历明缅战争

英国武装入侵印度之始——卡纳提克战争

挣脱"鞑靼桎梏"——库利科沃之战

战争事典 042

奥丁与基督之战——维京人的英格兰征服史

雪域猛虎的怒吼——唐代吐蕃王朝简史

太建北伐预演——南陈平定江州豪强叛乱

南亚次大陆的命运转折点——莫卧儿皇位继承战争

战争事典 043

一代强藩的崩塌——唐宪宗平定淄青李师道之役始末

大视野下的意大利战争——查理五世和他的地中海时代

血色金秋——1862 年马里兰会战

三腿的美杜莎——迦太基和罗马的西西里争夺战

外强中干,华而不实——清朝旧式战船、水师与海防

战争事典 044

杀人魔术——一战后期毒气战的装备和战术（1917—1918）

平叛战争——理论与实践（上）

命运奏鸣曲——关原合战

武田信玄西上作战的疑点

战争事典 045

碧蹄馆大战——明朝骑兵和日本战国武士的较量

清初三藩之乱

平叛战争——理论与实践（下）

战争事典 046

瑞典帝国的衰落——斯堪尼亚战争

法国强权的开端——阿尔比十字军战争

北宋军事制度变迁

三国归晋的序幕——淮南三叛

本都与罗马之战——第一次米特拉达梯战争（上）

战争事典 047

第二次意大利独立战争：催生红十字会的 1859 年苏法利诺战役

吞武里王朝战史——泰国华裔国王郑信之武功
少林，少林！——少林功夫的历史传承与明代僧兵江南抗倭记
本都与罗马之战——第一次米特拉达梯战争（下）

战争事典 048
睡梦中的胜利——1813年春季战役之吕岑会战
虚弱的战国日本——实力不对称的万历朝鲜战争
夹杂着惨败的尴尬平局一清朝对缅战争始末

战争事典 049
明代建州女真与朝鲜的纷争
征服阿兹特克
美国早期荒野探险装备

战争事典 050
大唐西域战事
　　经略龟兹——从西汉设西域都护到唐两征龟兹
　　西域与唐代骑兵——铠甲、战马与战术、战例分析
　　独横长剑向河源——河陇之争与归义军的兴亡
奠基者的传奇——马其顿的腓力二世

战争事典 051
1866年普奥战争
　　1866年的7个星期——普奥战争全记录
　　1860—1867年的普鲁士军队——武器、战略以及战术
尼罗河畔的战争——19世纪末英帝国征服埃及与苏丹

战争事典 052
布尔战争
　　跌落神坛的不列颠尼亚——布尔战争简史
　　棋局上的僵持——卡莱战后罗马共和国与帕提亚的西亚激斗
　　横扫千军——"波斯拿破仑"的征战简史

战争事典 053
秦国将相铁三角
　　秦昭王麾下的一相二将——魏冉、司马错、白起
　　兵神初现诸侯惊——打破战国列强均势的伊阙之战
　　将相铁三角的巅峰之作——秦楚五年战争
希腊化时代的开端——继业者战争
格兰特VS李——1864年陆路战役

战争事典 054
古代远东战船
　　朦艟巨舰的传说——古代远东战船发展史
北欧共主——玛格丽特与卡尔马联盟的建立
加特林机枪——从诞生到衰落
广州湾租借地法国武装力量史（1900—1945年）
古斯塔夫·曼纳海姆传

战争事典 055
欧洲经典要塞
　　罗得岛战记
　　喋血马耳他
　　幽灵战士：狙击手传奇

战争事典 056
通往权力之路
　　英荷争霸之四日海战
　　俄国射击军的最后时代
　　宋初统一战争

战争事典 057
中国甲胄史图鉴

战争事典 058
莱特湾海战：史上最大规模海战，最后的巨舰对决

战争事典 059
击沉一切：太平洋舰队潜艇部队司令对日作战回忆录

大卫 · 霍布斯
（David Hobbes）著

The British Pacific Fleet: The Royal Navy's Most Powerful Strike Force

英国太平洋舰队

- 在英国皇家海军服役 33 年、舰队空军博物馆馆长笔下真实、细腻的英国太平洋舰队。
- 作者大卫 · 霍布斯在英国皇家海军服役了 33 年，并担任舰队空军博物馆馆长，后来成为一名海军航空记者和作家。

1944 年 8 月，英国太平洋舰队尚不存在，而 6 个月后，它已强大到能对日本发动空袭。二战结束前，它已成为皇家海军历史上不容忽视的力量，并作为专业化的队伍与美国海军一同作战。一个在反法西斯战争后接近枯竭的国家，竟能够实现这般的壮举，其创造力、外交手腕和坚持精神都发挥了重要作用。本书描述了英国太平洋舰队的诞生、扩张以及对战后世界的影响。

布鲁斯 · 泰勒
（Bruce Taylor）著

The Battlecruiser HMS Hood: An Illustrated Biography, 1916–1941

英国皇家海军战列巡洋舰 "胡德" 号图传：1916—1941

- 250 幅历史照片，20 幅 3D 结构绘图，另附巨幅双面海报。
- 详实操作及结构资料，从外到内剖析 "胡德" 全貌。它是舰船历史的丰碑，但既有辉煌，亦有不堪。深度揭示舰上生活和舰员状况，还原真实历史。

这本大开本图册讲述了所有关于 "胡德" 号的故事——从搭建龙骨到被 "俾斯麦" 号摧毁，为读者提供进一步探索和欣赏她的机会，并以数据形式勾勒出船舶外部和内部的形象。推荐给海战爱好者、模型爱好者和历史学研究者。

H.P. 威尔莫特
（H.P.Willmott）著

The Battle of Leyte Gulf: The Last Fleet Action

莱特湾海战：史上最大规模海战，最后的巨舰对决

- 原英国桑赫斯特军事学院主任讲师 H.P. 威尔莫特扛鼎之作。
- 荣获美国军事历史学会 2006 年度 "杰出图书" 奖。
- 复盘巨舰大炮的绝唱、航母对决的终曲、日本帝国海军的垂死一搏。

为了叙事方便，以往关于莱特湾海战的著作，通常将萨马岛海战和恩加诺角海战这两场发生在同一个白天的战斗，作为两个相对独立的事件分开叙述，这不利于总览莱特湾海战的全局。本书摒弃了这种 "取巧" 的叙事线索，以时间顺序来回顾发生在 1944 年 10 月 25 日的战斗，揭示了莱特湾海战各个分战场之间牵一发而动全身的紧密联系，提供了一种前所罕见的全局视角。

除了具有宏大的格局之外，本书还不遗余力地从个人视角出发挖掘对战争的新知。作者对美日双方主要参战将领的性格特点、行为动机和心理活动进行了细致的分析和刻画。刚愎自用、骄傲自大的哈尔西，言过其实、热衷炒作的麦克阿瑟，生无可恋、从容赴死的西村祥治，谨小慎微、畏首畏尾的栗田健男，一个个生动鲜活的形象跃然纸上、呼之欲出，为这段已经定格成档案资料的历史平添了不少烟火气。

约翰·B.伦德斯特罗姆
（John B.Lundstrom）著

Black Shoe Carrier Admiral:Frank Jack Fletcher At Coral Sea, Midway & Guadalcanal

航母舰队司令：弗兰克·杰克·弗莱彻、美国海军与太平洋战争

- 战争史三十年潜心力作，争议人物弗莱彻的平反书。
- 还原太平洋战场"珊瑚海"、"中途岛"、"瓜达尔卡纳尔岛"三次大规模海战全过程，梳理太平洋战争前期美国海军领导层的内幕。
- 作者约翰·B.伦德斯特罗姆自1967年起在密尔沃基公共博物馆担任历史名誉馆长。

本书是美国太平洋战争史研究专家约翰·B.伦德斯特罗姆经三十年潜心研究后的力作，为读者细致而生动地展现出太平洋战争前期战场的腥风血雨，且以大量翔实的资料和精到的分析为弗莱彻这个在美国饱受争议的历史人物平了反。同时细致梳理了太平洋战争前期美国海军高层的内幕，三次大规模海战的全过程，一些知名将帅的功过得失，以及美国海军在二战中的航母运用。

马丁·米德尔布鲁克
（Martin Middlebrook）著

Argentine Fight for the Falklands

马岛战争：阿根廷为福克兰群岛而战

- 从阿根廷军队的视角，生动记录了被誉为"现代各国海军发展启示录"的马岛战争全程。
- 作者马丁·米德尔布鲁克是少数几位获准采访曾参与马岛行动的阿根廷人员的英国历史学家。
- 对阿根廷军队的作战组织方式、指挥层所制订的作战规划和反击行动提出了全新的见解。

本书从阿根廷视角出发，介绍了阿根廷从作出占领马岛的决策到战败的一系列有趣又惊险的事件。其内容集中在福克兰地区的重要军事活动，比如"贝尔格拉诺将军"号巡洋舰被英国核潜艇"征服者"号击沉、阿根廷"超军旗"攻击机击沉英舰"谢菲尔德"号。一方是满怀热情希望"收复"马岛的阿根廷军，另一方是军事实力和作战经验处于碾压优势的英国军队，运气对双方都起了作用，但这场博弈毫无悬念地以阿根廷的惨败落下了帷幕。

尼克拉斯·泽特林
（Niklas Zetterling）著

Bismarck: The Final Days of Germany's Greatest Battleship

德国战列舰"俾斯麦"号覆灭记

- 以新鲜的视角审视二战德国强大战列舰的诞生与毁灭……非常好的读物。——《战略学刊》
- 战列舰"俾斯麦"号的沉没是二战中富有戏剧性的事件之一……这是一份详细的记述。——战争博物馆

本书从二战期间德国海军的巡洋作战入手，讲述了德国海军战略，"俾斯麦"号的建造、服役、训练、出征过程，并详细描述了"俾斯麦"号躲避英国海军搜索，在丹麦海峡击沉"胡德"号，多次遭受英国海军追击和袭击，在外海被击沉的经过。

A Battle History of the Imperial Japanese Navy, 1941-1945

日本帝国海军战争史：1941—1945 年

○ 一部由真军人——美退役海军军官保罗·达尔写就的太平洋战争史。

○ 资料来源日本官修战史和微缩胶卷档案，更加客观准确地还原战争经过。

　　本书从 1941 年 12 月日本联合舰队偷袭珍珠港开始，以时间顺序详细记叙了太平洋战争中的历次重大海战，如珊瑚海海战、中途岛海战、瓜岛战役等。本书的写作基于美日双方的一手资料，如日本官修战史《战史丛书》，以及美国海军历史部收集的日本海军档案缩微胶卷，辅以各参战海军编制表图、海战示意图进行深入解读，既有完整的战事进程脉络和重大战役再现，也反映出各参战海军的胜败兴衰、战术变化，以及不同将领各自的战争思想和指挥艺术。

保罗·S.达尔
（Paul S. Dull）著

British and German Battlecruisers: Their Development and Operations

英国和德国战列巡洋舰：技术发展与作战运用

○ 全景展示战列巡洋舰技术发展黄金时期的两面旗帜——英国战列巡洋舰和德国战列巡洋舰，在发展、设计、建造、维护、实战等方面的细节。

○ 对战列巡洋舰这种独特类型的舰种进行整体的分析、评估与描述。

　　本书是一本关于英国和德国战列巡洋舰的"全景式"著作，它囊括了历史、政治、战略、经济、工业生产以及技术与实战使用等多个角度和层面，并将之整合，对战列巡洋舰这种独特类型的舰种进行整体的分析、评估与描述，明晰其发展脉络、技术特点与作战使用情况，既面面俱到又详略有度。同时附以俄国、日本、美国、法国和奥匈帝国等国的战列巡洋舰的发展情况，展示了战列巡洋舰这一舰种的发展情况与其重要性。

　　除了翔实的文字内容以外，书中还有附有大量相关资料照片，以及英德两国海军所有级别战列巡洋舰的大比例侧视与俯视图与为数不少的海战示意图等。

米凯莱·科森蒂诺
（Michele Cosentino）、
鲁杰洛·斯坦格里尼
（Ruggero Stanglini）著

British Destroyers: From Earliest Days to the Second World War

英国驱逐舰：从起步到第二次世界大战

○ 海军战略家诺曼·弗里德曼与海军插画家 A.D. 贝克三世联合打造。

○ 解读早期驱逐舰的开山之作，追寻英国驱逐舰的壮丽航程。

○ 200 余张高清历史照片、近百幅舰艇线图，动人细节纤毫毕现。

　　诺曼·弗里德曼的《英国驱逐舰：从起步到第二次世界大战》把早期水面作战舰艇的发展讲得清晰透彻，尽管头绪繁多、事件纷繁复杂，作者还是能深入浅出、言简意赅，不仅深得专业人士的青睐，就是普通的爱好者也能比较轻松地领会。本书不仅可读性强，而且深具启发性，它有助于了解水面舰艇是如何演进成现在这个样子的，也让我们更深刻地理解了为战而生的舰艇应该如何设计。总之，这本书值得认真研读。

诺曼·弗里德曼 著
（Norman Friedman）
A. D. 贝克三世 绘图
（A. D.BAKER Ⅲ）

朱利安·S. 科贝
（Julian S.Corbett）著

Maritime Operations in the Russo - Japanese War, 1904-1905

日俄海战 1904—1905（共两卷）

○ 战略学家科贝特参考多方提供的丰富资料，对参战舰队进行了全新的审视，并着重研究了海上作战涉及的联合作战问题。

○ 以时间为主轴，深刻分析了战争各环节的相互作用，内容翔实。

○ 译者根据本书参考的主要原始资料《极密·明治三十七八年海战史》以及现代的俄方资料，补齐了本书再版时未能纳入的地图和态势图。

　　朱利安·S. 科贝特爵士，20 世纪初伟大的海军历史学家之一，他的作品被海军历史学界奉为经典。然而，在他的著作中，有一本却从来没有面世的机会，这就是《日俄海战 1904—1905》，因为其中包含了来自日本官方报告的机密信息。学习科贝特海权理论，不仅能让我们了解强大海权国家的战略思维，还能辨清海权理论的基本主题，使中国的海权理论研究有可借鉴的学术基础。虽然英国的海上霸权已经被美国取而代之，但美国海权从很多方面继承和发展了科贝特的海权思想。如果我们检视一下今天的美国海权和海军战略，就可以看到科贝特的理论依然具有生命力，仍是分析美国海权的有用工具和方法。

大卫·K. 布朗
（David K.Brown）著

Warship Design and Development

英国皇家海军战舰设计发展史（共五卷）

○ 英国皇家海军建造兵团的副总建造师大卫·K. 布朗所著，囊括了大量原始资料及矢量设计图。

○ 大卫·K. 布朗是一位杰出的海军舰船建造师，发表了大量军舰设计方面的文章，为英国皇家海军舰艇的设计、发展倾注了毕生心血。

　　这套《英国皇家海军战舰设计发展史》有五卷，分别是《铁甲舰之前，战舰设计与演变，1815—1860 年》《从"勇士"级到"无畏"级，战舰设计与演变，1860—1905 年》《大舰队，战舰设计与演变，1906—1922 年》《从"纳尔逊"级到"前卫"级，战舰设计与演变，1923—1945 年》《重建皇家海军，战舰设计，1945 年后》。该系列从 1815 年的风帆战舰说起，囊括了皇家海军历史上有代表性的舰船设计，并附有大量数据图表和设计图纸，是研究舰船发展史不可错过的经典。

亚瑟·雅各布·马德尔
（Arthur J. Marder）、
巴里·高夫
（Barry Gough）著

From the Dreadnought to Scapa Flow

英国皇家海军：从无畏舰到斯卡帕湾（共五卷）

○ 现在已没有人如此优雅地书写历史，这非常令人遗憾，因为是马德尔在记录人类文明方面的天赋使他有能力完成如此宏大的主题。——巴里·高夫

○ 他书写的海军史具有独特的魅力。他具有把握资源的能力，又兼以简洁地运用文字的天赋……他已无需赞美，也无需苛求。——A. J. P. 泰勒

　　这套《英国皇家海军：从无畏舰到斯卡帕湾》有五卷，分别是《通往战争之路，1904—1914》《战争年代，战争爆发到日德兰海战，1914—1916》《日德兰及其之后，1916.5—12》《1917，危机的一年》《胜利与胜利之后：1918—1919》。它们从费希尔及其主导的海军改制入手，介绍了 1904 年至 1919 年费舍尔时代英国海军建设、改革、作战的历史，及其相关的政治、经济和国际背景。

大卫·霍布斯
（David Hobbes）著

The British Carrier Strike Fleet: After 1945

决不，决不，决不放弃：英国航母折腾史：1945 年以后

○ 英国舰队航空兵博物馆馆长代表作，入选华盛顿陆军 & 海军俱乐部月度书单。
○ 有设计细节、有技术数据、有作战经历，讲述战后英国航母"屡败屡战"的发展之路。
○ 揭开英国海军的"黑历史"，爆料人仰马翻的部门大乱斗和槽点满满的决策大犯浑。

　　英国海军中校大卫·霍布斯写了一本超过 600 页的大部头作品，其中包含了重要的技术细节、作战行动和参考资料，这是现代海军领域的杰作。霍布斯推翻了 1945 年以来很多关于航母的神话，他没给出所有问题的答案，一些内容还会引起巨大的争议，但本书提出了一系列的专业观点，并且论述得有理有据。此外，本书还是海军专业人员和国防采购人士的必修书。

查尔斯·A. 洛克伍德
（Charles A. Lockwood）著

Sink 'em All: Submarine Warfare in the Pacific

击沉一切：太平洋舰队潜艇部队司令对日作战回忆录

○ 太平洋舰队潜艇部队司令亲笔书写太平洋潜艇战中这支"沉默的舰队"经历的种种惊心动魄。
○ 作为部队指挥官，他了解艇长和艇员，也掌握着丰富的原始资料，记叙充满了亲切感和真实感。
○ 他用生动的文字将我们带入了狭窄的起居室和控制室，并将艰苦冲突中的主要角色展现在读者面前。

　　本书完整且详尽地描述了太平洋战争和潜艇战的故事。从"独狼战术"到与水面舰队的大规模联合行动，这支"沉默的舰队"战绩斐然。作者洛克伍德在书中讲述了很多潜艇指挥官在执行运输补给、人员搜救、侦察敌占岛屿、秘密渗透等任务过程中的真人真事，这些故事来自海上巡逻期间，或是艇长们自己的起居室。大量生动的细节为书中的文字加上了真实的注脚，字里行间流露出的人性和善意也令人畅快、愉悦。除此之外，作者还详细描述了当时新一代潜艇的缺陷、在作战中遭受的挫折及鱼雷的改进过程。

约翰·基根
（John Keegan）著

Battle At Sea: From Man-Of-War To Submarine

海战论：影响战争方式的战略经典

○ 跟随史学巨匠令人眼花缭乱的驾驭技巧，直面战争核心。
○ 特拉法加、日德兰、中途岛、大西洋……海上战争如何层层进化。

　　当代军事史学家约翰·基根作品。从海盗劫掠到海陆空立体协同作战，约翰·基根除了将海战的由来娓娓道来外，还集中描写了四场关键的海上冲突：特拉法加、日德兰、中途岛和大西洋之战。他带我们进入这些战斗的核心，并且梳理了从木质战舰的海上对决到潜艇的水下角逐期间长达数个世纪的战争历史。不过，作者在文中没有谈及太过具体的战争细节，而是将更多的精力放在了讲述指挥官的抉择、战时的判断、战争思维，以及战术、部署和新武器带来的改变等问题上，强调了它们为战争演变带来的影响，呈现出一个层次丰富的海洋战争世界。

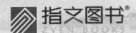